U0935248

程沧波文存

程沧波　著
傅国涌　主编
林建刚　编

责任编辑：李成志　贾理智
封面设计：知尧视觉
责任印制：刘苗苗

图书在版编目（CIP）数据

程沧波文存 / 程沧波著；林建刚编．－－北京：华龄出版社，2011.1
（遗忘的文存）
ISBN 978-7-80178-796-5
Ⅰ．①程…　Ⅱ．①程…　②林…　Ⅲ．①社会科学—文集　Ⅳ．①C53

中国版本图书馆CIP数据核字（2010）第257406号

书　　名：程沧波文存
作　　者：程沧波 著 傅国涌 主编 林建刚 编
出版发行：华龄出版社
印　　刷：北京中创彩色印刷有限公司
版　　次：2011年1月第1版 2011年1月第1次印刷
开　　本：720mm x 1020mm 1/16　　印　　张：14.75
字　　数：238千字
定　　价：32.80元

地　　址：北京西城区鼓楼西大街41号　　邮　　编：100009
电　　话：84044445(发行部)　　传　　真：84039173

出版说明

《遗忘的文存》（四种）收录了程沧波、毛子水、蒋廷黻、陈纪滢四位先生生前已经发表的文稿，包括评论、人物回顾、历史事件等多方面内容。这些文稿大多成稿于1949年以前，也有部分写作于上世纪五十年代至八十年代初期。实为不可多得的珍贵历史资料，具有一定的研究参考价值。

这批文章系首次以简体字版方式印刷出版，考虑到作者生活的历史年代和读者的习惯，在编辑出版过程中，我们在力求维持文稿的原貌的同时，在编写体例上尽量做了统一：

一、将文稿中的民国纪年统一为公元纪年；

二、凡文章题目后注明“节选”的，表明该篇文章不是全文；

三、由于现实原因，对文章中个别词语在不改变原意的前提下做了些微改动；

四、对涉及到的台湾行政单位，按大陆行文习惯进行了标注。

尽管如此，文中仍会有使读者读起来感觉不太习惯的地方，敬请读者充分考虑文章的成稿背景，予以谅解。

一代报人程沧波（节选）

蔡登山

程沧波（一九〇三——一九〇〇），原名晓湘，又名中行，字沧波。江苏武进人。一九〇三年出生于武进城里花椒园，武进昔为常州，为江南富庶之地，鱼米之乡，人文荟萃，读书风气甚盛。程沧波的父亲程景祥，字葆真，举人出身，但仕途不顺于是改走幕途。程沧波说："在前清，幕府中的人才辈出，无论是属于上述哪一类，不知荟萃了多少聪明才智、博古通今的人。父亲是经过七年'学幕'训练出来的，他在前半生，是办理实务的幕职，而在后半生，是兼办政务与实务的幕客，他在山西、河南等省，常常兼着巡抚及藩司两个衙门的总文案，常常三四年没有回家一次，公务之忙碌可想而知。"程沧波四、五岁时，随父母一家四口到杭州，当时父亲在浙江藩台衙门做幕客。三年后，父亲随浙江藩台调升到山西去，他们全家仍回常州。回常州的第二年，家里请了塾师冯蕴明，开蒙入学。民国成立，程家的家塾也解散了，程沧波考入当时的冠英小学高等一年级。在入小学前，在家塾读了五年。

一九一五年夏，程沧波小学毕业，考取了常州中学。而就在开学前十天，父亲忽然让他拜钱名山为师，因此他并没进常州中学。钱名山（一八七五——一九四四），字振锽，常州人，近代著名诗人、书法家。幼即颖慧，十六岁中秀才，十九岁中举人，二十九岁中进士，授刑部主事。因不满清政府的腐败无能，屡屡上书却"留中不发"，便愤而挂冠，从此不求仕进。钱父认为他"秉性高疏，不宜从事经世之业，当著书名山以老"，名山之号即来源于此。从此钱名山即归隐乡间，以读书、著书、教书为务，造就了很多人才，如谢玉岑、谢稚柳、程沧波、郑曼青、马万里、王春渠、伍受真、邓春澎等一批艺林俊杰皆出其门下。张大千、朱屺瞻亦曾问艺于他。钱名山一生与诗书为伴，文章道德，深孚众望，被誉为“江南名儒”。程沧波在《本师名山先生七十寿言》中说：“先生之学，不拘名物训诂之微，而宗文章义理之大者。故十三经、通鉴、诸子，为寄园之正课，而三通与宋元学案附丽之。寄园之徒，无长幼贤愚，谈二十四史如数家珍。”程沧波在此读经、习文、学诗，孜孜不倦，加之聪慧敏闻，好学强记，奠下优异的国学基础。也因此深得钱名山之期许，钱名山有两位女儿素蕖、云蕖，都能诗为文，于是分别许配给弟子中之佼佼者谢玉岑与程沧波。

跟着钱名山，又读四年私塾。一九一八年，程沧波进入上海南洋中学，毕业后考入上海圣约翰大学，读了三年文科，于一九二四年转学入复旦大学政治系。程沧波说：“一九四二年前，在上海认真读文科的学生，其选择只有圣约翰或复旦。这两个学校平时互相转学的学生尤多，本人也是从圣约翰转到复旦的一个。从自身的亲历，觉得圣约翰读书实在认真，图书仪器实在完备。而复旦学生的活动精神与能力，确是惊人。复旦师生间的政治意识，开朗而发达。当时颇有识力过人的家长，曾经说过：最好送子弟先在圣约翰读两年或三年，再到复旦读一年或两年，然后到外国去留学。”

程沧波在学期间即从事政论著述及编译，介绍近代思潮，文章常刊于上海各报刊，但他走上报坛是和陈布雷分不开的。一九二三年他在圣约翰大学读书时，与同学陈训恕拜访其兄长，时任《上海商报》主笔的陈布雷，在这之前程沧波有两篇文章投给《商报》，似是论太平洋会议的。见面之后，陈布雷盛称他的文章，给他极大的鼓励。之后，他经常替《商报》写文章。程沧波回忆说：“一九二四年冬天，齐卢战争未终，京沪路中断，寒假中我留在上海，当时上海报界阴历过年停版七天。有人借《商报》出年报。我天天晚上去《商报》写杂评。《商报》当时经济奇窘。两大间编辑室，勉强生了一个火炉。但是我们在其中，几包花生米，其乐无穷。有时布雷先生夜深偶然到了。我们更觉得一室生春。公展先生是要闻主编。他的工作紧张，很少时间可以随便谈天。我与《商报》馆，有三四年的历史关系，各种文章写过篇数不少，从来没有支过一文稿费。但当时我从梵王渡到租界，几视望平街和我的老家一样。可以想见布雷先生当时对青年们吸引力之大。”

在复旦大学时，程沧波结识了来自江苏吴江县（苏州）的费巩。费巩（一九〇五——一九四五），原名费福熊，字祥仲。费巩的父亲费树蔚字仲深，十九岁中秀才。吴大征奇其才，将女儿吴本静嫁给他。一九一五年七月，费树蔚入北京政府肃政史，因与袁世凯长子克定同为吴大征的女婿，很得宠信。袁世凯僭号称帝，树蔚直言劝谏，未采纳。十一月，拂袖而归，隐居苏州，与章太炎、金松岑、张仲仁等人诗文相质，与张仲仁被称为“苏州二仲”。费巩因早与袁克定之长女袁慧泉（又名袁家第）有婚约，所以在学校时的别号为“驸马爷”。程沧波说：“可是他在学校及后来进入社会，绝少发现他有丝毫的‘少爷’气息，他很质朴，也很沉默。后来进入社会，态度尤为庄重而严肃。……我和他在复旦大学相处只一年有半。……在复旦我比他高一班，比他先一年毕业，可是他比我先到英国，我到英国去读书完全由他事前替我筹备一切。”

一九二五年，程沧波毕业于复旦大学。毕业后由陈布雷推荐在上海《时事新报》担任主笔。一九二七年四月，陈布雷出任浙江省政府秘书长，五月任国民党中央党部秘书处书记长。程沧波说：“当时我在宣传部服务。中央党部由铁汤池迁到成贤街。我们的办公室，只隔一个天井。”

一九三〇年，程沧波去英国伦敦大学政治经济学院进修，当然这是费巩帮他安排的，费巩在一九二七年到该院留学，一九三一年才转英国牛津大学的。程沧波回忆说：“距今三十二年前的十月初，我从巴黎到伦敦，到维多利亚车站，费先生已在月台上接我。……费先生预先替我租了一间房间在伦敦郊外叫Herne Hill地区。该处到伦敦政治经济学院要乘公共汽车半小时方可到达。……晚上我们讨论到大学去注册入学，……他问我的志趣，我说我还是从Prof. Laski罢。他说那不嫌太空疏么？我说我早就走入‘空门’了，现在还是一空到底。所以我以后在伦敦政经学院把拉斯基教授的功课大半选读了。除了英国宪法外其余都是政治理论，真是‘一空到底’。”程沧波在国内读大学时就读拉斯基关于主权论的著作，在伦敦政经学院又亲炙其议论，他说：“他教书技术的惊人地方，在他演讲或教书的时候，不用课本，不用札记，没有一刻停留，口如悬河，在一小时上课时间，他的演讲整整六十分钟，不少一分不多一分。在讲桌上，他瘦短的身材，黄黯的面色，蓄着小胡须，戴上大眼镜，用他孟彻斯特、牛津及美国混合的口音，悬悬滚滚，使听者张口迷惘，翕然奉为大师。”尽管他对拉斯基有赞美，但也有批评，他以苏东坡批评荀子的话，认为拉斯基“喜为异说而不让，敢为高论而不顾。其言，愚人之所惊，小人之所喜。”又说，拉斯基少年成名，抱着纵横之志。他的自夸狂，与其说他“自许太过”，毋宁说他“自视过卑”。

一九三一年春，程沧波学成回国，任国民会议秘书。一九三二年五月被任命为改组后的国民党党报《中央日报》的首任社长，二十九岁的他，在新闻界崭露头角，更领一方重镇，自是责任重大，于是他对报纸进行整顿，他后来在《四十年前的回顾》文中说："我进《中央日报》的政策，第一要把报办好，在新闻报导上，在言论上，乃至广告发行上，先把这份报纸站在国内新闻界可以不愧为一个领导的报纸。我当时深切认定要造成报纸的领导地位，不能依赖政治力量，而要靠报纸本身站得住站得出。我针对一个官报的弊病，确立办报要多登新闻的政策。《中央日报》编经两部的职员，要使他们都负有采访新闻的责任，然后由量的增加而去淘炼质的精选。务使《中央日报》的读者，披开报纸没有官报的印象，而当天的新闻不但不能较其他各报落后，且要超出。"。

一九三四年二月四日，胡适到上海沧州饭店开太平洋国际学会执行委员会，晚间他约了程沧波在旅馆见面，对当前的政治交换了不少意见。据《胡适日记》云："他谈南京政治，很有意味。他说，我只看见行政上小有进步，政治上危机仍很大，领袖人物多不懂政治，甚可焦虑。他对于精卫，甚不满意，其言甚可代表一部分人士的公论。他说孙哲生近来有进步，宋子文也有进步。我对他说：子文也是不懂政治的；他的毛病在于不知守法为何事。南京政治的大病在于文人无气节，无肩膀。前夜我对精卫老实说，武人之横行，皆是文人无气节所致。今天我对沧波谈，也如此说。他也同意。"

由于程沧波能文，蒋介石经常召见嘉勉，我们知道蒋介石的许多重要文告，多出自于陈布雷的手笔，但有两篇最重要的文告，却都由程沧波执笔。一是一九三七年七月十七日的《对卢沟桥事件的严正声明》，一是一九四九年一月二十一日蒋介石之引退文告。前者是因为陈布雷在病中；而后者因陈布雷已自殉之后。关于前者在《沧波文存》中有详细记载撰文的经过，在此不再赘述。程沧波从奉命撰稿到完成这篇攸关中国生死存亡的文告，仅花两个半小时，下笔极快而结构井然，足见其才情焕发，倚马可待。其中有"和平未到绝望时期，决不放弃和平；牺牲未到最后关头，决不轻言牺牲。"及"战端一开，地无分南北，年无分老幼，皆有守土抗战之责任，皆应抱牺牲一切之决心。""此事发展结果，不仅是中国存亡问题，而将是世界人类祸福之所系。""'人为刀俎，我为鱼肉'，我们已快要临到这极为人世悲惨之境地。这在世界上稍有人格的民族，都无法忍受的。"

一九三七年十月底，程沧波奉派去欧洲，当时预定的行程，是先到意大利，经巴黎到比利时布鲁塞尔，再转伦敦。程沧波说他到伦敦时，“闻首都沦陷而家属消息不明者数月，疾苦惨痛，乃为有生以来所未有”。次年二月底，程沧波接到陈布雷从汉口寄到伦敦的信，信中有“江南千里，公私涂炭”之语，后来陈布雷要他留在欧洲等冬天再回国。但程沧波因公私迫促，在一九三八年四月间就离英返国。五月十三日由香港飞汉口，晚间陈布雷特由武昌渡江来看他，两人相见唏嘘，几如隔世。当时《中央日报》已迁往长沙出版了，因此程沧波在汉口稍留，即乘轮到长沙。《中央日报》暂借长郡中学办事。全体员工，乱后重逢，悲喜交集。在长沙不到一年，抗战转入艰苦阶段，《中央日报》奉令在重庆复刊。以社址难求，编辑部在会仙桥，经理部在新街口两处办公。程沧波回忆抗战期间重庆艰辛的岁月说：“一九三九年‘五三’‘五四’大轰炸，重庆报纸被炸毁的不止一家，《大公报》、《新民报》、《新蜀报》以及《时事新报》，与《中央日报》均有毁伤。五月四日的下午，天气晦冥，警报不停，中宣部奉委员长谕召集各报负责人商讨善后，决定战时首都日报不能一日停刊。当场在我的寓所——领事巷康宅，决定组织重庆各报联合版，公推我为主任委员，开始在《时事新报》办公；后《时事新报》再被炸伤，改在《国民公报》办公。我每晚在办公，编辑部及经理部均由各报分别派人组成，这一个联合版，前后维持一百天。在一百天后各报方分别出版；所以到抗战胜利，战时首都，日报没有停刊一天。抗战胜利后，我会见许多战前日本的新闻界旧友，每以此自负。”

一九四〇年秋，程沧波被免去《中央日报》社长之职，而调到监察院去任秘书长的闲职。对此香港名报人陆铿在《陆铿回忆与忏悔录》中说：“程主《中央日报》八年半，直至一九四〇年秋因桃色事件下台。自古才子爱佳人，原来，储安平在程领导下任《中央日报》编辑部主任，其妻女作家端木露西，不仅人长得漂亮，文章也写得好，程为之动心，乃趁储安平赴英学习机会，穷追而得手。储得知此事，在其乡前辈吴敬恒（稚晖）先生面前告了程沧波一状。吴言于蒋介石，蒋把程喊去骂了一通。《中央日报》社长势难继续当下去，乃呈请辞职。于右任先生爱才，且认为‘风流无罪’，随把程沧波叫到监察院任秘书长。端木露西女士也为这一段感情纠葛，写了一篇相当轰动的文章：《蔚蓝中的一点黯淡》刊于重庆《大公报》，风传一时。”对于此事，当时也在《中央日报》主持编务，后来成为陶希圣亲家的刘光炎，在《梅隐杂文》一书中说：“《中央日报》的副刊，也花样百出，最闹猛的是女记者端木露西闹桃色新闻，把报馆几乎搞垮了。这位女记者非常风骚，她其实很喜欢我，曾百端挑逗，喊我是：'可怜的孩子！'我因心有专属，绝不动心，她终于把我没有办法，摇摇头去了。她的丈夫后来恍如大梦初醒，知道自己只是赔了夫人又折兵，一无是处，一怒离开报馆，从此到上海办了一个《观察》杂志，专门拆国民政府的台。终于在"大鸣大放"中栽了跟头的储安平！"。

在重庆期间，程沧波还兼任重庆复旦大学新闻系主任，主讲《新闻评论与新闻采访》。他指定选修"社论研究"的学生，必须熟读：《东莱博议》、《陆宣公奏议》、《古文辞类纂》、《唐宋八家文》、《唐诗别裁》。此外必须参阅：《资治通鉴》、《史通》、《文史通义》。菲孝欧洲史（A History of Europe，by H.A.L.Fisher）、白芝浩英宪论（The English Constitution，by Walter Bagehot）、阿克敦自由史（History of Freedom，by Lord Acton）及蒲徕土历史与法理的研究（Studies in History and Jurisprudence by James Bryce）。程沧波认为这是养成新闻记者的课程，也是评论记者培植的条件。

一九四一年程沧波被国民党中央党部派往香港，任《星岛日报》总主笔，进行大规模的人事重整工作。不到半年，太平洋战争爆发，他又回到重庆。曾与成舍我等人合作组织"中国新闻公司"，投资经营重庆版《世界日报》，主持该报的社评委员会，任总主笔。"中国新闻公司"以"提倡民主建设，独立经营新闻事业"登报招股旧法币一千万元（第一期股额），按照成舍我和程沧波的想法，是计划先在重庆办起一家《世界日报》，待到抗战胜利结束，还要以首都南京为中心，在全国东、西、南、北、中五大地区主要城市，分期陆续办起十家大报，都使用《世界日报》命名。这一方面可以展现他们雄伟办报的气魄，另方面也可省去分开申请立案的烦难手续。抗战胜利后，国民党政府委任他为江苏监察使重返江南。一九四七年辞去监察使职，担任《新闻报》社长。《新闻报》为上海大报，人才鼎盛，程沧波领导员工倡导民主自由。论述宪政规模，成为正统舆论重镇。一九四八年联合国在日内瓦召开国际新闻自由会议，程沧波为中国首席代表，率团与会，会中对采访及言论自由，提出新颖的意见，受到各国代表的重视。一九四九年五月，程沧波去香港任《星岛日报》总主笔。一九五〇年冬，在香港与王云五、卜少夫、陈训畬、陶百川、左舜生、阮毅成、徐复观、刘百闵、雷啸岑、许孝炎等筹办《自由人》三日刊，成舍我任社长兼编总辑，董事长为左舜生，总经理卜少夫。一九五一年三月七日《自由人》创刊，程沧波写发刊词，题为《我们要做自由人》。同年到台湾。

程沧波虽毕生为新闻人，但党政经历丰富。他一九三一年即当选立法委员，嗣后任中央政治会议秘书，抗战时期担任监察院秘书长、中央宣传部次长，胜利后奉派为江苏监察使，负责江苏及京沪二市的监察任务。一九四八年再度当选行宪立法委员，纵横议坛，克尽言责。一九五一年当选中国国民党第六届中央委员，嗣膺聘中国国民党中央评议委员。

一九七一年“中华民国新闻评议会议”成立，程沧波被推举为主任委员，任内拟订各种道德规范，作为评议依据。他一再呼吁同业自律，谅解新闻评议会所扮诤友的角色，共促新闻事业臻于至善至美之境。程沧波担任此职长达十八年，国民党中央以其推展新闻自律有功，于一九八八年他退休时颁赠实践一等奖章。在台期间程沧波还担任中央政治大学、东吴大学、世界新闻专科学校教授。

程沧波武进名儒钱名山入室高弟，薪传有自，其所为文波澜壮阔，余事为诗亦清新俊逸，不逊其文。史称曾子固不能诗，引为憾事，而程沧波则诗文兼擅。他自弱冠操觚，下笔千言，然散佚之文字，十有五六。他说：“曾辑一九二三年起至一九二九年冬全部论文散见于当时报章杂志者共二百篇，交上海华通书局出版。不意时阅两年，书店倒闭。不惟杀青无期，并所交存稿，亦全部遗失。一九四一年珍珠港事变之前，余在香港主持《星岛日报》笔政，全部论文百篇，已誊录付梓。卒因香港沦陷，稿版俱毁。一九四五年，重庆《世界日报》成立。自春徂秋，前后所著论文，亦几百篇。因胜利复员，因循未及辑录。至今同付劫灰。”但报章时论，在学术上之价值虽少。然于历史文献，自有其一席之地。程沧波认为一时代之新闻报导或时事论评，实为一时代活动之史料。他对于撰写这些时论，感慨良多，他说：“窃以为时事论文，虽与经世巨著或学术专集，未可并论。然时论作者，当其筹思振笔，发为文章。每于午夜漏尽，灯昏目眵。时或酷暑流金，几案炙手；或厉寒砭骨，笔砚成冰。而时间及环境之束缚顾忌，理想与现实之调和斟酌，盖非亲历其境者，不能道其甘苦于万一。”因此他将一九三四年前后在《中央日报》所撰的时论四十二篇，及抗战胜利到行宪在上海《新闻报》所撰的一百零三篇，分别以《时论集第一编》及《时论集第二编》于民国一九五四年八月及十月在台北出版。另又刊行有《历史文化与人物》一书。一九八三年，复从上列三书中，选其得意之作六十九篇编印成《沧波文存》出版。《沧波文存》于英国两党政治研究，有透彻之分析。书中臧否人物公正不阿。兼有对故交之怀念，尤其对提携他的陈布雷备致钦敬。书末辑诗钞与联作，凡百数十首，虽属小道而文采灿然。读此书者，莫不以“掷地有声”称誉之。

另外程沧波为近代的书法名家之一，其行书冠绝一时，笔走龙蛇，苍劲有力，挥洒自如，卓然成家。据其云自幼习小篆峄山碑，而得其秀丽整饬之姿；转入汉隶张迁碑，而得其端质朴茂之势；继习兰亭序及李北海诸碑，极尽流畅变化之功。抗战军兴，避难陪都，任职监察院，得与名书法家沈尹默、乔大壮时相过从，互研书艺，互有获益。此期则专攻虞永兴孔子庙堂碑，深得其柔媚劲遒之笔，其影响之大，至今可于其笔画间隐隐可见。同时对孙过庭书谱、褚河南孟法师碑亦曾下过极深功夫，此外亦致力北碑张猛龙碑。程沧波强调要把行书写好，必须先习篆、隶及楷书。艺坛耆宿彭素翁曾评程沧波的书法云：“初临虞永兴，得其清健，后学右军，窥其欹正。故结体茂密，用笔雄浑，绝无侧峭巧丽之病。所谓有其本领，能为打白者也。君天资绝高，学问淹雅，工力既深，情韵不柜。”可谓推许备至矣。程沧波在台期间，广结翰墨缘，历任书法学会理事长，曾率团参加日本东京书法展，参展时，並演讲“书法之传统与现代”，深受东瀛文化界之敬仰。

一九九〇年春末，程沧波因罹患心脏病，并发肺炎乃入台北市忠孝医院诊治，未见起色，竟于是年七月二十一日磕然长逝，享年八十有八。

自序

这本选集，大半由旧作存稿中选出。这许多旧作，前后曾发表于各报章杂志。过去在渝、在台，曾经数度搜集旧作，刊行“历史文化与人物”及“时论集”。综计自弱冠操觚作文，其散佚之文字，无法搜集者，实十之五六。昔人每言对自己诗文为“敝帚自珍”。我坦白自陈，绝未“自珍”过去任何著作。在选辑本集之时，不免将旧作各文，从头披阅一过，更觉一无是处。书店某君敦促再三，坚嘱由我自己选定存稿以饷读者，逊谢再三，而终允其请，初选旧稿八十余篇，以字数过多，再经汰选，成三十篇。昔年报纸时论，几悉加删除。我所遭逢的时代，是北伐前后，经“九一八”而抗战以至于内战。“九一八”以前所著文字，片纸只字，不可复得。苦难时代中所成苦难的文字，若说尚有一点时代史料价值，这一点危苦之音声，或可稍供知人论世者参阅。至于文学技术及立论分际，或不无可供青年后学观摩之资。五、六年来潜心佛典，专力修持，久已搁笔不复作文，且视诗文为慧业之戒。回思畴昔，慷慨自负，以不能为英国之尼格拉孙与韦勃斯脱，或美国之李普曼，为自己悲叹，为时代悲叹。由今忏悔，此种狂心，真是莫大妄念，莫大罪业，自兹以往，但愿歇灭狂心，日即菩提。此是我今天付印存稿选集的心情，冒昧惭愧，敢为读者一倾吐之。

沧波文选印行于一九六四年三月，传记文学社发行。一九八二年秋刘君绍唐来告本书行将绝版，因再搜选二十年来未刊文稿，及诗与联若干篇，汇刊成书，名曰沧波文存。

一九八三年一月作者附记

目录

灰色的英国

如果颜色能代表或者象征一国的国性，代表中国的颜色，必然是蓝色或青色（青出于蓝）。那种色素，表明这一个东方古国的明朗与肃穆。我们民间的服色，蓝袍青褂更是普遍的现象。从颜色与国性的关系来看英国，使我们对英国的国性容易得着进一步的了解。英国是近代列强中最不易了解的国家，二百年来英国掌握世界的霸权。两次世界大战，英国的霸权消歇了，而英国在国际上左右的力量不变。今天对英国了解的需要，并不减于五十年前。

一

除开历史、政治、社会、经济方面的因素，而从自然环境及生活状态来研究英国，引用上述的语意来剖析英国，我想英国是灰色的。英伦三岛的云彩，是自然界一个奇观。在英国看云，这是英国风光的一个奇景。英国天空常常浮罩着大层的云彩，这种云层是从大西洋吹移过来。大西洋上的大云层，常常带着阵雨吹到英国上空。在此大阵雨层中，射出某种质地的光。这种光常常夹着烟雾，这种光，不是干燥的光，而是潮湿的光，也是灰色或是蓝灰色而不是白色的光，这种灰色，潮湿而带烟雾的光，是模糊而不十分清确的。夏天过后，英国的浓雾，笼罩全国各地的一片灰色雾烟，有时伸手不见五指。这种一团灰黑，更是住过伦敦的人共有的观感。一位来到英国游历的朋友，常常会对英国朋友说：“英国的风景，常常被一层模糊的灰色烟雾弄得不甚清楚。”英国自然风景中的灰色模糊，正可同样引用到英国的思想界。英国思想常常留着一种不精确的边际（A Margin of Imprecision），也就处处留着调和与通融的余地。

圣德耶挪（Santayana）对英国，曾经讲他的观察："像各种的冲突一样，光明与黑暗的冲突，结果是调和。在英国一切是拖下去，一切在拖下去中修改。一切是有光的，一切的光是灰色的。"

英国人两种特性，一种是调和（Compromise），一种是"拖泥带水混过去"（Muddle through），都与英国的自然环境有关。在远古时期，英国人民多数是农民，靠耕稼为生，他们要在各种不同的或变化的天气下面耕作。后来英国工业化了，城市中许多劳工，仍旧来自田间。他们先天性格上，深深遗传那种经验主义。各种事情先去试探，慢慢地作最后的决定，拖泥带水混过去。在英国人看来，这种性格与其是一种弱点，毋宁说是一种优点。因为这种性格的本身，实在是自动自立的一种方式或表现。各种各色的人，用他们自己的方法，对自己负责任，去处理各种横在眼前的问题。拖泥带水混过去，是形容一个人在泥水的困厄中，运用经验的习惯，去摸索，去渡过难关。所以"拖泥带水混过去"这一种性格，并不像中国人一般观念中所谓糊里糊涂混日子。英国人所谓"拖泥带水混过去"，是运用经验与智慧，在困难纷乱中摸索而渡过去。因为困难的重重，因为应付困难，不易有夸大的所谓全盘计划，或锦囊妙计。对困难只有渡过一关是一关。英国政治上有一个格言"Makedo"（对付过去）。这是政治上的拖泥带水混过去。从此等成语及国民性格，我们可以窥见这个岛国立国的艰难。个人与政府应付其处境，是步步为营，渡过一关是一关，并不是颟顸糊涂。

二

英国人挂在口头的一句成语，是"可怜"（It is a pity）。"可怜的意思"，是灰色英国一种特性。一位挪威诗人曾经说："当你航海将近纽约港口，你看见的是自由女神的大石像，当你航行将到英国，你在渡阜（Dover）山壁上，看见的是站立着一个老而盲的人像。"这说明在灰色的英国中，可怜的意思是和环境相配合的。英国人对已经被击败的敌人，常常易于宽恕。英国文学家史谷脱曾说："英国与并世各国有一点特别不同之处，便是对于惩罚的容易满足，即使受罚者罪有应得。"在英国文学上，我们发现几种有关民族性的呼号，如："最后关头的号声"、"对优势敌人的顽抗"、"坚强的退却"、"死在最后一条战壕中"。从恩格鲁萨克逊时代的文学中，即充满这种调子，千余年中未曾改变。英国人在危难中，全国上下的口头蝉，如"面临事实最险恶的场合"。"告诉我们最险恶的局面”。当九九一年莫尔屯大战（Battle of Maldon），当时的民歌：“当我们的力量逐渐减退时，精神要格外坚强，心要格外锐利，态度更要严肃。”拿破仑战争时是如此，一九四〇年战争时，英国全国也是如此。英国人在危难时，教大家忍受，但亦教人家含笑地忍受。英国人的幽默，是忍受艰苦中的幽默。幽默可能是忍受艰苦性格的一部分及一种表现。黑暗与危险，能使幽默益加锐利。幽默也能使危险黑暗中站着的人，得着宽慰。英国戏剧界，独创一种悲喜剧混合剧本，也许由此种国民性。英国的国民性，诚如圣德耶挪所说：处处是有光，但是灰色的光。英国历史家说英国历史上许多重大转变及改革，是英国国家的忏悔。譬如伊丽莎白第一世末期国内的宗教纷争，后来因为宗教容忍法案而终止，这是英国国家一种忏悔。维多利亚时代，因为失去北美殖民地的教训，窦赫姆报告（Durham Report 一八三九）发表后，英国在各殖民地推广行自治。这是英国又一种忏悔，而忏悔之根原，则因可怜意识之始终存在。

三

让我们简单谈谈英国的宗教及思想界。圣德耶挪曾经说：“对英国人谈宗教，宗教必须是英国的。英国人所不喜欢的，很难勉强英国的教徒的接受。”英国的宗教，同样受着英国气候的影响，也可说是灰色的。就英国宗教两大派别而言，英国国教带着灰色的烟雾，不太精确，充分富于调和性。在另一方面，反对国教的独立新教（Nonconformity），表现其自愿的习惯，业余的性质，另加多量的实验主义。因为这两派教徒都受了英国气候的影响，他们同样地影响英国人的生活。宗教是透过阶级，深入社会。英国国教与独立新教的对立，也许是替代或消弭英国社会中阶级的对峙。英国国内两派的宗教，双方同样认为基督教要改良。不过双方对于改良的范围及方法，不能一致，这就是英国两党政治的精神背景。英国的宗教问题是政党政治中一个争执的大问题，譬如对宗教容忍问题，宗教戒律解放问题，宗教在教育的地位问题，都是君权党和民权党双方多年争辩的政纲之一。英国国内自由的斗争，自来于宗教生活不能分离。对于自由的奋斗，宗教和政治团体，常常联在一起，并肩作战。英国的宗教，如果说受着英国气候的影响，那么，英国的思想界，也同样受着气候的支配而呈现其灰色。就英国许多大作家而论，他们的思想是多种源流的。在他们的作品中，可以发现其调和与通融的特性。十七世纪初期的霍克

（Hooker），十八世纪末期的泼莱（Paley）都是这种类型。他们是调和而不是独创的思想家。当然，不能说英国从来不出独创而原始的大思想家，可是，培根（Francis Bacon）尚不足以语此。牛顿与达尔文，实是英国思想家中特异的人。霍布思（Hobbes）或可勉强附丽于此。至于洛克（John Locke），实在是十足的英国本地风光。英国的思想界一涉及哲学的范围，总不能格物致知到于极处。英国的哲学家，跳来跳去，跳不出经验的范围。所以英国人自己解释，英国人在哲学方面，拙于散文而申于诗。英国人的哲学思想，在散文方面不能发展，转而在诗的方面发抒。英国诗的哲学，是英国人十分引以自负的。譬如莎士乐府许多剧本中的莎士比亚，《失去的天堂》诗集中的密尔登，泼利鲁特集中的华兹华斯（Wordsworth），爱唐纳集中的雪莉（Shelley of Adonais），都是英国诗集中的大哲学家。英国是一个诗人民族，英国诗集之丰富，在欧洲各国中少见的。单就十九世纪而言，英国的大诗人，足以影响时代思想者，有十几位大诗家。英国的思想努力，在于诗歌。这是灰色英国又一种特点。

四

有几个关于英国国性流行的名辞或性格，我想顺便做一个简单介绍及解释：

（甲）绅士（Gentlemen）。有人这样讲：要谈英国国性而不谈英国所谓绅士，是无法了解英国国性的。但是如何对英国绅士有一个明确的观念，也几乎是不可能的。这是英国国性中另一种灰色！所谓英国的“绅士”，并不是一个阶级。这种绅士阶级，早在十六世纪已不存在了。英国的“绅士”，不是一个阶级，而是一种性格观念，其观念也因时而变迁。譬如说在十八世纪，一个英国绅士必熟悉他的佃佣、耕地以及狩猎的野兽。他在地方上或预问地方政治，或进而被选为国会议员。此外，他也许喜欢研究建筑或绘画，或尽心研究音乐，他是一位多才多艺的业余者。英国绅士观念的要素，是一种行为规律。仪容整齐，沉默寡言笑，说话含蓄不多发议论。在许多方面，所谓规律也是十分奇突的。这种规律，并不根据宗教，但有时亦受讲道的影响。它是希腊制欲主义与中古骑士精神的混合。再于不知不觉中加进英国本国的清教徒及民间精神。英国绅士是害羞的，但是他十分自信，他具有十分高雅化的丈夫气慨，有时丈夫气慨比他的高雅还要明显。英国绅士是害羞的，有人注视他，他会局促不安。但是绅士到一处地方必为众目所注视，英国绅士是讲有为的，但是亦“有所不为”。英国绅士与人深刻的印象，常在其“不为”方面！这是一种极模糊的行为典型。不管你赞成或反对，英国近年教育普及，这种典型正在扩展。

（乙）业余的风气（The vogue of Amateur）。英国是专门职业十分发达的国家，但是英国是反对职业化的。在运动，在政治，在农业管理各方面，英国的业余精神常常表现。当世界日渐繁荣而复杂，业余精神是有其缺陷。但亦有其优点，它能防止生活过于严肃，而稍留情趣及幽默的余地。提倡业余风气，能使社会中个人的创造力增高，也同时能减消社会的紧张。一个富于业余气质的社会，能使社会的血脉易于流通，而不致血液拥塞凝滞。英国社会中多“业余者”。英国学术界中，尽有许多业余自修而成的大学者。如史学家之吉朋（Edward Gibbon 一七三七——一七九四），与麦考莱（Thomas B. Macaulay 一八〇〇——一八九五），科学家之加文迭栩（Henry Cavendish 一七三一——一八一〇），及达尔文（Charles R. Darwin一八〇九——一八八二），业余的政治家，亦许他失之于见闻太狭，但是业余政治家必然比较超脱，不以政治为职业，其营私谋利之心亦将大减。克林威尔在政治及军事方面，都是一个业余者。十九世纪英国名相格兰斯顿及窦培（Lord Derby），都寝馈不忘荷马的诗（Homer）。至于邱吉尔，更是多方面的业余者。他爱绘画，爱建筑，爱写文章，然无一而非以业余者之态度出之。邱吉尔于史学，更是他业余方面特别成功的部门。业余者也许在效力方面不如专门职业家，但是业余者是事业活动的爱好而主动的人，不是事业活动的奴仆。

（丙）怪僻脾气（Eccentricity）。英国人的怪僻脾气，是外国观察家对英国国性的一个发现。外国人常常说：“疯狗和英国人”（Mad dogs and Englishmen）。说得客气一点，“英国人常常被他灵魂中的气候所管束”。英国人是最怕宣传，看见宣传会发慌惊讶。英国人说话最忌高声，极力训练个人的镇静。英国人衣服喜欢穿灰色的，雨衣要穿得满身油污，帽子也是灰色的最流行。他们住屋及所有家具，最怕鲜明的颜色。这许多特性，英国人自己也觉费解。一个最重形式和最稳重的民族，会对世俗反抗最烈，这是十分可奇的矛盾。这是英国个人主义潜在的力量，在一切灰色的外貌下，有时不期然而激发出现了本性的真相。

（丁）志愿的习惯（Voluntary habit）。在志愿投效的基础上，什么事情人民自己来做，自己结合志同道合的来做，不希望国家或政府来包揽一切，这是英国人的传统习惯。在英国社会显而易见的许多事业，如教育、公共卫生、医院、工人生活的改良，宗教团体、圣经会等，都是民间自己去做。英国人的思想及行动中，充分表现社会与国家的分野。穆勒在他自传中说："我们国内十分之九的事业，在别国都由政府去办理，而在英国则由与政府无关的社会团体去办。"现在还是这种趋势。英国的政与党，联在一起，但是政府与党，各守分际，并不使双方那一方面吞了另一方面。英国虽讲调和，而常能使政府与社会两种元素，互相并衡，各得其所。大英帝国及不列颠共和邦都是这个精神的实现。

（戊）少年精神。这与运动精神有关，这是英国与希腊一个共同之点。在英国社会，年龄观念算是最淡薄的，英国人最能忘年。英国人发育时期较长，成熟时期也较迟，所以比较不易衰老。习惯于运动，养成整洁的习惯。英国人到暮年，还是运动不辍。英国人的运动，一方面使他们常保青春，同时也使成年人老年人容易与青年混在一起，这样使社会不易脱节，各种行业的传授方便。在英国，各种年龄的人，都是友好而平等的。成年老年对青年，绝无倚老卖老，更少装着道貌。英国许多书籍，七岁的儿童和七十岁的老头都喜欢读。英国人是最看重常识（Common Sense），但是英国人也最喜欢"无意识"（Nonsense）。这是英国社会中的少年精神，少年精神是乐于运动的原因。运动帮助英国人建造品格。公平角逐（Fair Play）；团队精神（Team Spirit）；胜利时的宽大（Generosity in Victory）；失败时保持快乐；尊敬比我技术好的人。这许多品格在运动上养成，而影响到整个社会。

（已）势利与奸诈（Snobbery and Perfidy）。英国人自己不承认社会有阶级，而不否认有"地位"（Position）。莎士比亚称之为"程度"（degree）。英国人的"地位"是流动的，商人之子不必定为商人。"地位"的基础在能力，英国人的势利，喜欢攀附摹仿地位比自己高的人，另一方面看不起比自己地位低的人。英国人无论如何想辩护这一个国民性，终是遮掩不过而承认是一种恶德。势利与虚伪是相因的。英国人势利，英国人也是虚伪。这是国际上一种流行的观念，英国人自己亦极难辩护的。奸诈是英国在外交上的声名，奸诈的英国（Perfidious Albion），是欧洲习闻的名词。英国人自己解释，这是英国民族矛盾的一种。他们说"英国的传统，不仅仅是清教徒的德性。"灰色英国的性格，夹杂模糊，正与英国的浓雾一样。

五

圣德耶挪在他"关于英国的答话"（Soliloquies on England）一书序文中说：

“意象是英国的意象，情感是对英国的爱，而在英国背后的，是对希腊的爱。我在希腊及在英国所爱的，是他们对于‘限定环境的满足’，外表的整美，雄武的完美及简单。”这几句话，是英国人最爱听的。英国人最喜自比于希腊。不错，希腊学问在英国，研究得普遍而标准甚高。从中世纪后，亚里斯多德几乎变成归化英国的哲人。亚里斯多德爱讲中庸之道，提示习惯的价值，与政治上的混合宪法，正合英国人的胃口。英国的国性是多元的，希腊、希伯来、罗马的影响同样的深厚。灰色是英国国性一个象征，灰色是保护自己，同时对外面待机而动。英国杂凑的各种特性，随着时间空间而发挥。几百年来，英国做过极聪明的事，也做过极蠢的事。英国人做过极光明的事，也做过极卑恶的事。我们懂得灰色与阴性的英国国性，然后能了解英国历史上许多事与人。狄思雷利、格雷外相、张伯伦、邱吉尔都可作如是观。今天的英国，与过去的英国是一样的，清明清朗的中国人，看不懂灰色阴性的英国，是不足怪的。看不懂英国者，又岂止中国人而已。同文同种的美国人，还是不容易看清英国的。

一九五四年六月十四日

英国两党政治的历史背景

一

今天谈民主政治的人，不谈宪法而谈政党。谈政党而谈两党政治，或反对党。这在民主政治的讨论上，是一种进步。回想一百五十年前的欧洲历史，接着北美独立与法国大革命，当时弥漫欧洲大陆的政治思潮总名之曰自由运动（Liberal movement）。这一个自由运动的内容：一方面是民族独立，另一方面是政治民主，而政治民主必须颁行宪法。十九世纪上半期的欧洲政治，整个为这一个运动所笼罩。欧洲列强当时的斗争也完全是站在这一个运动的正反两面。英国是当时这一个运动下面的有力支持者。欧洲许多民族，都仰望英国对他们的独立及宪政运动，有所帮助及指导。在外交方面，英国历史上的名相帕莫斯顿爵士（Lord Palmerston）是始终支持着这一个自由运动。英国这一个外交政策，是和她的海权与工商业繁荣，相辅而行。英国在十九世纪所以能领导世界的政治，不像一般世俗所想象的专靠狯诈而成功。英国十九世纪的外交政策，是英国国内政治理想对外的扩展，也可说是民主政治理想充实而光辉的一面。

英国国内政治的特点，一曰国会，二曰两党政治，三曰内阁制。责任内阁制度，是由一个政党组织内阁，掌理国政，向国会负责，亦即间接向选民负责。这一个制度的中心在于政党，也在于两党政治。英国在十六世纪与十七世纪，政治上的民主，依近代的眼光去衡量，实在相去甚远。当伊丽莎白一世以后，进入于亨诺佛王朝初期的政治，完全是民权党（Whig）的贵族政治。在当时参加政治的人，仅讲选举权，不但财产的限制重重，在社会方面还有各种束缚，宗教方面的限制更为繁复。英国采用内阁制，同时只让一个政党掌握政权，组织内阁，在历史上是一个偶然。在威廉三世时代是这个偶然的开始。乔治一世不能讲英国话，他对大臣用法文谈话与处理政务，结果困难重重，他索性对内阁会议经常缺席。威尔帕尔（Sir Robert Walpole）便在这个时期对他领导的民权党加以整顿，因以建立内阁制度，与确定首相的地位。威尔帕尔所以能排除王党（Tory），长执政权，就因当时的王党暗中与杰姆斯二世及其继承者勾通。内外疑惧王党是不忠于新朝而时时企图复辟，使新朝不敢信用民权党以外之人。这是英国历史上另一个偶然。乔治三世即位之初，一切大权操之于手。他对付臣下，不问党不党，只讲谁对他服从亲近。当时所谓“King’s Friends”（国王之友）便可希望当权。所以政党政治在乔治三世初期，已完全被打破了。因为他十年亲政，把北美殖民地送光，在英国历史上闯了一次大祸，不得不废然仍旧委政于内阁。这是英国历史上又一个偶然。历史上的偶然是外国不易效法的，也是观察家不易认清楚的。

二

英国的两个政党，原始的名辞，一个名为王党（Tory）；另一个名为民权党（Whig）。这两个名辞的来源，原来均为含有恶意的绰号。Tory意为爱尔兰天主教强盗；Whig意为苏格兰长老会的狂热者。十七世纪中期，英国王政复辟后，政治方面虽不主严厉报复，然在宗教方面之冲突，暗潮甚烈。到了一六七九年，对于王位继承问题，引起极大之争论。当时英王查利一世无嗣，兄终弟及，照例王位应传至王弟约克公爵（即其后之杰姆斯二世）。但约克公爵是一位罗马天主教徒，而非英格兰国教教徒。当时英国国会中一派人反对约克公爵继承王位，最大的理由为宗教的，便是他为天主教徒；另一为联带的政治问题，既是天主教徒，便会和法国及西班牙搞在一起。而法、西两国，在当时英人心目中，是日夕想对英国侵略的。这一派反对约克公爵继承的人士，被称为民权党。而在另一方面，另一派人认为约克公爵虽在宗教上不是英国国教教徒，然不能因此剥夺其继承王位之权，这一派人被称为王党。直到十九世纪，两个政党一直沿用这两个名辞。王党依附王室；民权党依附大贵族。看了当时的历史，便知当时这两党的组织与政纲，均不可随便附会到现代的民主政治上去。一六八八年的革命，把两党的地位改变了。经过这次改变，王党对于王室，认为在继承王位权以外，尚有他应该效忠的道理。王党党内两大政纲，反对宗教容忍，反对和任何外国纠缠，因了这次变革亦碰了壁。到了一七一四年，王党内阁阁员，不能团结一致，决定谁将继承恩妮女王（Anne），再加王党领袖包林白洛克（Bolingboke）仓猝出亡，使王党威信大减，被目为暗通杰姆斯二世之阴谋分子。从那时起，王党势力一蹶不振，民权党执政将及五十年。民权党在此长期执政中，对国王既无所畏忌，便在市镇方面的选民深下功夫，由此而操纵国会的选举。至是，王党反而高唱用王权制衡贵族，人民选举权应予扩大。

乔治三世于一七六〇年登位，这时期的民权党，因执政过久，内部派别分歧。当时所谓民权党，包括许多个人的派系。乔治亟思恢复国王之大权，对政党尽力吸收归附自己之份子。他想拆散政党，而将依附王室的政党人士，名之曰“国王之友”。“国王之友”在乔治王朝，把政党政治搅扰了二十五年。在这个时期，英国政党的分野不清，壁垒尽破，这是王权高涨时应有的现象。美国独立战争时，英国的政党政治，可以说是最混乱的时期。所以当时对美的政策很难说是王党或民权党的主意。乔治三世推动北美殖民地，个人统治完全失败。壁特（Pitt）起来领导新王党，因而演变成一个新王党主义（New Whiggism）。自是以后，民权党揭橥改进，而王党则抵抗改革。一八三二年的选举区大改革，完成于民权党，王党领袖肯宁（Canning）及庇耳（Peel），均在适应时势，不再固执成见。王党主义由此逐渐演变为狄思雷利的保守主义。保守党除揭橥效忠王室及国教外，导诱当时的民族思想演成帝国政策。同时民权党内的工商阶级及急进派混合演变，使民权党成为自由党。

三

保守党名辞正式被采用，大概在一八三四年。但在民间，王党与保守党（Conservative Party）相互使用，并不因保守党名辞之被采用而将王党之名取消。一八八六年格兰斯顿在国会提出爱尔兰自治法案，自由党中自由统一派脱离自由党，统一党（Unionist）的名辞有时亦即为保守党之别名。在苏格兰及爱尔兰北部，民间尤喜称保守党为统一党。一八三二年国会选举法改革后，全国各地均有保守党支部之组织。一八六七年后，全国保守党及宪政联合会混合成立全国总会。由此保守及统一联合会组成一保守党全国总会。到二十世纪之中，保守党在英国全国共有十二个支部，苏格兰及北爱尔兰的分部尚不在内。

从一八三二年到一九一四年八十年中，保守党与自由党，迭相掌握政权，这一个时期是英国两党政治全盛时代，也是在朝党与反对党旗帜最为鲜明的时代。在这八十年中，自由党执政之日长得多。从一八三二年到一八八六年，自由党几乎完全掌握了政权。一八八六年后，保守党方得卷土重来。在这时期的初期，庇耳（Sir Robert Peel）及狄思雷利（Benjamin Lisraeli）为保守党的代表人物。一八三四年的泰姆华斯宣言（Tamworth Manifesto），便是保守党对于时局的宣言。一八四一年大选，保守党得着多数，庇耳上台，得着机会实施他的抱负。但当时全国鼓噪废止粮食入口条例，实为英国经济自由竞争时代的前奏。保守党内部既经分裂，从一八四六年后，直至一八七四年方得重掌政权。狄思雷利便是保守党中赞成取消粮食入口条例的人。他领导一部分保守党党员，反对庇耳的政策。保守党垮台后，他起而重加整顿。他知道保守党的前途在于民主，他提倡所谓“保守党民主政治”（Tory Democracy）。一八六七年国会选举法第二次改革，是经过他的力量，在他手中完成的。从一八七四年到一八八〇年，狄思雷利执政时期中完成了许多有名的社会立法，如一八七五年法案，一八七六年法案，使工会成为合法团体，工人集体交涉工资变为事实。一八八〇年大选，保守党失败。一八八六年自由党为爱尔兰自治案分裂。保守党与张伯伦约瑟夫领导的自由统一党联合。嗣后二十年，保守党仅得三年登台，这三年中，莎丽斯伯利与贝尔福相继担任党魁。一九〇六年的大选，保守党再度惨败。直到一九一五年五月加入爱斯葵战时联合内阁，保守党又是十年的在野反对党。劳合乔治的联合内阁，到一九一八年解散。一九二二年十一月大选，保守党获得三百四十四席，波那劳担任首相。从此以后，除了两次短命的工党内阁（一九二三——一九二四年；一九二九——一九三一年。）保守党始终是在朝党，一直延长至第二次大战结束。

民权党何时正式改称自由党（Liberal Party），史家考证，大概在一八三九年。当时自由党领袖罗素勋爵对维多利亚女王的通信中，常常提到自由党而不称民权党。从民权党演变到自由党，大概是从滑铁卢决战时候开始，到十九世纪下半期。当时许多自由主义者及急进主义者，在国会中对旧民权党打气，有时候感觉到对民权党不耐。自由主义的定义，既难确定，所以自由党内常包括许多派的思想。他们的结合，是为了解放与进步。因为党内分子的复杂，所以自由党内部比保守党容易分裂。自由主义相信个人人格的价值，并相信个人力量之自由运用，为一切进步之源泉。它主张个人或人群解放，俾得自由运用其权力，只要解放后不妨碍他人。这包含了鼓动运用国家权力，俾能建立一种环境，使个人的力量能在此环境中壮大而得着精熟的运用，各人均得平等发展之机会。此其目的，与积极的社会改造政策，因而扩大国家权力，实相符合。自由主义虽主扩大国家权力，然与社会主义绝不相同。严格的讲，社会主义是要驱逐个人的创制与个人的责任于经济活动之外。而自由主义所以要扩大国家权力，仅为由此可以创造一种环境，使个人自由活动格外发展而壮大。

自由党在十九世纪上期的代表人物，如莫尔蓬（Lord Melbourne），罗素（Lord Russell）及帕莫斯顿（Lord Palmerston），还有许多社会改革家，如喀白登（Richark Cobden）及勃雷脱（John Bright）等等。当时自由党许多社会立法，如工厂法、贫民救济法、公共卫生法及警察法等，都为后来社会改革之前驱。一八四六年后，反对粮食条例联盟在自由党内抬头，把英国多年的保护关税政策打倒了。十九世纪中期后，格兰斯顿是自由党突出的代表，也成了英国的最具理想的大政治家。他在英国政坛，轰轰烈烈，当政四十年。从一八六五年到一八九五年，英国人称为格兰斯顿时代。在这时期的自由主义，也几成为格兰斯顿主义。当时的英国国是口号：“和平，节约，改革。”等于说明了自由党政策的性质。格兰斯顿是极端主张和平的人，一八七八年他在西喀尔多（West Calder）的有名演说，几将半世纪后的国际联盟，预先打好了蓝图。当时英国外交上“光荣的孤立”，便是这一政策的结晶。他对外虽主张少管闲事，但他对巴尔干的民族斗争，还寄予甚大之同情。他对帝国主义的开疆辟土，毫不感兴趣。所以他在执政时，没有参加对非洲殖民地的竞争攫取，对南非洲他是主张退出。在埃及，英国虽终于陷进去，但他对此表示十分厌恨，戈登将军在苏丹之殉难，英国朝野对格兰斯顿的攻击，是不易忍受的。但对外不主急进扩展，是他外交政策的一个基本方针。印度的自治，在他当政时经过李本及郎世塘（Lord Ropon, Lord Lansdowne）的努力而完成初步的基础。格兰斯顿的兴趣在于财政，财政的平衡，同时在于宪政的改革。从一八六八年到一八九四年，他全力注意爱尔兰问题，几次为这问题倒阁。他对爱政策中的一部——土地改革，成立地租法庭，虽与自由主义有些不合，但他对爱尔兰的功绩是不朽的。在他当政的时期，他完成了：①全国性的教育制度（一八七〇年）；②国会选举法第二次改革（一八七二年）；③国会选举法第三次改革，便农工获得选举权（一八八四年）；④使工会获得合法地位（一八七一年）；⑤改建军制，禁止军官捐纳；⑥司法制度之改造；⑦大学取消对宗教信仰的限制与歧视。

从一八九五到一九一四年，是自由主义在英国的第三时期，在格兰斯顿时代末期，自由党已经走着下坡。新时代需要新的感召，时代要求不仅在于取消各种限制，还在积极建立环境，使个人能力得以健全发展。这一种思想冲击，一方面使社会主义复活，而致工党成立。另一方面使自由党的倾向改变，专注力量于社会改造。在第一次大战发生以前，自由党对英国是有功的。自由党有名的外相格雷，因努力和平而使英国跳出外交上的孤立。同时在陆海军方面有重大之改革整顿。当时国际风云，虽一天紧似一天，然自由党政府对于国内的社会改良工作，未尝一日或懈。这包括了工人补偿法案，老年养老金制度，国家对工人的疾病及失业保险，劳工介绍所，劳工住宅计划。而实施上述各种计划的经费，一取之于渐进的所得税制度，这是用立法手段对于财富的重分配。因为上院拒绝（一九〇九年）通过这种预算，一九一〇年举行两次大选，终于一九一一年把上院的否决权取消。

第一次大战及战后的时势与人事，使自由党一蹶不振，陵夷至于今日，在英国政治上，自由党已变成一个少数党。此中原因，自非一个。但时代变迁，及劳合乔治个人所负的责任，均为促成该党迅速衰落的重要原因。二十世纪二十年代以后的英国两党政治，是保守党与工党，而不是保守党与自由党了。

英国工党的组织，开始于一九〇〇年。工党名称正式的采用乃在一九〇六年。一九〇〇年独立工党改组成“劳工代表权委员会”（Labour Representation Committee L.R.C.）。这个委员会的组成分子，为各种社会主义团体、工会、工会委员会，以及许多地方劳工选举团体。其目的在辅助国会下议院及地方政府中独立的劳工代表的竞选。最初合作运动的各份子曾被邀参加，但被拒绝。一九一七年合作社份子自己组成一“合作党”参加政治，以后对工党常以友党身份互相辅助。国会中合作党的份子均参加国会工党的选举，迭次参加工党内阁。工党的前身，也就是L.R.C.的前身，是“独立工党”（Independent Labour Party I.L.P.），其领导人物是哈第（Keir Hardie）,于一八九三年在约克郡的白莱福特地方开始组织。组成份子都为一八八四年后国会选举区第三次改革后，各地方为了助选劳工代表而新兴之各种团体。在此以前，民权约章派（Chartists）在国会选举区第二次改革以后，本已在各地展开助选劳工代表加入国会的运动，这一个运动到一八六九年形成了“劳工代表权联盟”（Labour Representation League L.R.L.），一八七四年大选，两位矿工工人当选为国会议员，这两位矿工议员，一位名亚力山大，麦唐纳（Alexander MacDonald），另一位名波德汤姆斯（Thomas Burt），这是英国国会中第一次有工人出身的议员。劳工代表权联盟在一八八〇年渐近死亡，代之而起者为“劳工选举会”（Labour Electoral

Association L.E.A.），从一八八六年工会联合会召开时成立，十年之中，与自由党相辅为劳工争取代表权。独立工党成立后，曾不断努力，劝导全国工会，为独立的劳工代表权，参加共同奋斗。最后全国工会同意召集社会主义的工会联合会，因是劳工代表权委员会（L.R.C.）得于一九〇〇年成立。这是工党由孕育至于产生的第一阶段。

一九〇〇年的大选，劳工代表权委员会两位候选人当选。这两位当选的议员，一位其后加入了自由党，另一位即是哈第。在一九〇六年大选以前，三次补选，有三位委员会的候选人当选。后来在工党著名的亨特生（Arthur Henderson），便是其中三位的一人。一九〇六年大选，工党的名称已被正式采用。这次大选，工党当选者共二十九人。一九〇〇年至一九〇六年中间，工党的突飞猛进，是因受了法庭的压迫。当时有名的佛尔塔甫案件（Taff Vale Case）的判决，规定凡因工潮而生之损失，得向工会起诉，因此将工会的基金停止使用。一九〇六年工会纷争法虽将上次的判决平反过来，然一九〇八年另有奥斯蓬判决（Osborne Judgment），规定工会一切政治活动皆为非法的。所以一九一〇年两次大选，工党不能动用工会基金，赤手奋斗，因此竞选大受阻止。但在两次大选中，工党仍各选出四十及四十二位议员。工党及工党的前身劳工代表权委员会，虽在每年年会中通过了许多社会主义的决议案，并不鲜明标出是一个社会主义的政党。在一九〇六年到一九一四年期间，工党虽维持其独立政党的地位，但在一九〇六年的大选，一九〇九年的预算案，后来对于上院的改革案以及对爱尔兰许多法案，工党是自由党的友党，在国会中并肩作战。一九一三年，国会通过工会法（Trade Union Acts），工会恢复部分的自由，可以采取政治行动，也可直接支持工党。

在第一次大战开始时，工党在国会中，还不过是一少数人的结合。战争的进行，使工会的权力增加，因而使工党的力量上涨。爱斯葵联合政府时，工党所占地位极不重要，劳合乔治继任首相，工党的地位稍稍增强，工党内部大部分是支持战争。但是原来的独立工党一部分党员，是反战的。一九一四年，麦唐纳辞去党魁，亨特生在爱斯葵及劳合乔治两个联合政府中充任工党的代表。但在一九一七年因亨特生支持瑞典京城所拟召开的和平会议，而被联合内阁所开除。工党虽继续留在政府，然工人阶级对于议和的情绪，日益高涨。其后自由党内部分裂，工党于一九一七——一八年在其宪章中彰明宣示将其自由党代起为英国向左之政党。此次工党党章决定在每一个选举区设立支部。一九一八年大选，工党首次在全国各主要选区提出候选人，虽经联合内阁之全力破坏，工党在一九一八年大选中获得六十一席。

一九二四年，工党得着自由党的帮助，麦唐纳组织第一次工党内阁。因为政府建议贷款予苏俄，第一次工党内阁短命夭折了。第一次工党内阁寿命过短，仅仅在房屋及失业立法方面，小有成就。一九二四年大选，工党因受“谢南维夫信件”之影响，选举结果遭受惨败。一九二六年大罢工，削弱了工会势力，但并不能阻止工党之正当发展。一九二九年麦唐纳第二次组工党内阁，工党此时在国会仍不能占多数，但为最大之党。一九三一年经济不景气，第二次工党政府再度倒台。在第二次工党内阁时代，仍因工党在国会中，不能占到过半数的席次，故社会主义之政策并未得以施展。这个政府仅在社会改良与外交方面，稍有成就。亨特生在外交方面的主张，为当时国际舆论所一致赞美。但第二次工党政府，对于失业及财政危机，束手无策，只能废然下台。其后麦唐纳与保守党自由党再组织联合政府，但工党一时声势衰弱，国会议席数字，减少至四十六席。直至一九三五年大选，工党在国会席次，增至一五四席。工党党魁由麦唐纳变成伦斯巴（George Lansburg），由伦斯巴再至阿特里（Clement Attlee）。当法西斯与纳粹之势力兴，工党内部，除了伦斯巴一派，都有主张对纳粹的威胁，应由整军而予抵抗。慕尼黑的投降，工党是一致反对的。第二次大战开始，工党是全体支持对侵略者加以痛击。张伯伦内阁之倒，与邱吉尔之起用，工党与有力焉。

第二次大战将终，德国已经投降，英国国会任期早满，工党在联合政府表示仍愿合作一个时期，但为邱吉尔所拒绝。一九四五年大选，工党在国会中获得三九四席，超过半数。在这次大选中，军队几乎全体支持工党。其它宿舍区域的知识分子及劳工，亦全部支持工党。工党第三次内阁时，曾将英格兰银行变为国营。其余对煤矿、内地运输业、电力、煤气、民航，有线电及无线电电信事业、有及钢铁事业，均经通过法律，改为国营。此外对社会保险及公共卫生，都加改革。对于教育，针对一九四四年教育法，更实施补充，使其完成。工党在第三次组织政府时，对于社会主义的立法，可谓大展经纶。工党政府要角，如莫里逊及贝文，在内政外交方面均在英国国内赢得时誉。

英国工党之得以长成与强大，靠劳工及工会，但亦同时靠思想前进的知识分子。费边社（Fabian Society）便是帮助工党强大的一个知识分子组织。费边社初创于一八八三年至一八八四年冬间，最初发起的人，包括庇斯（Edward R.Pease）、萧伯讷、韦白（Sidney Webb）、韦勒斯（Grahan Wallas）及贝森脱

（Annie Besant）诸人，其后威尔斯（H.G.Wells）及喀耳（G..D.H.Cole）等均为重要会员。这个团体发起之初，其宗旨在“根据最高道德的可能范围，改造社会”。费边之名，采自希腊名将Fabius Cunctator,凡百措施，均由“从长的计议，逐步渐进的方略”。费边社的主干，都受着马克思的影响，但他们的经济理论，却根据英国密勒（John Stuart Mill）与杰逢（William Stanley Jevons）的主张一方面提倡个人主义，但在现代情势下，应在经济的世界中逐渐增加国家的干涉，使大多数的人，获得最大的快乐。一八九九年起费边社开始发行费边论文小册子，对每一个重要社会问题，作调查报告或讨论的建议。费边论文小册子，历半世纪不断发行，成为重要文献。当工党成立以前，费边社采取浸润的灌输政策，对当时的自由党与保守党，在每一个特种的问题上曾努力将费边的理论与方法，尽量对此两大政党灌输。独立工党成立之时，费边社许多地方分社都加入了。一九〇〇年劳工代表权委员会成立，费边社之助力更大。一九〇六年到一九一四年，费边社以全力注意救济贫民法的改革。费边社是读书人的结合，这批读书人，以知识帮助工党。费边社的研究成果，对工党在政策制定方面有极大的助力。现在工党内部有极好的研究机构，其分子都是费边社的分子。伦敦大学政治经济学院，是费边社许多原始干部所发起，这个学院充满着工党的空气，作者本人两次在这个学院攻读，对工党，对费边社，似乎极有亲切之感。办理政党不能离开读书人，不能离开青年，这是一个有力的明证。

英国历史上民主思想主流，是约束特权；是谋被压迫者的解放；也是谋多数人的最大幸福。反映在具体的政治现实上，最初是民族国家的兴起。为了巩固国家，不得不对超出国家之权力，如大帝，或教皇，一律予以打击。民族国家建立后，贵族与平民联合国起来打击王权。王权既已受到约束，中产阶级知识分子与一部分开明之贵族及教徒联合起来打击贵族与地主。十九世纪把中产阶级地位建立成功，劳工阶级与知识分子与理想家联合起来打击资产阶级。这就是一部英国的政治历史，也就是一部英国的政党史。今天英国的两党，是保守党与工党。在一方面，经济事业国家公有，福利国家；在另一方面经济自由，财产权神圣，而不忘社会的改革。这是工党与保守党对内政策的基干。每年十月初，正是英国两大政党各自举行全国年会之时，根据此次工党年会的报告，今后工党对内经济政策，已将从前收归国有的办法，修改为对主要工业收购政策。贝万对废止原子能武器，已不如从前之反对，，是则工党也在慢慢地打转。但是第二次大战后的英国，在工党五年当政中，其内政外交之影响，实在使人忧心忡忡。我们忧虑英国在思想上及政治上的朦混不清是不易产生新秩序的。

四

上面所述，是英国两党简单扼要的历史。这一简单扼要的叙述，是谈英国两党必须具备的概念。英国为什么能产生两党？这两党政治的社会背景也就是历史背景是什么？这是今天谈两党政治的人最急于知道的。

英国现代大史家屈莱梵尔瀛先生（G.M.Trevelyan）对英国的两党政治有几句深刻的观察：

“我们英国的两党政治，所以能维持那么长久，那么强大，因为在宗教方面，也是根据两大党派。

“一派是有特权的，一派是没有特权的。

“英国两个政党，各有两百年以上的历史。两个政党靠什么东西使它们内部维系不散，这不是理论或原则，因为理论甚至原则会跟着环境而变化。两党内部赖以维系的绷带，是长期的宗教与社会的裂缝，两体因缘此两大裂缝而成为政治的发抒。”（G.M.Trevelyan:History of England pp.451−3.）

屈莱梵尔瀛先生这一对英国两党政治的观察，正是空前精辟的见解。读英国史，必须紧握住他这几句话。因为宗教与社会问题，是笼罩在英国史外面的一层浓雾，如果不穿过那层浓雾，是不易得到英国真面目的。本来欧洲的历史，与宗教关系太密切。读欧洲历史不注意宗教问题，是无法了解欧洲史的。英国的历史，处处与英国的宗教绞缠在一处，英国政党政治无疑是英国历史的一部分，所以谈英国政党是不能不谈英国的宗教。屈莱梵尔瀛先生说英国的宗教，也同样分成两大派。一派是具有特权的，另一派是没有特权。换句话说，一派是特权阶级；另一派是被压迫者。我无法在此短文畅论英国的宗教，只想简单叙述英国在宗教方面的纷争，与所谓特权及受压迫两方面大概的情形。谈英国宗教不能不从亨利八世谈起，因为他是英国国教第一位“英国教会的最高首领。”（Supreme Head of the Church of England）普通人对亨利八世的印象，一为他是多妻者，一为他闹离婚。不错，他因为离婚而与罗马教廷断绝关系，因与罗马教廷断绝关系而在英国废止僧院，把许多教产土地充公标卖，也因此而经国会通过法律宣布英国建立英国国教，英王兼为国教教主。但再看当时的国际环境：马丁路德的新教革命，接着为罗马圣城的被劫掠（一五二七年）。这个罗马圣城的被劫乃出之于神圣罗马帝国的大帝兼西班牙王查利五世。所以在亨利闹离婚之前，全欧洲对于教廷腐败之不满，已甚嚣尘上。英国社会受新教影响亦甚普遍。亨利八世以别恋恩妮白留容（Anne Boleyn），谋废王后凯什龄（Catherine of Aragon）。西班牙王兼神圣罗马大帝查利五世，是她的内侄。凯什龄原是亨利的嫂子。亨利与嫂子结婚，原得前教皇的核准。现在亨利要求教皇克里门七世宣布他与凯什龄的婚姻无效，俾他可和新恋结婚。教皇拒绝他的要求，信使络绎，终于没有结果。教皇的拒绝，并非根据教会的什么规律，实因当时教皇，已受制于查理五世。亨利八世的离婚，在英国内，原来不为人民拥护，但后来演变成为一个民族自尊心问题。舆论认为外国为什么可以干涉本国王室的婚姻。所以亨利的离婚，经过这一个变化反而得着人民的拥护。人民拥护亨利与教廷断绝，因与教廷断绝，在英国国内引起反教士的革命。亨利经过国会制定法律，建立国教，以国王兼领教主，这是英伦国教之来由。国教建立后，以前受教廷敕封的寺院及教职，凡不奉国教者，都受迫害。英国国教建立后，一方面对罗马天主教加以迫害，同时对新教徒并不宽容。英国的宗教迫害，实跟着建立国教而开始。当时欧洲宗教改革运动中，各国对罗马教廷的政策如何？这是值得简略一谈的。

英国国教与罗马天主教，在组织上时，罗马天主教是宗奉教皇，一切教职均由教皇敕派。而英国国教的教职则由英国国王以教主身份派遣。在礼拜时，天主教用拉丁文，而英国国教用英文。英国国教用的圣经及祈祷书，在后来一律遵用杰姆斯一世的钦定本，祈祷书奉用共同祈祷书（Book of Common Prayer）。国教教士并须一体崇奉三十九信条（Thirty Nine Articles）。（当伊丽莎白女王即位时，国会制定两种法律：一为最高法 Act of Supremacy，废止教皇在英国国境内一切权力。另一为统一法 Act of Uniformity，制定采用祈祷书 Prayer Book 为唯一合法之礼拜方式。此两法制定在一五五九年，当时杰姆斯一世钦定本圣经尤未产生）讲到宗教改革运动后欧洲主要各国对教廷的方略，可分三类：第一为西班牙。西班牙当时国势强盛，在意大利许多城市，长期驻兵占领。故教廷对西班牙所要求，不能不屈服。当时西班牙国王自己拟定一套彻底而保守的宗教改革方案，强迫教廷实施。他要求教廷按照提出的方案，自己改革教廷各种弊政。第二为法国。教廷原来在法国，什么都加以干涉，在宗教改革后，法国政府趁教廷威权低落时，用外交方式与教廷交涉成立协定。在协定中，法王允许教皇若干特权，但其交换条件，教皇对法国国内宗教事务，法国政府视为本国政府的管辖，教廷不得加以干涉。第三个方式，是亨利八世原来所采取的，一方面不理睬教廷，同时在本国国内维持中世纪的教条及纪律。在此条件下，英国仍保持为一个天主教国家，但与教廷关系淡薄。亨利八世原是采用这一条路，后来为了离婚事件与教廷断绝，因而建立国教。这是出于当时亨利意料之外的。然由此可以间接答复我们上面的问题。在亨利八世建立国教之初，英格兰国教与罗马天主教，内容的区别原是不大的。（以上采用E.W.Waston:Thurch of England）这也许可以说明英国的国性，零碎与拖泥带水的国性，无论在政治上或宗教上，不会一次彻底的改革。但是英国人是富具独立的个人主义。在宗教改革以前，英国在宗教上原有不同的趣向。宗教改革时，因为受了德国及瑞士的影响，宗教上的歧异，更显而易见。国教建立，对新教徒既是不易满足，对旧教徒更是离经叛道。所以英国宗教改革的本身，是蕴藏着未来的分裂与对立。亨利八世逝世后，爱德华六世享国日浅（六年）。玛丽女王（在位五年）登位，一反前王之所为，既与西班牙王储缔婚，在宗教方面恢复与罗马教廷的关系，压迫国会恢复取缔异教法律。四年之中，新教徒被活活烧死者三百人。宗教迫害，在玛丽女王短短五年当国中表演到高潮。伊丽莎白即位，恢复国教。国会通过两种法律，一为最高法，一为统一法，已详前文。伊丽莎白对宗教问题的解决，事实上许多地方没有解决，而使国教教会内部增加了分裂。英国国教徒与非国教徒的裂痕，起自英国宗教改革，英国国教教会内部的分裂，也从此开始。因一部分教士仍想效忠罗马教廷，便是若干归依国教的人，也在抗议下勉强服从。这一批人认为国教非驴非马，既与罗马断绝，又非新教。这批人的理想，想追随欧洲大陆上改革最好的教会，仿效改造，这批人后来变成国教教会中的清教徒。

独立（Independent）及不顺从（Non-Conformity），是英国教会中最常见的名辞。其实独立与不顺从，亦可说是英国人一种独特的个性。这种个性，反映于宗教，也反映于政治。英国教会中独立的宗派众多，这也许是建立国教的反响。克林威尔时代，在宗教方面，完全是独立派占着优势。清教徒当时在国会在军队的力量，是大家熟知的。共和一段时间，在宗教上相当做到容忍。除了天主教或无政府派，政府对各派教会，均允许共存，然对旧时国教的祈祷书，还是禁止使用。主教官署予以废止，许多国教教徒，亦被驱逐出境。迨查理二世王政复辟，查理存心尚属宽大，但教会与国会，力图报复。国会通过许多法律，极尽严峻。其尤著者，为宣誓条例（Test Act 1673），使国教教徒与非国教教徒之裂痕，益形加深。杰姆斯二世彰明较著号召他的天主教信仰，他毫不讳言对于罗马的宗奉。这在英国历史上，为国教教徒与非国教教徒联合起来的仅有事例。

一六八八年的革命，因果关系，宗教占着极大的成份。一六八八年的革命，英国人常夸耀的一件大事，为此次革命对法治与民治奠定基础。“法律在国王之上”的原则，是这次革命确定的。但在宗教方面看，接着这次革命后对宗教的迫害实为英国历史上一个黑暗时期。因为玛丽女王时代的迫害，多半出于她个人的意志，而迫使国会定法律。在这次革命以后，乃是国教教徒与国会主动制定迫害的法律。这种情形的开始，当然远溯王政复辟，查理二世复位之时。但到一六八八年以后，其势变本加厉。所谓宣誓条例，是英国宗教迫害最恶劣严厉的一个法律。这个法律规定：凡人民拜领圣餐，不按照国教仪式，无论在中央或地方，均不许担任官吏或公职，包括做代议士，亦不许进入任何大学。所以这个规定，把天主教、新教徒凡一切不顺从国教之人，其公职甚至高等教育之权利，一概予以褫夺。而这个法案的制定通过，是当时国会投票继续批准查理二世拨款的交换条件。换句话说，此种迫害之法律，其起意由于当时王党及国教徒。一六八八年革命后，威廉三世与玛丽第二人继大统后，虽然颁行容忍法（Toleration Act 1689），允许异教徒有信奉之自由，但宣誓条例依旧存在。不宁惟是，国会于一七一一年通过“临时归顺条例”（Occassional Conformity Bill 1711）。这个法律规定：凡已遵照国教仪式，领受圣餐，准予及格可以担任官吏者，如被发现仍私自参加非国教的礼拜，依法予以严重之罚金。一七一四年，国会再通过“分离法”（Schism Act）。此法规定：凡不归顺国教者，剥夺其教育子女之权，此等子女，交与国教主教所核准之人，施以教诲。此等被核定施教之人，其教材不准超出国教教会所定范围之外。这一连串法律，都是王党在国会中所提议而制定。按照国教仪式领受圣餐，成为当时做官发迹的必要条件。当时英国大作家史威甫脱（Swuft）有一段记载：“我今天很早和大臣（白林薄洛克Bolingb roke 当时王党领袖）在一起，不久他就走开了，据说是去朝拜，去领受圣餐。还有几个混蛋也跟着去，据说也是去领圣餐。他们并不是对上帝的诚虔，实在是照国会通过法律所规定，去混饭做官。……”（转引E.W.Waston:Church of England）从这一段记载，可以知道领圣餐是怎么一回事。

“临时归顺条例”及“分离法”于乔治一世（乔治一世于一七二七年登位）民权党当政时废止。但是迫害最烈的宣誓条例，直到一八二八年罗素勋爵（Lord John Russell）当政时方予以废止。这个条例，在英国施行了一百五十五年。宣誓条例废止后，再等到一八三五年通过市政组合法（Municipal Corporation Act），与一八六七年第二次国会选举区改革，对宗教信仰而剥夺公权的酷政，方得完全废除。国教以外之人，至此方得有参政权。从这许多法律及事实看，英国在宗教上及政治上的对立，是何等尖锐。如果从民主政治的角度来看，英国的特权者或压迫他人者，早已不是王室，而是一部分的贵族地主，再加上宗教上的正宗国教教徒。

五

“英国的宗教分歧，大部分决定了英国政治斗争的路线及性质。”（The Rt.Rev.A.T.P.William 讲，原文见Ernest Barker 所编The Character of England 宗教一章）从上面所引述的事例，可以充分证明这一句话的正确。我们更可知道英国的政党，其背景在宗教及阶级。在司蒂华王朝（Stuart）及亨诺佛王朝（Hanover）时期，两党的分野，一方面是依据保守传统，主张王权与教权，都为神授。另一方面是主张个人信仰应有较宽之自由，并认为神是帮助一般普通人民。换一个说法，王党所代表的是国教教会及王室与一部分保守贵族的利益。民权党所代表的，是不归顺的教徒及一部分贵族与思想家。后来王党民权党递变到保守党及自由党，组成份子渐渐不同，而其基本性质没有大变。在十八世纪中期（一七一四——一七六〇年），王党完全失势，民权党几于当政四十年。在此时期中，民权党对于万恶的宣誓条例，还不敢一碰。可以窥见英国国教派势力之雄厚。当十九世纪之初，王党重行登台，以璧特（Pitt）之贤，而于取消宣誓条例，一再阻止。非到民权党上台不能打倒这一法律。英国在近代，号称民治之母。我们仔细分析英国的历史，宗教迫害工厂劳工生活的黑暗，以及政治上参政权的不平等，加以不断的外患。维多利亚时代号称英国历史上的黄金时代，然我们看了民权约章派（Chartism Movement）运动，风涛险恶，英国国内得免于内战，其间不能容发。英国的政治、社会、宗教与经济各界的纷歧扰乱如彼，而终能一一安然渡过难关，此其中究竟是一个什么道理？据英国史家的综合，其原因：第一、英国的阶级区别不严。宗教及政治上的派别，并不与贫富有关。最初王党与民权党，其后保守党与自由党，现在之保守党与工党，双方都有富人，亦双方都有穷人。第二、政治与社会的继续性。英国十九世纪高层社会各部分一个共同特性，即在失去他们的特权以后，并不心灰意冷，完全退休，不问世事。而仍旧去适应新的环境，高层社会之传统与政治生活，因而保持不断之连系。故每当一次重要政治变革，新旧常得衔接，职业的政客无从插足或甚至垄断政权，使革新后的政局弄得不可收拾。此在别国政治改革后最易发生之现象，而在英国则因上述之原因，独能防止新兴职业的政客之产生。使政治改革后之新政，仍在原来高层政治世家之手中，秩序改进。此于英国民主政治在行政上之贡献，所关决不浅鲜。第三、工商业发达，人民生活普遍提高；社会安定，促进学术科学之前进。屈莱梵尔瀛先生记述拿破仑战争时的英国，曾致其深切之慨叹："时势艰危，触目震惊。但英国不断产生伟人，政治家如璧特及喀斯雷利（Castlereagh），海陆军统帅如纳尔逊与威灵吞，终能使英国渡过历史上最大之苦难。政治理想家如福克斯（Charles Fox）及威尔波福斯（Wilberforce），即在战时，能使英国的良心不死。"（按福克斯及威尔波福斯均为当时主张禁止贩卖黑奴，福克斯于临死时签署命令禁止英国贩卖黑奴）（以上引G.M.Trevelyan:History of England pp. 564-570）

英国怎样能使工商业发达？英国怎样能产生如许伟大人物，使国家渡过重重难关？这是英国的社会、宗教、政治各方面的原因，尤其在宗教与政治的原因。英国王室与王党，多年处心积虑，想求得思想感情上的一致，精神与形式上的顺从。所谓Uniformity与Conformity，正是英国特权阶级所寤寐以求的。但是英国从十六世纪起，思想上与权力上的不一致，不归顺，实为权力所不能征服。如政治或宗教上的Independent及Non-Conformity，成为政治宗教或社会上光荣的名词，由此而演成的两党政治。纵使特权阶级的迫害压逼无所不用其极，如宣誓条例施行一百五十余年，终不能根除思想上及政治上的反抗。由此而在思想上学术上万流竞进，因而科学工业得以造成空前的成就，国富增加，人民生活提高，代生伟人。这是英国民族性与欧洲时代潮流两种力量所熔铸而成。欧洲的文艺复兴与宗教改革，使人的尊严与价值恢复，使人的理性解放。在思想上反抗一致，反抗归顺，以求真理与理性之所安。由思想上的容忍，而推及于政治上的容忍。两党政治的前提是容忍，特权阶级的容忍，是靠没有特权者的奋斗。这种奋斗的勇气与信心，是文艺复兴与宗教改革两大运动产生出来的。屈莱梵尔瀛先生低徊赞叹璧特与喀斯雷利，纳尔逊与威灵吞。以吾观之，英国历史上最大的伟人，是宗教改革以后三百年来在宗教上政治上受尽压迫而奋斗不衰的无数独立的斗士。英国的国力由这批无名英雄在那里培养。英国的代生伟人，也靠这批无名英雄造成的精神天地，才能孕育奇才，存亡继绝。十九世纪是英国政党政治全盛时期，福克思与格兰斯顿，可算得英国政党中的第一流人物。福克思的生平，最值得我们赞叹歌颂。当他领导民权党的时候，民权党几乎在野三十年，而福克思几乎做了终身的反对党领袖，史家称他是生成的反对党领袖。三十年在野的寂寞，是不容易忍受的。何况福克思生长世家，早年因赌破产，负债终身未能清偿。“当时福克斯如果稍稍站立不稳，归顺到璧特那边去，民权党是会消灭的。”（参阅Edward Lascelles:Life of / charles James Fox,1936;Russell:Memoir of C.J.Fox）一个屹立不动的反对党领袖，关于国运如此其重大！可以知道反对党实在是对政府消弥祸乱最有力的帮助。福克思死前半年加入政府，禁止贩卖黑人是他临终前完成的法案。当时璧特是打拿破仑，救英国的生存。福克思终身在野，死前一度登台，做了这么一件大事——禁止贩卖黑奴。璧特是救英国；福克思是救人类，救人类的被压迫者！史家评论其人，认为人生失意时多，会使灵感清醒，追求灵魂上最高的成就。我草此文既毕，乃于英国政党史上终身在野党领袖福克思先生——致其忠诚的向往！

一九四六年十月十二日台北

本文参考资料：

1. G. M. Trevelyan:History of England.

2. J. B. Bury：A History of Freedom of Thought.

3. E. W. Watson：The Church of England.

4. G. M. Trevelyan：The English Revolution 1688—1689.

5. E. M. Wrong：A History of England

6. E. Barker：The character of England

7. Encyclopaedia Britannica

8. Encyclopaedia of the Social Sciences

9. H. A. L. Fisher：A History of Europe Vol. II

10. E. R. Pease：History of Fabian Lociety (1925)

11. Edward Lascelle：Life of Charles James Fox

12. C. D. H. Cole：A History of Labour Party from 1914

13. Erich Eyck：Pitt versus Fox

14、Lytton Strhacey：Biographical /ellays

附表：①英国两世纪来内阁更迭与政党关系表

一七七〇 —— 一七八二 诺斯North(王党“国王之友”)

一七八二 洛根黑姆Rockingham(民权党Whig)

一七八二 —— 一七八三 夏尔蓬Shelburne(“国王之友”与老璧特派)

一七八三 诺斯及福克思Fox联合内阁（民权党及王党）

一七八三 —— 一八〇一 小璧特William Pitt the Younger(老璧特派及“国王之友”，渐变成王党；保守民权派于一七九四年加入。)

一八〇一 —— 一八〇四 阿丁登Addington（王党Tory）

一八〇四 —— 一八〇六 小璧特第二次内阁（王党）

一八〇六 —— 一八〇七 全能内阁Ministry of All—the—Talents（民权党与王党）

一八〇七 —— 一八〇九 卜德伦Portland（王党）

一八〇九 —— 一八一二 波西佛尔Perceval（王党）

一八一二 —— 一八二七 李物浦尔Liverpool（王党）一八二二年后渐倾向于自由政策

一八二七 肯宁Canning（自由王党）

一八二七 谷特立区Goderich（自由王党）

一八二八 —— 一八三〇 威灵吞及庇耳Wellington—Peel（王党）

一八三〇 —— 一八三四 格雷Grey（民权党）

一八三四	梅尔蓬Melbourne（民权党）
一八三四 —— 一八三五	庇耳Peel（保守党）
一八三五 —— 一八四一	梅尔蓬（民权党）
一八四一 —— 一八四六	庇耳（保守党）
一八四六 —— 一八五二	罗素Rullell（民权党）
一八五二	窦培及狄思雷利Derby—Disraeli（保守党）
一八五二 —— 一八五五	爱波丁联合内阁Aberdeen Coalition（庇耳派Peelites及民权党）
一八五五 —— 一八五八	帕莫斯顿Palmerston（民权党）
一八五八 —— 一八五九	窦培及狄思雷利（保守党）
一八五九 —— 一八六五	帕莫斯顿（民权党、庇耳派及自由派）
一八六五 —— 一八六六	罗素（民权党及自由派）
一八六六 —— 一八六八	窦培及狄思雷利（保守党）
一八六八 —— 一八七四	格兰斯顿Gladstone（自由党）
一八七四 —— 一八八〇	狄思雷利（保守党）
一八八〇 —— 一八八五	格兰斯顿（自由党）
一八八五 —— 一八八六	莎丽斯波里Salisbury（保守党）
一八八六	格兰斯顿（自由党）
一八八六 —— 一八九二	莎丽斯波里（保守党受自由党统一派支持）
一八九二 —— 一八九四	格兰斯顿（自由党）
一八九四 —— 一八九五	罗斯波里Rosebury（自由党）
一八九五 —— 一九〇二	莎丽斯波里（统一派Unionist）
一九〇二 —— 一九〇五	贝尔福Balfour（统一派）
一九〇五 —— 一九〇八	康培尔斐纳门福Campbell—Bannerman（自由党）
一九〇八 —— 一九一五	爱斯葵Aspuith（自由党）
一九一五 —— 一九一六	爱斯葵（联合内阁）
一九一六 —— 一九二二	联合乔治Lloyd George（联合内阁）
一九二二 —— 一九二三	劳波纳Bonar Law（保守党）
一九二三 —— 一九二四	包尔温Baldwin（保守党）
一九二四	麦克唐纳尔Mac Donald（工党）
一九二四 —— 一九二九	包尔温（保守党）
一九二九 —— 一九三一	麦克唐纳尔（工党）
一九三一 —— 一九三五	麦克唐纳尔（国民内阁National）
一九三五 —— 一九三七	包尔温（国民内阁）
一九三七 —— 一九四〇	张伯伦Neville Chanberlain（国民内阁）

一九四〇 —— 一九四五 邱吉尔Winston Churchill（联合内阁）

一九四五 —— 一九五一 阿德里Attlee（工党）

一九五一 —— 一九五七 邱吉尔——伊登——麦克米伦（保守党）

附表②英国国王世系年表

司徒王朝House of Stuart

杰姆斯一世James Ⅰ一六〇三 —— 一六二五

查理一世 Charles Ⅰ一六二五 —— 一六四九

共和 一六四九 —— 一六五三

克林威尔（及其子）一六五三 —— 一六六〇

查理二世Charles Ⅱ 一六六〇 —— 一六八五

杰姆斯二世James Ⅱ一六八五 —— 一六八八

司徒与奥伦基王朝House of Stuart-orange

威廉及玛丽William and Mary 一六八九 —— 一六九四

威廉三世 一六九四 —— 一七〇二

司徒王朝

恩妮女王Anne 一七〇二 —— 一七一四

亨诺佛王朝 House of Hanover

乔治一世 George Ⅰ 一七一四 —— 一七二七

乔治二世 George Ⅱ 一七一四 —— 一七二七

乔治三世 George Ⅲ 一七一四 —— 一七二七

乔治四世 George Ⅳ 一七一四 —— 一七二七

威廉四世 Ⅳ William 一八三〇 —— 一八三七

维多利亚女王 一八三七 —— 一九〇一

萨克司喀堡及谷泰王朝 House Saxe-Coburg and Gotha

爱德华七世 Edsard Ⅶ 一九〇一 —— 一九三六

温莎王朝House of Windson

乔治五世George Ⅴ 一九一〇 —— 一九三六

爱德华八世Edsard Ⅷ 一九三六正月一 —— 十二月

乔治六世 George Ⅵ 一九三六 —— 一九五二

伊丽莎白二世 Elizabeth Ⅱ 一九五二——

英国政党史上一位伟大的斗士

福克思 · 查理 (Charles James Fox)

予前草《英国两党政治的历史背景》一文，叹息称赏福克思·查理之为人，而致其衷心无穷之向往。我谈英国政党人物，在十八世纪，不谈威尔帕尔（Rober Walpole），不谈璧特父子（William Pitt）；在十九世纪，不谈格雷（Grey），不谈帕莫斯顿，不谈狄思雷利与格兰斯顿，而独拳拳不忘于福克思查理，这不是因为福克思的勋业。福克思三十年的政治生涯，除了三次短时间的从政（综计不及二年），二十七八年悠长的岁月，完全是在野，完全是国会中一位反对党的领袖，英国史家称他为终身的反对党，亦称他为十八世纪的大政治家，更称他为英国政党政治的建造的大功臣。一个没有政绩的大政治家，一个三十年在野的政党领袖，而其对英国政治的贡献，既与他同时的璧特父子 ，各有千秋；亦并不亚于后来的狄思雷利与格兰斯顿。所以讲成功罢，哪有一位政党领袖，在三十年的议会生活中，极少机会碰到政权？但是讲失败罢，哪有一位失败的政党领袖，生前受到同辈与其党徒那样的信奉，死后在历史中获得那样的好评？我谈英国政党人物，必须抬出福克思查理先生请他坐首席，就因他是这样一位奇突的人物，因他是一位终身的反对党领袖。这位奇突而伟大的英国政党史上的斗士，其一生可歌可泣的行谊，实在太值得我们追念。我认为今天对福克思查理先生的介绍与宣扬，对民主自由是有重大帮助的。

福克思查理（Charles James Fox 1749-1806），一七四九年一月二十四日生于伦敦威士敏斯区康迪街（Conduit Street），福克思·亨利（Henry Fox）的第三子。福克思亨利在乔治二世时，曾两度做下院的领袖，也数次入阁做大臣。可是这位老福克思先生，他的生平，正可用中国一句老话“升官发财”四字来综括。当“七年战争”时，老璧特（Lord Chatham）正用全力应付英国空前的危局，而老福克思先生却利用战时政府会计长的地位，尽量积累其私人财富，因为当时英国政府的会计长，是政府中一个既暗而肥的缺。每财政年度开始，国库将一应支出预先拨付会计长，而会计长对全部国家支出，并不需一时发放，所以会计长可将手头之公款尽量存放生息，此种利息，例不归公，全入会计长私囊。此外，英政府当时对外国政府的津贴，会计长照例可得百分之四分一的回扣。老福克思先生在“七年战争”时，因为依附王室的关系，就在这个肥缺中尽量营私肥己。这一个肥缺，老璧特也曾做过，而且做过九年。但老璧特在任内，把一切陋规完全革除，所以老璧特虽亦担任此职九年之久，卸任时一身亏空。这是璧特与福克思两家上代作风的不同。乔治三世曾说福克思亨利是最没有原则的政客，也是永远不能信任的人。

老福克思在政治上阿附取容，然其结果还是被王室一脚踢开。垂死虽得封爵，然爵等仅得子爵，屡谋晋爵，亦未能如愿。所以他晚年寄托，全在家庭，尤其在他的幼子查理。他对查理的爱护濒于溺爱。有一个故事，可说明老福克思对儿子的溺爱，无所不至。查理幼时有一天拿着父亲最爱的一只金表，想在地上摔破，要看看表内究竟是什么？父亲对查理说：“你爱把表在地上摔碎，我想你是必须，你尽管摔破好了。”查理幼时入学，一任他自己选择。最初查理从一位法国亡命之徒名泼姆褒龙读书，后来查理自己要去伊顿（Eton）学院。在伊顿学院六年，他对于古典文学深感兴趣，终身对于古典文学的修养就在此时培养了基础。老福克思对自己的孩子，一如朋友，对查理尤为客气。一九六三年，老福克思带了查理，到巴黎及斯巴（Spa）游历。在游程中，老子对儿子尽量纵乐，还劝儿子去赌博。查理天生好学，并不因为各种打扰而中止其向学之殷。一九六四年查理进入牛津大学哈德福学院，在假期中，不断到法国及意大利去游历。他对法文及意文，深有研究。尤其对意大利的文学艺术，甚有心得。在查理少年时，虽其生活没有规律，然他从不懒惰。他做事，从不半途而废，他对治学与运动，同样是努力不懈。

一七六八年老福克思为儿子买进密突赫斯脱郡选举区（Pocket borough of Midhurst），（当时英国所谓“口袋选区”Plcket borough,此种选区选民极少，贵族对区内选举，控制一切，且于选举前可出卖。英国十八世纪争论国会改革时所称“腐败选区”Rotten borough，即指此。）使儿子查理得当选为国会议员。当时英国的世家子弟从政，大半是由这种路径。等于满清时代宦家子弟做官，是用荫生与捐纳双重手段，使他们仕宦尽量能走捷径。老福克思早年教养儿子所播的种子，后来好的坏的都有同样开花结子。查理对父亲的孝顺爱羡，终身未尝稍变。但是他父亲教导他的赌博习惯，使他终身受累，且屡致毁灭。查理对赌博样样都好，也样样都精。他对跑马是专家，他自己养了很多马，在跑马上，他赢的时候比输的时候多。但在赌台上，他屡次惨败。在伦敦，在巴黎，他不知被赌徒剥光多少次。然他尽管输，全不关心，毫不在乎。到一七七四年，他父亲看儿子负债实在不能再混下去，曾经一次拿出十四万镑替儿子还债。查理一辈子负债，到晚年洗手不赌，他的生活，全靠朋友维持。他许多有钱的朋友，在一七九三年曾经为他筹集一笔基金共七万镑，专为维持他的生活。

这是查理幼年的家世教育及其嗜好，英国的社会是讲究道德的，当时英国的王室，如乔治三世，尤重视严肃的生活。小璧特有一位法国朋友，有一次曾对小璧特说："我真奇怪，像英国那样讲究道德的国家，而能使私人生活那样缺失的人，成为政治领袖，使国人乐于受他的领导。"小璧特立刻答复他："那因为你从来没有在这位魔术家的魔棍下面生活。"这是查理当时惟一政敌对他性格与能力的解释。

在正面叙述福克思查理以外，我想简单再介绍与他政治生命最有关的几个人物。这几个人物，如当时的英王乔治三世、诺斯勋爵及璧特父子等。这是为说明福克思所处环境必不可少的侧面叙述。

乔治三世（King George Ⅲ 1760-1820）是亨诺佛王朝第三位嗣君，乔治二世的王孙。这位国王是英国近代史上一位奇突人物，他从即位到死，恰恰享国六十年。在英国国王享国之久，他是次于维多利亚女王。乔治三世在位之日，正当中国清代乾、嘉两朝。他即位的那年，是乾隆二十五年，而驾崩的那年，是嘉庆二十五年。他享国之日既久，在他一朝发生的事情也多。英法七年战争，是在他登极后三年结束的。北美殖民地的独立与丧失，是在他手里完成的。最后，法国大革命接着拿破仑也在他晚年结束（他于一八一一年最后发疯委政于太子，至一八二〇年死。）一般读历史的人，尤其读美国独立史的人，读波克（Burke）对美战争的各种演说辞纪录，无不切齿痛恨于乔治三世之为人。然平心而论，他不是暴君，也不是昏君，而是不明时势刚愎自用的一位专制之君。这位国王，正可合中国一句旧话"生长于深宫之中"。他的父亲佛里特立克做太子时，便和父王乔治二世水火不相容。这是亨诺佛王朝的传统恶习惯，王室中国君与太子不睦，各立门户从事斗争。佛里特立克不及登位而死，但他的儿子乔治三世，自幼年即耳濡目染于宫廷斗争。乔治三世幼时的师傅爱斯喀博士（Dr.Ayscough）便是帮助他父亲反对他的祖父的。爱斯喀博士不久被罢斥。王孙的师傅，也变成一个政争。一个师傅，教读不到数月，再换一个。乔治三世的母亲，是德国一小诸侯名 Saxe-Gotha 地方的公主。这位母后，智识极低，而一切强不知以为知。她对英国本一切不懂，她也不求了解。她心目中的一切标准，是德国旧时代的标准。当时王孙母子住的地方叫雷斯脱大厦（Leister House）。她把王孙与外界一切隔绝，不许任何雷斯脱大厦以外的人，与儿子来往。当时这个圈子内，标德勋爵（Bute）是最有力的代表。标德便是昔时帮助太子反对其父亲各种阴谋的主持人。乔治三世在幼时，宫中均称他为懒惰不能振作。然既登大位，他似力图振作有为。他喜怒无常，爱憎不定。有时他的忿怒，一变成为阴狠。他晚年曾对一位亲信洛斯乔治（Rose George）承认，他记忆力极强，凡他所不能忘怀的，也不能宽恕或原谅，这说明他对于福克思查理的一贯态度。乔治三世曾经对他的亲信说：即使冒着内战的危险，他也不能用福克思查理来参与朝政。他那种阴沉而专断的性格，多半是受了他母后在宫廷中的熏染。白林白洛克（Boling Broke）所提倡的“爱国之君”（Patriont King）是这位幼王奉为作君的规范。他的母后不断地对儿子告诫：“乔治，你要像样做一个国王。”这与乔治二世（他祖父）的依民权党当巨头为治，是一个极大的反照。

乔治三世为政之道，是想一扫一六八八年革命对王权所加之限制，唾弃乔治一世、二世所遗之宪政规范。他要把国家一切大权，仍归于国王。他的方法是控制选民，控制国会议员，分化或拆散政党。在内阁，在国会，都采用特务间谍的方法，奖励对任何政治领袖的秘密报告，而他尽量用威胁利诱的方法，使政党及内阁一切直属于国王。这是他所理想的“爱国之君”的个人统治。当时阁员之中，如爱格门（Egmont）、哈德福（Hertford）、洛居福（Rochford），都是随时向乔治上小报告而仰承“圣眷”的。其中如诺丁登（Northington），以洛根黑姆内阁阁员而奉密旨破坏内阁，使内阁瓦解。最后诺斯（Lord North），尤为乔治所识拔，故任首相将及十二年。北美殖民地独立战争中，诺斯屡上辞呈。乔治甚至以退位相威胁，不许他辞职。乔治三世的个人统治，不仅在于政策的大端。他对一切庶政，也喜事必躬亲。照他遗传下来的信札看，他对诺斯勋爵的一切指导，几乎自己在幕后做国会的领袖。他于军政，如勘查船坞及校阅军队，甚至壮丁募集及外国军队之征募装备，他都一一亲自过问。有时出巡，他的随从侍卫，什么人可以护驾前往，什么人应当乘车马，应从御厩中征募，他都一一过问。但是因为他怕用有能力的高才，肯负责任的大才，而只能用低能及小心眼儿的人如仇门勋爵（Lord George Germain）、诺斯勋爵以及森德惠居（Sandwich）等人。这批人在乔治心目中，有时也嫌其庸碌与无能，如森德惠居，乔治曾当面骂他是“坏肝”。但他除了这一类的人，他不能用，有才有行的人他用了不放心。他对付国会，既用各种空衔、或干薪，甚至直接用贿赂，从事收买，以致王室费用亏累日增。他与标德最厌恶政党，在他们心目中，政党不过是私人相互勾结、损害国家而图谋个人利益之结合。他们扬言，要使政客们明白，如果他们只知道对政党效忠，他们个人便首先受祸。这是他们认为对政党的致命打击。乔治三世个人统治，在一个时期是相当成功的。这个成功，一半也由当时的国会及内阁制度，机构本身虽然好，但是缺乏道德的力量与人民普遍的支持。当时内阁与国会的根据，不是民主而是贵族，不是民意而是“管理”。（G.M.Trevelyan:History of England pp.546-548）到一七八〇年，邓宁（Dunning）在下院中动议：“王权已经增加，而且天天在增加，是应当减削的时候了。”竟为驯服已久的下院所通过。这是北美殖民地战争完全失败以后的结果。

一七六五年开始，乔治偶犯微疾，疯癫的病征初见。一七八八年，疯病大发，翌年始恢复正常。一八〇一年、一八〇四年及一八一〇年，均先后旧疾发作，后来遇着刺激，疯病随时发作。据小璧特及其他朝臣所述，他们不愿过分违反乔治三世的旨意，如对天主教徒解放问题及福克斯问题等，都怕引起他的发疯。最后到一八一一年，因他爱女病亡，他的疯癫，终于大发而没有再好，九年疯癫直至于死。乔治三世亲揽大政时，人望甚坏，后来他委政内阁，疯病时发，人民渐渐恢复拥戴。他想做事，他也想亲民。他的绰号“乔治农夫”，表示人民对他亲热。他是英国国王中极具勇气的人，他亦以此自负。他在政治斗争中，虽不顾一切，但当他承认失败时，亦能怡然自处。当一八〇六年全国内阁成立，福克思最后入阁，他对福克思说：“我无意回忆过去的不愉快，我保证不会向你重提旧事。”他私生活的节俭严肃，家庭中的简朴与忠诚，也是他的美德，为当时欧洲宫廷中所少见的。

诺斯勋爵（Lord North 一七三二——一七九二）是一个意志薄弱而好做官的人。他做了乔治三世个人统治的工具，闯下了北美殖民地独立的大祸，一再辞职，不能邀准。他担任了十二年首相，最后英军在约克镇投降，他再不能恋栈。在下院中宣布辞职，狼狈在人丛中低头离开下院大门。福克思查理当时在议会中，有一篇攻击他著名的演说，其中名句：“不是却德姆（老璧特），不是莫尔般栾公爵，不是亚力山大，也不是凯撒所能征服那许多土地，而诺斯爵士可于一场战争中丧失干净，其丧权辱国，可谓史无前例……”一七八三年后，福克思又与诺斯联合组阁，曾贻人对福克思批评极大之口实。

璧特父子无疑是英国十八世纪的大政治家，大雄辩家，大财政家，也是英帝国的大功臣。七年战争的胜利，是老璧特（后称却德姆勋爵Lord Chatham）一手造成的。因为七年战争的胜利，使法国在北美与印度的势力退出。他对北美殖民地的独立，初期是反对乔治三世与诺斯的高压政策，然最后英国承认北美独立，他是激烈反对。一七七八年五月和议将成，当时他已久病不起。扶病到国会，作最后一次抗议的演说。演说完毕，即昏倒于议场，没有几天，就在私寓病殁了。儿子小璧特，二十四岁出任首相，在职十七年，拿破仑战争中，他在英国全力运用外交及军事力量与拿破仑相抗，出师未捷，中道病殁（一八〇六年）。那是英国历史上最严重与惨痛的时期。璧特父子，均出身政党，而其后均脱离政党，老璧特更扬言论事不论人，使乔治三世利用之以打击政党。璧特父子，最初均为英王所不喜，因为诺斯及“王之朋友”实在太不成了，故先后登庸璧特父子。小璧特对乔治三世之个人统治，甚多迎合。而其当政时，对人权，对民治，许多地方且有倒行逆施之处。小璧特小于福克思十年，最初一度曾与福克思合作，终于分道扬镳，且成终身之政敌。在政党政治立场上，璧特父子视福克思均有惭色。他们是功名之士，是十八世纪英国标准的功名之士，他们都做大官、享大名、立大功。但是他们对英国的思想，对人类的贡献，是不及福克思的。他们所着眼的是当时，是现实的功名。福史思所着眼的是未来，是未来的理想。小璧特与福克思是同一年死的（一八〇六年），小璧特死于正月，而福克思死于九月。（福克思五十七岁，小璧特四十七岁）小璧特死后，国会中璧特友人提出威士敏寺碑文，称他为最完美的政治家。福克思起来反对，谓小璧特误用其聪明才智，以助成个人统治，未足语于最完美的政治家。这与格兰斯顿在狄思雷利死后的歌颂，别出一格（格兰斯顿在狄思雷利的殡礼演说，对此终身政敌，大为称颂，大史家麦考莱而讥格兰斯顿不类其平生之直道。）这又是福克思忠诚人格的另一写照。

福克思查理因为是一个长期的在野党，也几乎是终身反对党。他没有功业可说，他的功业，就是他在议会的言论，与包含在他言论中的理想。他一生中，除了三个短时期在政府中任职，其余差不多三十年中，都在议会做反对党。福克思查理的终其身为反对党，也有人说是先天的命运。这是怎样讲呢？乔治三世对查理的父亲福克思亨利平素深鄙其为人，其次对福克思查理的私生活，更深恶痛绝。这话虽亦言之成理，不过深知乔治三世的人，知道他的爱憎标准，并不在什么私生活，更不与什么亲属观感有何牵连。要望乔治的“圣眷”，只要迎合他的心境，仰承他的意旨。当时“国王之友”，许多人是秽德彰闻。然而乔治对他们的“圣眷”，始终不衰。福克思初入国会，对他有影响的人，莫如波克（Burke）。波克是当时英国国会中的思想家，同时也是雄辩家。他珍视一六八八年革命的成果，他崇奉洛克的思想，他对老璧特的政治路线，加以猛烈攻击。他认为老璧特首次组阁的方法，完全是错误的，因为他和乔治三世同样要想打破政党。乔治三世觉得惟有打破政党，可以毁灭产生政治意志的中心。这个中心摧毁了，然后施用各种威胁利诱，使政客们尽入彀中。波克是当时猛烈攻击此种个人统治的急先锋。对人权的维护，对美高压政策的反对，波克都是时代的先驱。福克思查理在国会初露头角时，即认波克为其精神导师。福克思对美国独立战争，他的看法比较波克及老璧特，远更进一步。但是他们同认美国殖民地为自己兄弟，不是外国敌人。福克思更认为美国殖民地武力所反抗，也和自己所抵抗的，是同一个敌人。美国殖民地所以对祖国离异，就因为英王乔治专横地蔑视他们的权利，而国会情愿做乔治的工具，以压迫殖民地。福克思觉得如果乔治在北美胜利了，他在英国国内的胜利更可稳固，而英国的民权，更难抬头。当时英王对美的政策，先用经济压榨，继用武力镇压，而这种武力，多半是在德国募集的佣兵。诺斯内阁中且有人公然主张募佣红人去北美殖民地打平叛乱。福克思对美国的独立战争，用现代的名辞来说认为是一种理想的战争。而美国的独立理想，便是英国民权党的旧理想。

一七八三年卜脱兰（Portland）联合内阁成立前后，福克思与诺斯联合起来。当时引起国会内外不满，认为过去福克思对诺思攻击那么严厉，现在一朝又联合起来，未免反复无常。但福克思为自己辩护，过去的纷争是为了北美战争，现在北美战争结束，他对诺斯的争辩也应中止。“匿怨怀恨不是我的本性，我对人友好是永久的，仇恨是暂时的。”这说明了福克思待人的个性。在卜脱兰联合内阁内，福克思担任了外交，诺斯担任了内政。乔治三世这次起用福克思，是出于万不得已。福克思接事后，乔治对福克思始终不快。福克思有事求见报告，乔治每婉拒之。但福克思负起责任后，并不稍存畏缩与因循，除了完成对美和约外，他立时想到印度。在北美独立战争后，东印度公司早已变成一管理印度的政府。当时东印度公司的总管是黑斯汀（Warren Hastings），雄才大略的黑斯汀，在印度的开发，弄得民怨沸腾。不但印度人怨声载道，许多英国人亦深为不满，在诺斯内阁时，国会中已经选出两个委员会，责成调查东印度公司在印度的情况。波克在批阅许多文件后，认为东印度公司在印度做了许多鱼肉人民违反人道的事，是不能容忍的。福克思查理这次入阁，便认为东印度公司的改革，是不容再缓。他的改革方案，分为两个：一个方案，关于组织方面，他建议对于管理印度事务，应另组一委员会，专负其责。另一个方案，为一连串流弊的改革，尤其财政方面的整顿。上述负责管理印度事务的委员会，按照福克思提案，应由国会指派七人组织成立，其任期为四年。经过初期四年，嗣后委员会由国王指派。印度事务的实际管理，归于该委员会，委员会向国务大臣及国会负责。委员会之下，设置执行组，包括助理八人，掌理公司商业及其它活动。这个案子牵涉的问题，第一为英王平时酬庸安插之权，因为英王过去在东印度公司，可以随意安插及酬庸他所喜欢的人，以为调剂。第二为东印度公司有关人等的既得利益集团。如果福克思的改革新案实行，英王及既得利益集团，均将深感不便而认为损失重大。在福克思只想替印度人解除痛苦，儆策东印度公司人员虽在海外，亦应顾到本国立国及宪法的精神去开疆辟土。这个法案提出后，国王在表面上是不反对，而既得利益集团，根据了公司的特许状，认为政府侵入公司范围，是破坏了契约与财产权。我们看福克思在国会的辩解：

“什么是特许状？它是一种委托，是为了不负某种利益的委托。这种委托的继续，是靠委托的行使，能否得着预期的利益。现在东印度公司是犯着极大的罪恶，把委托给它们土著印度人的幸福，完全忽视了。大家知道政府之目的是什么？是被治者的快乐幸福。别人也许怀着别的见解，但我宣言这是我的意见。如果一个政府，它的繁荣是由于人民的灾难，它的强大要靠人类的惨苦，我们对这种政府是怎样一个感想！这就是东印度公司在印度的政府，所以在这种状况之下，立法机关出而干涉特许状是应该而且必要的。” (Erich Eyck Pitt Versus Fox pp.253—54)

波克当时称赏福克思对本案的发言，说福克思负起了一种艰巨的责任，想把多数的人类，从最大暴政中拯救出来。福克思对既得利益集团的反对，与乔治的阴谋，一概置之度外。这个案子于一七八三年十二月八日在下院投票，赞成的人比反对的人，超过一半而本案通过成立。但是乔治三世运用各种力量使上院打消了此案，接着免了福克思的职。这是福克思第二次为了人权的一场奋斗，也是为了人权，为了独立的主张而遭逢第一次的大碰壁。

法国大革命对英国的影响，至深且远，大革命对璧特与福克思两人的生活及思想，更有重大的转变。大革命使整个英国人于短时期的大反动。小璧特做了这一个大反动的代表人物。而福克思在各种恶劣环境中，还是维持他的一贯的独立奋斗的立场。革命的洪涛把整个英国卷入一个大反动中，把英国民权党打得粉碎，更把福克思未来的政治命运，注定了十年的孤苦奋斗，直到他生命垂尽，他的命运，方才略为转好。英国社会最初对法国革命的消息，是表示同情。而政府中人如璧特等且暗中欣幸，以为从此法国不能再为英国之患。但后来革命演变，英国人怵惕震骇，后来则视为洪水猛兽。其中最可说明英国舆情的反应，便是波克个人的变化。波克是当时英国最开明而前进的政论家，并且在议会中为了民权主义而奋斗了几十年。在法国革命初期，国民大会在巴黎召集的时候，波克的观感已开始转变。一七九〇年初，他开始写他的《法国革命的回想》。波克对于巴黎国民大会草拟的宪法，从英国眼光来看，已觉是荒谬不经。后来法国革命愈演愈烈，波克几尽弃其生平的主张，以防止“极谷屏”（Jacobin）的恐怖。《法国革命的回想》一书，在当时英国流行极广，乔治三世且称此书应为每一位缙绅先生所必读。但是读者能欣赏这本书文辞之美的人不多，多数人看了这本书，认为旧秩序是不容破坏，一切新改革再不能轻谈，谈改革就等于声援革命。乔治三世平素对波克视为敌人，现在经他的手笔，反对改革，反对革命，正是最好不过的事。由于波克这一个变化，使整个英国笼罩在反动空气中。凡是过去英国所自负的一六八八年革命，及百年来所呼号的各种改革，此时都没有人再敢谈了。

惟有福克思查理，在思想上，在行为上，他是屹立不动。譬如关于宗教上的容忍，这是英国民权党基本政纲之一，而民权党思想权威如波克者，曾经为此奋斗了数十年。但到此时，波克也因受着法国革命的刺激而反对再谈宗教容忍了。从查理二世时制定许多刑法，限制英国国教以外的教徒，不许其有担任公职的资格，其中尤著者如宣誓条例（Test Act），不但不许国教以外的教徒担任公职，并不许他们进入大学。一七九〇年三月，福克思在全英反动空气中，在下院提案，取消宣誓条例。此时波克起立发言，说照现在大势，他再不能支持这个提案。因为“异端”分子都是带着危险思想的党人，换名话说，都是支持法国革命的人。波克态度对当时的影响，可于国会中投票结果窥测。一七八九年五月，对这个动议提出时，反对者只有二十票。但翌年三月，经福克思正式提案后，下院中投票，三分之二的票是反对票，终于把这提案否决了。福克思与波克的分手，莫逆于心，窃窃欣幸的，自然莫过于小璧特。潘托麦（Thomas Paine）所著的《人权》

小册子，就在这个时候发行。这本小册子，对英国现存政制与教制同样攻击。这引起了波克的痛恨，他认为革命的洪水，已泛滥到英国，倒挽狂澜，他自认是义不容辞的。当时的民权党，同样不主张极端，但亦认为不应因此而废止改革。当时民权党中一新进后生，名格雷·查理（Charles Grey），便是四十年后领导第一次国会改革案的人。他于一七九二年四月，提出国会选举区改革的问题。不但波克盛气出来反对，小璧特也认为时机不宜。小璧特认为如果国会在此时同意改革，整个国本将被动摇。福克思挺身而出，直言惟有及时与公平的改革，是避免祸乱最稳固的办法。他的话当然没有效力，但他还是照样发抒他良心上的主张。

一七九一年五月，福克思在国会中提出一个法案，规定陪审员有权决定被告所发表的文字是否涉及诽谤。小璧特对这个法案也同样支持，幸能在国会通过。不久以后，英国大闹文字官司，而在这个时期，英国全国的陪审员，加以福克思党徒大律师倭思根（Erskine）的尽力为著作人出力辩护，对言论自由尽了维护的责任，保护了许多发表文字的人，使不受迫害。没有福克思提出的法案，英国在此时期的言论自由，不知要受到多少蹂躏。

英国和法国正式进入战争后，英国国内的反动空气，变本加厉。小璧特从前以开明进步颇得时誉，此时独当朝政，他在国内的许多措施，日趋高压。最后变本加厉，甚至倒行逆施，亦所不顾。一七九三年初，对拿破仑战争的第一年，爱丁堡有一位律师缪邪（Muir），平素为人端正，因他曾向人介绍阅读潘托麦所著《人权》小册子，被法庭判决充配波敦海湾苦役十四年。这位法官在宣判时说：“在现存环境中，提倡扩大选举权，这本身就是叛乱行为。”福克思在国会中提出这个案子质询时说：“上帝佑助我们的人民，使有这样的法官！”但是小璧特毫不为所动。一七九四年春，小璧特停止人身保护状的使用，这是老璧特在生前对英国保障人权最颂赞的制度。小璧特把当时改革运动的领袖“通信会”的组织者鞋匠哈第（Hardy），牧师洪都克（Horne Tooke）等交法庭审判，幸而当时的陪审员没有判他们死罪。洪都克在法庭上说：他今天所做的，都是现任首相十年前自己竭力所提倡。小璧特政府对内高压政策，尚不止于此。一七九五年，人身保护状再度停止，国会通过新法律，对“叛逆行为”施以重刑。另制法律取缔“谋叛集会”，在此法律下，五十人想要集会是不可能的。一七七九年，国会通过法案禁止各种政治结社，对报纸更制定严厉取缔的法律。

这许多法律，都在当时的国会，经过大多数通过。在战时，在思想战争中，这种现象原是难免。不过历史的考证，证明当时这许多恐慌，尤其说英国酝酿着叛乱的活动，完全是过甚其辞。福克思坚信英国并无任何革命或叛乱的运动。各种恐怖空气之传布，都是当时政府为遂行其政策的借口。无论国会中的情形怎样一面倒，无论社会中民情如何汹汹，福克思查理对于反抗这种高压政策的决心与怒火，决不为之稍阻。他怨别人，或甚至他的至友，见法国“极谷屏”（革命）而谈虎色变，福克思还是挺直了胸膛，坚信自由是恩物，是必不可少，是无可替代。每一个外来的侵袭与打击，只有使他的信心格外坚强，用着英国人一句话，不但在天气晴朗时称颂民主自由，即在风雨晦冥中，还是照样抬举与维护它。

“自由是秩序，自由是力量！”

这是福克思常在议会中，在广座中所高呼。

他在国会中指着政府代表说：

“如果你们认为制衡与宪政的政府，只合于阳光普照的天气，而不适用于艰难危险的局面，你们公开的讲出来好了！”

这个信心，是他在国会中对政府每一个高压政策奋战的指导原则。

福克思查理不否认当时英国国内充满了不满意的批评，但他认为对各种批评意见的发表，想用刑罚去平息制止，是无用的。而且对国家窒息一个宣泄的活门，是有害而无益。他再三叮咛告诫并大声疾呼：要平息批评与消弭不满，惟一有效的方法，是寻觅各种怨恨之根源而铲除之。所以对此情势的补救，应该是改革，而不是高压与暴政！“表示给人民看：自由与秩序，秩序与自由，都是相辅相成，绝对不冲突，不相反。”他一再劝告尽量去除弊，那就不满意的人会减少下来。“让各种根据宗教意见而生之社会与政治歧异，立刻废止。让英国国教以外的教徒，得着同样的保护与鼓励。让许多中立国家，尤其像北美合众国的权利得着尊重。”“向邪恶去奋斗，对不利于我们宪法的人，加以改造，并除去其弊端：国会的代表选举方法加以改造；对人民守信；对违反人道的黑奴贩卖，立予禁止。国家宪法的完美，让人民知道；知道我们的环境是利于自由的原则，然后我们的敌人自然会减少。”

“我知道自由是人类最大的幸福，而和平次之。”（以上摘录Erich Eyck:Pitt versus Fox pp.318－320）

福克思当时所想说的，是自由主义的精髓，他的思想言论，早在自由党成立以前，也早在自由主义成为政治信条以前。

从法国大革命开始到英国进入对拿破仑的长期战争，英国整个国家沉浸在大反动气氛中，上面已略为叙述。国会的情形不能例外。我们看福克思在国会中怎样惨苦的奋斗！民权党在十八世纪下期，声势何等浩大。但在这个时期，福克思所领导的民权党，在国会中每次投票时，已经不能超过五十票。在此危难困苦之中，怎样能维系少数人围绕环拱福克思而不散？这全靠福克思的领导人格。每一个党徒，都觉得追随福克思是光荣的。当时的政情，一个政党人物，跟着别人，跟着政府党，可望做官，或得勋爵的显荣。而跟着福克思的人，在眼前是富贵无分的。然而他们觉得跟着这位领袖，每日不是虚度，过一日有一日的价值。每当党魁福克思发言时，他们欣赏那不但是一篇好演说，而且含着坚定与崇高的理论与原则。这一批忠诚的民权党党员，辛苦虔诚拥护他们这一位坚贞的领袖，在万难甚至绝望的环境中，为英国民主自由的传统，种下宝贵的种子，以期未来的滋长发扬。这种奋斗，不仅需要理想，还需要勇气。因为在当时，海峡对面（法国）传来各种消息，使英国与舆情激昂。在英国国内，凡讲改革的人，就等于思想上含着革命的毒素，被目为人民的公敌。只有福克思及其党徒，认为他们所奋斗的与执干弋以卫社稷，有等量的重要。

在英国国会中有所谓长期缺席的一个事例，在英文中直译为“分离”（Secession）。这对代议士是一种有亏职守的举动，但福克思在国会几年的苦斗，一举一动，遭着院内外的讥评，几乎目为国王及国家的奸臣。他慨然于当时现状之无可奈何，当格雷查理在一七九七年五月提出改革国会选举权法案，下院全院多数嗤之以鼻。福克思挺身出来支持。但在他演说末尾，他表示全院既已麻木到此地步，他今后将以他的时间多料理他的私事，他从此过了一个时期的退休生活。他的生活全由他许多有钱的朋友经常维持，使他不为债务及生活而窘迫。在短时退休中，有一年民权党朋友在民权党俱乐部替他祝寿，有一位公爵名诺福克（Duke of Norfolk）举杯向福克思庆祝，口称：“人民，我们的最高主权。”其后那位公爵因为说了这句话，政府认为他思想不稳，把他在约克厦地方威士莱区所兼的地方官免职。民权党俱乐部为此召集大会，讨论这个问题。福克思为人民主权的原则，起来雄辩。最后仍以诺福克公爵上次的举杯祝词，结束他的发言。当时小璧特亦在场，据后来证实，小璧特当时曾致书格伦维爵士，考虑是否要传召福克思，当众儆告。假使他在民权党俱乐部再有不敬或不稳的言论，是否应驱逐出国会并在伦敦塔中监禁。后因内阁同僚不能同意，而其事始寝。小璧特在此曾想对福克思下毒手，这是英国政治内幕的一段。

一八〇六年正月小璧特死后，政府几乎要瓦解，全体提出辞职，乔治三世召见格伦维尔爵士，他提出组阁条件，是网罗各种政治色彩的人入阁。乔治三世曾作最后之努力，想摒除福克思于新阁之外，但因格伦维尔的支持，乔治终于屈服。福克思最后一次入阁仍任外交部长。他的生命也只有几个月了，他接任外交部长未及一月，此时英法暂讲和。忽有一陌生客人到外交部求见外长，说有要事当面密陈，福克思终于接见了这位怪客。这怪客对福克思讲："他万事具备，千稳万妥，立刻动身渡海到巴黎，将行刺拿破仑，为欧洲除一暴君。这位怪客，深信福克思生平提倡自由，对他行刺拿破仑的计划，必欣然赞同。哪知福克思最恨为目的而不择手段，他曾经在演说中讲，两大国争战，即对最恶的敌人，亦不能用卑鄙罪行的手段去对付。所以他当时把这位法国怪客拘禁，并且通知当时法国外长泰留朗。泰留朗答福克思回信："已将尊函转呈，陛下（拿破仑）看信后第一句话，我承认尊荣诚实是福克思先生特殊的德性。"

在福克思逝世前三月，他的体力已十分衰退。他在下院再度提出禁止贩运黑奴。为了这个运动奋斗数十年的威尔般福斯，原来福克思请他首先提案发言，但因为议程上已有人替福克思报名，所以福克思自己出来说明这个案由。他对禁止贩运黑奴案的理由，说过去讲得已多，为人权为自由，已不容再为费辞。他告诉璧特在议会中许多朋友，说璧特生前，从来没有像对这一个问题再流露其伟大的思想与雄辩。璧特这种为人类谋幸福的精神，是后世永不能忘怀的。他把这一件大事业与他的终身政敌连在一起，使璧特派的议员，亦乐于投票完成此一大法案。他最后结束他的发言："本席在议会度了四十年的岁月，如果幸而能完成这一件事。即使我一生仅完成这一件事，我想我对自己对国家，可以交代，我也可从此优游退休，使我的余生无所愧憾了……。"

这是福克思在下院中最后一次演说，最后一次提案，这个案子经过多数通过。在他死前几天，他签署这个法案成为法律。四十年的议会生活，最后完成了这一件大事。

英国现代大史家屈莱梵尔瀛先生（G.M.Trevelyan）低徊赞叹："他是生成的一位反对党领袖。这位反对党领袖，一辈子在下议院。璧特父子都是国会大雄辩家，但雄辩中兼具辩才与感情，一言既出，精光四射，福克思是没有敌手的。他早年私生活浪漫，中年为了党争，誓死反对璧特，中道与诺斯合作，虽一时贻人口实，为盛德之累，然中年坎坷，晚景潦倒，使他神志清朗，转其心思才力于解除压迫人类之苦难。……假使拿破仑战争时期，福克思受不了当时内外的磨折，站脚不定，倒到璧特那一边去，英国以后便不会再有民权及自由党的产生。英国十九世纪的政治过程，将是另一番气象。或者将循暴力革命而继之以大反动，不是后来不流血的一步一步国会大改革。……”（G.M.Trevelyan:History of England pp.569–571）

两党政治之存在，与反对党之峙立，能使国家免于流血的革命。这一个道理，是今天基本的政治教育，也是抗暴中最大的道理。我草本文与与前文“英国两党政治的历史背景”。要使谈政党政治的人，明了政党政治何由而造成，在野党更何由而造成，在野党更何由维持而不堕？本文中福克思在战时所以维持五十人党员，与夫五十人所以能追随其党魁而不去！这是政治道德，这也是社会经济的环境，因素复杂，最应寻味。至于人君用人，进退黜陟，不能随其喜怒哀憎，而一以制度与贤不肖为据，此又自古治道之极则，中国唐虞三代所难能，而在近代宪政国家所视为当然。希望研究实际政治者，三致意焉。

一九四六年十一月二十日于台北

本文参考资料：

1. Edward Lascalle:Life of Charles James Fox,(1936).
2. Sir George Trevelyan:The Early History of Charles James Fox.
3. Sir George Trevelyan: GeorgeIII and Charles Fox.
4. Marjorie Villiers:The Grand Whiggery(1939).
5. G.M.Trevelyan:History of England
6. Erich Eyck:Pitt versus Fox(1950)
7. Encyclopaed ia Britannica.
8. John Morley:Biography of Edmund Burke.

变节的议会领袖

研究英国的政治，尤其研究英国的议会与政党，司徒王朝（House of Stuart）是一个极重要的时期。在英国历史上，在十九世纪以前，论到历史上的时代，论到国势的辉煌，当然不在司徒王朝。因为前于此者有伊丽莎白女王一世，后于此者有威廉三世及玛丽女王，克林威尔更夹在司徒王朝的中间。屈华克（Prancis Drake）及曼尔盘陆（Mareborough）等名氏，都在司徒王朝前后辉映。但是英国议会政治与政党政治的基础，都在司徒王朝确立了基础。这种基础的确立，是由于议会与王室的斗争。在司徒王朝上半段时期，议会与王室斗争，结果英王查理一世，身首异处。下半段时期议会与王室斗争，结果英王杰姆斯二世，仓皇逃亡，困死法国。这两件大事，不但在英国史上是惊天动地，在全欧洲当时也是震骇耳目。尤其是查理一世以国王之尊，公然判刑枭首。在十七世纪是大逆不道，而这种惊天动地的事，居然发生在英国，居然在路易十六上断头台前一百四十年前在英国表现。一百四十年后英国许多卫道之士，听见路易十六上断头台，叹息痛恨，以为世纪末日，已经降临，实在忘掉自己本国的历史。历史上许多大事的演变，因果线索，有许多事件是无法捉摸揣测的。英国一六四九年的革命与法国一七八九年的革命，事件发展的结果，是任何当事者所未曾梦想预料。所以天下事既定之后，求变不易。然既变之后，要想控制变化，更是困难。英国十七世纪司徒王朝两度政变，在将变之初，与既变之中，是没有人料到会变到那么一种地步。

这篇短文想介绍与论述的人，温德华斯托麦斯（通称史屈莱福伯爵Thomas Wentworth（earl of Strafford 一五九三——一六四一）是英王查理一世大政变前一位悲剧的人物，也是一位极有政治抱负而富于行政能力的人。他出身议会，在议会中曾经有过轰轰烈烈的斗争。为了民权的维护，他在一六二八年的“民权请愿”运动中，是一位坚持民权而反对君主特权的人。他不但是一位议会斗士，还是当时极负盛名的议会的领袖。他出身望族，在剑桥大学毕业后，一六〇七年执行律师，一六一四年初入下院，直到一六二一年的国会，开始参加辩论。查理一世即位，一六二五年召集国会。温德华斯当时代表红克郡选区当选下院议员，当时权臣白金汉姆（Buckingham）执政。查理一世与西班牙作战，白金汉姆运用权势，谋使国会通过对西战争之津贴，温德华斯即为强烈反对人之一。一六二七年，温氏因反对缴纳英王之强迫征税，致遭拘禁。一六二八年国会开幕后，温氏与当时国会中民权派领袖，共同反对王室之强迫征税及非法禁闭人民。当时国会中为民权奋斗的领袖，最著者为意利欧（Sir John Eliot）及柯克（Sir Edward Coke），这两位代表人物，对英国议会抵抗王权，都有极大的功绩。但是这两位人物，性格背景，完全不同。意利欧是代表英国最优良的绅士阶级，他只知为公共利益而奋斗，自己没有丝毫野心，也绝无任何名利之心。但柯克是有野心有抱负，是充满冲动的法学家。由柯克所发表的理想与主张，可以窥见司徒王朝杰姆斯一世与查理一世两代朝野争执之点，究竟何在？

在理论根据上，杰姆斯与查理依照罗马法学者的解释，君主的意旨，便是法律的源泉。法官是“国王宝座下面的狮子”，受着国王的指挥而发言。在另一方面柯克根据英国的习惯法（English Common Law），认为法律有其独立的存在。法律是在国王与臣民之上，对国王与臣民，应有公正的裁判，惟有国会能变更法律。许多特权法庭及其武断的程序，都是受了罗马的影响，他认为这是外国输入的制度。杰姆斯与查理，根据罗马法一点理论，想建立他们的个人统治。杰姆斯有时尚知相机应变，适可而止。查理一世，变本加厉，他的大愿，是想废除国会，罢斥独立的法官。凡是英国宪法上对他的一切限制，他想一概予以废弃。而在柯克与国会中一部分领袖，认为但使国会制度存在，即能征服王权独裁。英国习惯法的精神，将借以复活，而许多国王特权法庭如Star Chamber，High Commission,Requests and Councils of Wales and the North自可逐渐废止。所以在查理一世的初期，反对个人统治，国会与法界是联合呼应的，而这一个运动的结晶，就是英国宪政史著名的“民权请愿法案”（Petition of Right 1628）。

民权请愿法案是英国国会综合关于人民权利各种要求的一个文件，于一六二八年呈请查理一世核准颁行。当时国会鉴于国王查理一世各种违宪行动，决议组织诉冤委员会，考虑人民身体及财产的自由权利问题。当时讨论的主题，以后作成决议，陈请查理裁可，约略如下：①假借举债名目各种非法征税的问题；②对不服从非法征税命令者之擅自处罚；③军队占用私人住宅；④任意用军法审判人民。国会下院通过上述各问题决议后，移送上院通过，要求国王下令承认裁可。查理经过两月的犹豫，卒予勉强裁可下令。在这个民权请愿法案运动中，国会中对此案拥护最力者，为意利欧、柯克及意利欧的同志梵伦丁（Valentine）及史屈洛特–加龙省（Strode），而温德华斯托麦斯亦为此案的中坚。其后意利欧、梵伦丁及史屈洛特–加龙省均被查理非法禁拘于伦敦塔中，意利欧到死不屈，终至庾死狱中，成为对英国法治与自由一位殉道者，梵伦丁与史屈洛特–加龙省亦坐牢十一年后再被释放。

查理一世下令裁可民权请愿法案，事出强迫，对于他建立个人统治的素愿，完全背道而驰，当然不能甘心。当时（一六二八年）查理内政外交的大事，对外方面必须与法兰西及西班牙结束战事，重归于好。但能战方能言和，查理如不能得着国会的支持，即无法继续言战，更不易得着比较有利的和议。对内，在议会方面，必须拉拢若干强有力的议会领袖，使为己用，然后可以挽回颓势。关于这一个工作，要拉拢议会领袖，不但使其不再在议会中反对王权独裁，且须使其乐于听命，甘于效忠。当然在查理亲信中，经过详尽的讨论研究。在当时的政治圈子中，不想仰承"圣眷"的人，实在寥若晨星，屈指可数。不过有的人以妾妇之道，邀宠希荣，有的人却装作反对姿态，而内心同为邀承恩宠。在当时议会领袖中，意利欧当然人望最高，但这位倔强成性，择善固执的理想家，朝廷知道无计可施。其余议会领袖如塞维尔（Sir Henry Savile）、笛杰斯（Thomas Digges）及温德华斯，在朝廷均认为可能的驱使之材。笛杰斯曾经为国会中议案奋斗而坐牢，但一旦王恩普照，他的"冰心"立时溶解了。在诸人中，温德华斯当然是第一流人才，他富具雄心，能言善辩，经纶满腹，而且声望极高。查理左右长期研究议会人物中，认为温德华斯之资望才略，果能效忠王室，实是股肱良臣。民权请愿法案在国会中大辩论时，温德华斯在议场雄辩滔滔，满座叹赏。但是有识者在他辩词中，觉察了他是"词有未尽"，而且对议题反面的论据，他似乎并不严辞驳斥。王之左右认为这位议会领袖，臣心并不如水，几番折冲，温德华斯卒于一六二八年十二月被命任"北地枢密院"议长兼中央枢密院议员。从此以后，温德华斯不但一反其昔日所主张，并且把旧时在国会并肩做战许多老友，一概弃之若遗。温德华斯从此飞黄腾达，而其老友意利欧困闭伦敦塔狱中，憔悴而死。

温德华斯的变节，热中功名，固然是基本的原因。他是富具雄心而且认为自己的才能抱负，是能替国家做一番事业。在他内心中，虽然觉到邀承王室宠幸不是一件好事，他同时确不信五百人的议会，能把英国治理到富强。他深信如果让他展布经纶，他将超过白金汉姆的治绩或国会的多头政治。他当初虽然是民权请愿法案的拥护者，其后他竟用全力去推翻那一个法案的精神。他的理想，想自己做英国的吕歇理（Richelieu），更想做英国的俾斯麦。英国史家的评论，以为温德华斯如果早日大用，与查理国王宗教方面大臣劳特（Laud）夹辅王室，他也许能帮助查理建立国军，同时建立文官制度，使查理个人统治的理想，得以实施。德国大史学家伦克（Ranke）对于温德华斯有一段公平而严正的评论：

“英国政治家所以异于其它国家者，英国的政治家，其枢密院议员、内阁阁员及国会议员三重资格同时活动。此三种活动苟缺其一，他在政治上便无从登峰造极。但是此中有一重要之规律，便是内阁阁员资格的活动，必须不违背其国会议员资格的活动。温德华斯事件所表现，他是极力反对当时的政府，但他的反对，其目的在于使那个政府不能缺少他，而他要成为政府的必需品。诚如他自己曾经宣示过，他的天然倾向，他不善生活在国王愁眉蹙额之下，而要生活在国王笑脸之下。所以当他反对政府的雄辩口血未干，一朝政府赐以宠眷，他不顾那政府的政策有无改变，却投奔归顺，惟恐不速。”

（伦克英国史）

邱吉尔英语民族史加以论评，说温德华斯当时效忠王室，甘心驰驱，所以丛怨聚诟，比任何蹋冗无能之人尤甚，即是此理。当时温德华斯的别号，是“变节的撒旦、“迷途的天使”，及“对国会的奸臣”。他后来大用，无论其政绩与才略之表现如何，他的老友至死对他不能宽恕。卒于受着国会的决议而遭受显戮，中外历史上功名之士的收场，温德华斯的悲剧是太残酷了。

温德华斯是于一六二八年七月二十二日晋封温德华斯男爵，并荷默许“北地枢密院”议长出缺即把他候补。同年十一月，晋封代理伯爵，兼“北地枢密院”议长。一六三二年任命为爱尔兰总督，同年七月，他到杜白林就任。就任之后，励行改革，尽去旧时不称职的英籍官员。国会给予必要协款，且得国会中各种立法上之协助。他鼓励爱尔兰麻布工业，多方开发资源，关税收入因以激增。计一六三三年至一六三四年会计年度，爱尔兰关税收，共计二万五千镑。一六三七年至一六三八年会计年度，关税收综计共五万七千镑。他并建立地方军，剿平沿海海盗。改造整顿教会，整理教产。他在爱施政，务求压制豪霸，这就是他常常称道的“澈底”

（Thorough）治道。但他治爱的手段，往往过于霸道。而其目的，尤在英国国库增加收益，初不顾及爱尔兰本土人民之福利。高压原是他的本性，而他在爱尔兰，其高压尤变本加厉。从他归顺王室，被命治爱，英王未曾把英国本国政治，征询其意见。直待一六三七年二月，或建议英国到欧陆过问欧洲政治，查理开始征询温氏意见。温氏的答复，除非英王在国内权力绝对值得稳固，向外发展绝非明智之举。其后苏格兰清教徒起兵反抗查理，温氏主张用兵严剿，不稍让步。一六三九年二月，他从爱尔兰任所汇寄二千镑，作为他对作战经费的献助。但他同时主张在英国军队训练完成以前，切勿有军事行动。并劝告在宗教方面，国王应稍予让步。温氏于一六三九年抵英，此时查理对苏格兰第一次用兵失败。温氏自此遂为英王谋主，一六四〇年，晋封史屈莱福伯爵。同年三月，重返爱尔兰住所。召集爱尔兰国会，运用爱国会天主教徒议员，通过议案，资助英国对苏格兰用兵。同时募集爱军，准备参加对苏战事。当时英国国会下院坚持与苏格兰议和，查理一世受大臣文尼（Vane）之谏，仍向国会提出十二种津贴案。五月九日枢密院开会，温氏勉强投票赞成解散国会。同日晨间，枢密院八人委员会集会，文尼及其余各人主张对苏取守势，而温氏力主积极备战，贯彻敉平内乱。

长期国会（Long Parliament）于一六四〇年十一月三日集会，查理一世飞召温德华斯到伦敦赞襄大政。长期国会集会后，下院群情汹汹集矢于温氏。温氏十一月九日到伦敦，十日即陛见英王，面陈钳制议会发动对其本人弹劾案之策。对策要点，即先发制人，课议会中人民党以私通敌人之罪。是时国会领袖璧姆（Pym）魄力智谋冠绝一时，十一日即向上院对温氏提出弹劾。温氏到上院答诉，当场即被斥退，并命收押。同月廿五日，初步控诉提出，温氏即被移送伦敦塔监狱看管。翌年一六四一年一月卅一日弹劾全文提出，主要内容纠举温氏企图推翻王国根本大法。这一个案子在法律观点以外，尚有一个宪法的问题，便是行政首长应对国家负责。当时下院群情愤激，认为不去温德华斯，英国的自由无从确保。所以在程序上撤销弹劾，而另行通过法案，宣判温氏死刑并剥夺其终身公权。这是国会下院以政治手段处政敌于死地。此在当时下院领袖璧姆等心目中，亦觉心有未安，故在程序上仍尽量保留弹劾案的司法手续。在弹劾案进行中，温德华斯的辩辞，是国会纪录中有名的记载。辩辞的实质与辞令，都甚完美。下院到最后迫不得已而采取通过决议案的方式，通过所谓剥夺生命及公权法（Bill of Attainder）。此在法律观点上是欠缺的，但即此法案在上院中几经辩论，不易通过。最后在五月五号一个陆军叛变阴谋暴露，上院遂将这个法案通过。查理最后于五月十日核准，温德华斯终于翌日执行死刑。临刑之时，他保持他的尊严与忍耐。各地赶到刑场参观群众的盛况，在当时是空前的。

邱吉尔在英语民族史第二编中对温德华斯之论评："这位先生无疑地对自己的才能，自负过甚。功名之心及环境互相驱策，造成他的命运。他是走议会的路去寻觅政权。他也是经过议会而得着国王的宠幸。他所采用的制度，完全投合他的所好制度。与坚强性格，相互交织而成。他最后被弹劾的受审及剥夺生命法案的通过，其情况是对他许多政敌一种羞耻。他的政敌是一意要置他于死地，然而法律上不能判定他的死罪。但是这位先生如果让他大展经纶，英国人民的自由，至少要被阻碍了三十年。"（英语民族史，卷二，页一七七）

二十余年前读英国大文学家白朗宁（Robert Browning）所著史屈莱福勋爵传记及剧本，惆怅叹息于这位出身议会的悲剧人物。温德华斯生长的时代，是吕歇理的时代。但是他生长的国家，不是法国而是英国。在民主宪政国家的政治家，其出处大节，与君主独裁国家是截然不同的。因为温德华斯的雄才大略，他的为人，不能与寻常"鹰犬"人物，相提并论，所以死后评论，至今还是毁誉参半。即使对他口诛笔伐之人，对于他的下场，惋惜多于嘲骂。不过为着民主宪法政的确立，对于议会出身人物的变节，物议舆情，是不能稍予宽假的。我们今天应当向往崇拜的人，应该是意利欧、璧姆与福克思一类的人物。而不是史屈莱福（温德华斯）及小璧特的一流。四十年前汤化龙横死美洲。二十余年前我读白朗宁所著史屈莱福勋爵剧本，使我对政党议会人物之出处大节，得着更深的信念，而此种信念之宣扬，乃民主宪政精神元气之所寄，今日治国平天下之首要义也。

一九五八三月六日于台北。

本文参考资料：

1. Dictionary of National Biography.
2. Robert Browning: Strafford.
3. Lives by H.D.Traill in "English Men of Action Series".
4. H.O Grady: Strafford and Ireland.
5. W.Churchill: AHistory of the English Speaking People Vol. II
6. G.M.Trevelyan: History of England.
7. Everyman Library Encyclopaedia.

近百年的英国王室

英国国会于一七〇一年通过王位继承法。乔治一世于一七一四年自亨诺佛到英，入承大统。是为亨诺佛王朝之始。亨诺佛王朝乔治一世四传而至维多利亚女王。（中经乔治二世、乔治三世、威廉四世。）

德国萨克——堪白——谷泰（Saxe-Xoburg-Gotha）公国王子爱尔白脱入赘于英，是为维多利亚女王之王耦（prince Consort）。十九世纪中叶，英国王室更名"萨克——堪白——谷泰"王朝。因为维多利亚女王外家的关系，更因为王耦爱尔白脱的关系，王朝与王室因是更名。第一次世界大战中，乔治五世因对德苦战，把宫廷与德国有关的名号，一律废除。英国王室从此再更名为"温莎"（House of Windsor）。所以今天英国钦定的姓氏，可称为"温莎"氏。乔治五世及最近逝世的乔治六世，他们父子两人死后棺前刻字：为"温莎……"。我今天想谈的，是英国近百年的王室。这个世系，当然还可称之曰亨诺佛王朝，但从维多利亚起，英国的国势在变，王室的情形也是一个划时代的转变。

英国人对维多利亚女王，至今认为是英国历史上一个黄金时代。这不仅英国人为然，我们研究近代史的人，对维多利亚时代，自有崇仰的憧憬。在二十世纪的五十年代，每一怀念百年前的种种，实在使我们发生浓厚的"思古之幽情"。我对维多利亚时代的感想，在我初到英国的时期，是一种观感。在我仔细研究那一个时代历史后，又是一个观感。现在我觉得维多利亚时代的精神，是庸俗、势利与高傲的结晶。维多利亚女王本人是一位庸德庸行的良妻贤母。她在王室遗留的教条，最主要的是责任观念，王室对臣民的责任，对自己本身的责任。英国王室所表现的神情，是善良拘谨的田家翁，也可说是"富而知礼"的乡庄绅士。英国王室注意培养的人，希望他们是一位标准的家庭贤子弟，好丈夫。对传统习惯，只是奉行而不许逾越。用中国话来说，他们要造成“敬天法祖”、“勤政爱民”的贤良君主。这一个君主不仅是联合王国与帝国的元首，还是英国国教英格兰教会的教主。英王登极后的加冕典礼，是一个宗教仪式。在英王的官衔上，在各种徽号以外，另有一个“卫道者”（Defender of the Faith）的尊号。所以今日欧洲各国，英国是政教合一的国家，英国君主必须道貌岸然，因为他兼着教主。在文化意义上讲，维多利亚时代真是卑不足道的。在政治意义上讲，从维多利亚时代到温莎王朝，世界历史上王室的贤明，我想不出那一个国家可以和英国媲美的。从维多利亚女王，经过爱德华七世、乔治五世而爱德华八世至乔治六世。英国王室的规范，真是贤良圣明到于极度。英国的宪政，自有其深远的历史背景。但是英国王室的贤明，实为英国宪政得以维持不坠的主因之一。

英国王室怎样能能够做到这样贤明的地步？是不是因为克林威尔时代的教训？是不是因为查理一世的身首异处？这都是部分的原因而绝不是主因。就以亨诺佛王朝而论，荒唐的君主不一而足。乔治三世与威廉四世，其公私行为实无一可取。维多利亚十八岁便登大位，尽管官书称颂她如何英明，其实倔强偏执是她的个性。其它方面，并看不出她有什么特别长处。讲到英国百年来的王室，不能不使我们想到维多利亚女王王耦爱尔白脱。爱尔白脱实在是一位了不起的人物，他有极高的智慧，受有极深厚的教育，他对自然科学有深大的造诣，对文学美术，有独特的鉴赏能力。一个外国小地方的王子，到英国做赘婿，环境是不好处理。但是他忍耐与机变，一切的困难被他克服了。他对维多利亚处理政事的贡献，人家知道的是外交方面，其实他对英国的学术提倡，有极大的功绩。他对英国王室的训导，英国王室中今天提到他，无不肃然起敬的。

维多利亚女王的嗣王爱德华七世及王孙乔治五世，这两位王子的教育，可以说完全是直接受着爱尔白脱王子的训导。爱德华七世做太子时，从儿童时代开始，选择私人教师以至进入大学，都是他父亲一手指导。爱德华七世十八岁时，便被送到爱丁堡大学读书。从爱丁堡转到牛津大学，再转到剑桥大学。他第一次到加拿大与美国去游历，还是他父亲最后的擘画。爱尔白脱王子盛年不禄，四十二便一病不起，（他与维多利亚同年，维多利亚享寿八十二岁。）这是英国近代史上最大的损失。乔治五世幼年就进格林威皇家海军学校，这位英王是律己极严，也最注意恪守王室的典范。终其一身，起居行动，交人接物，没有一件事情不是刻板固定，十足表现一位海军军官。一年四季，哪一月临幸哪一个别宫。数十年中，时间表未曾改动。他治家教子，也是同样的严格。爱德华八世（即今温莎公爵）及乔治六世，都是从小学习海军。另一位王子，是在英国参谋大学学习陆军。英国王子学习海军，与一般学生一切同其待遇。爱德华八世与乔治六世，都是在十二岁半的童年，便离开深宫，到Osborne海军学校去做幼年生。温莎公爵自传中描写海军学校中的生活：宿舍是一个又长又冷的大房间，每个房间住三十个学生，夏天早晨六时，冬天早晨六时半，便鸣锣起床。在床上起坐，默祷片段。第二次鸣锣，匆忙披衣盥洗，即须上操。一九〇八年乔治五世送他儿子到Osborne海军学校去，临别告诉他的儿子："现在你离开家庭，进入世界。永远记着你的父亲是你最好的朋友。大维，（David温莎之名）海军将能教育你成功。"

英国王室从童年到成年，家庭教育与学校教育同样严格。成年离开学校后，社会教育与国际教育，也同样经过坚苦的训练阶段。从爱德华七世做王子时起，游聘外国与巡视殖民地。照亲历其境者所自述，实在不是一件轻松的事。爱德华八世（温莎公爵）做太子时，每次巡视海外自治区及殖民地，单就握手而言，常使他右手肿胀至数月不能恢复。有一次他在澳洲，他右手因握手过多，肿胀麻木，半年后方得恢复原状。英国王室在战时，不仅在国内服役，大家以争赴前线为荣。今温莎公爵，乔治六世，在两次大战中均在法国前线。其王弟康脱公爵，且在空军殉职。这样的王室，永远使臣民爱戴，实在事非偶然。

爱德华八世（即今温莎公爵），是英国亨诺佛王朝一个超越的人物。在英国王室世系中，我想他实在随其曾祖父爱尔白脱王子一点奇气。他是英国近百年王室中惟一具有反抗精神的人。他深深感到时代应当变了，英国的传统需要多方的改革了。君主特权的滥用，固然可怕，但在另一方面，把一个有灵魂有思想的君主，硬束缚压逼他做一个傀儡，使他连说一句话也不得说出自己心上要说的话，此又岂人情所能忍受！爱德华八世毕竟是一个温莎王室的佳子弟，他逃不出维多利亚时代传统的圈子，所以终使庸俗阴险的包尔温胜利，而英杰的爱德华八世只有退位！包尔温是第一次大战后英国的罪人，余生平深鄙此人，当另为文详论之。一九三六年爱德华退位的前后，英国三百年的制度，真所谓岌岌乎殆哉。假使爱德华当时在时代进化的意义上，掮着人文主义与人本主义，与包尔温的庸俗主义相决斗，胜负之数，又岂可知！但是因为近百年英国王室传统规范的纯谨贤良，爱德华八世遂以温莎公爵终老异国了！

一九五二年十一月

维多利亚及其首相

书名Queen Victoria and Her Prime Ministers
著者 Algernon Cecil
出版者 伦敦 Eyre &Soottis Woode 书店
出版年月 一九五三年

这一本书的书名，是相当引人注意的。因为维多利亚这一个朝代，不仅在英国，即在近代史上，是一个极大的时代。这一个时代的历任首相，每一个人大半都是“名垂丹青”，每一个人都有他专门的传记。这许多传记中，至今已成为英国文学中的古典文学。有心研究这一时代的历史人物，单就当时几个名相的传记去看看，已不是一件轻易的事。这一本书的长处，不仅把维多利亚一朝十位名相，分别及综合的论述。而且把这一个时代精神，在论述人物中，到处衬托透露出来。

如果说本书的书名引人的注意，那么，本书著者的名氏，更应引起人的注意。薛西尔（Cecil）这一家人家，在近年的英国，真是“世代簪缨，五世三公”。中国留心近代外交史的人们，大概没有不对李鸿章发生兴趣，尤其李鸿章去游聘欧洲及美国那一幕。李鸿章当时到德国，俾斯麦已罢相退休。他到英国时，英国的首相兼外相是莎侯（莎利斯柏蕾伯爵The Third Marquness of Salisbury）。许多英国人著的李鸿章传，都附印一张照相，是李鸿章与莎侯及贝尔福同摄的。本书的著者名薛西尔·阿尔杰农（Algernon Cecil）便是莎侯的胞侄。这位莎侯已是莎利斯柏蕾伯爵世袭位者的第三代，他是维多利亚一朝最后一位首相。本书著者的父亲薛西尔尤斯德斯勋爵（Lord Eustace Cecil）早年学习海军，在国会做过议员，在政府中担任过许多要职，最后经营实业，积资甚富。他是一八三四年诞生，所以维多利亚登极时，他已是三岁。这一位人物无论在时代上，或在思想精神上，可以说完完全全是一位维多利亚时代的人物。著者在这种家庭环境中生长，早年见闻及交游，可说是现存英国人物中最有资格记述维多利亚时代的人。过去我曾读过著者所著的《梅特涅》（Metternich），深喜其评述历史与与评述人物的空灵超脱。他的笔法，他的情调气氛，真十足是英国的，犹如听伦敦人讲话，其神情音调，使人听了有说不出的欣赏及愉快。我对薛西尔阿尔杰农的著作，也是同样的感想。

著者在自序中说：这一本书，除了评述十位首相以外，加上维多利亚女王一章，维多利亚时代精神一章，及其家传一章。并不是一本研究传记的书，更不是想对这一朝的政治历史，有所阐发。他说本书目的是十分简单，本书的宗旨：第一、想对维多利亚与她十位首相中的关系，加以论述。第二、这十位首相对她的影响。第三、维多利亚君臣怎样在政治社会及文化方面设施的合作。他说这本书是一本论文，假如用我们的学术术语，这是一本“史论”，也是以人物为经的一本史论。因为著者对于文学修养的深厚——不但对于英国文学——从他书中字里行间，可以知道他对于古典文学和拉丁希腊及法国文学，均有深厚的根底。更因为著者对于高层政治的耳濡目染，家庭与交游的环境，他对这一期的人物、政治、社会与文化等等，无一不触类旁通，左右逢源。所以这一本书虽然不到四百页，而其内容，实在无一章不可精读。

本书共分十三章：（一）一个维多利亚时代人物的绘像（著者家传）；（二）维多利亚时代精神；（三）维多利亚；（四）梅尔蓬（Lord Melbourne）；（五）庇耳（Sir Robert Peel）；（六）罗素（Lord John Russell）；（七）窦培（Lord Derby）；（八）欧培定（Lord Aberdeen）；（九）帕莫斯顿（Lord Palmerston）；（十）狄思雷利（Lord Beaconfield）；（十一）格兰斯顿（Mr. Gladstone）；（十二）；罗斯帕里（Lord Rosebery）；（十三）莎利斯柏蕾（Lord Salisbury）。这十位首相，稍读西史的人，名氏都相当熟悉，对英国人尤为家喻户晓。著者年逾七十，已届垂暮之年，书中伤感，到处流露，这是英国人在百年中应有之盛衰感慨。照我的观察，在维多利亚统治六十四年中，其鼎盛的时期，不在前半期，而在后半期。大概帕莫斯登是一个时代界线。英国在这一个时期国权扩展，固是一个特征；但在内政方面的励精图治，尤为富强之本。英国政治人物的风标，尤其在维多利亚后期，正是气象峥嵘，不同凡响。当时政治上确有许多人物，为了理想，为了主张，宁可牺牲禄位，牺牲私人情感，如保守党的老邱吉尔，如自由党的老张伯伦，都是为了自己的理想，放弃高官，甚至放弃私人友谊而至于脱党。这种政治上独立的风格，实在是民主自由宪政的基本条件。一个国家，一个社会的细胞组织如何能够健全，就看国家社会中能多培养几个人格独立的人。著者在第一章记述他的家世，将他父亲的家训特别记载出来。“人生之大事，在于独立。人格独立后，你方可自由地做你愿做的事。”著者认为这是维多利亚时代重要精神之一。

本书第二章“维多利亚时代精神”，是全书最难着笔的一章。这是英国人的特长，能把一个时代或一个民族的性格精神描写出来。正如斯蒂文（Leslie Stephen）所说：“研究分析一个社会，社会有机体与社会细胞组织是完全不同的。”一个时代有形的文物制度，是社会有机体。所谓“社会细胞组织”，就在各种有形的文物制度以外，如时代人物、时代风气及时代性格中去找寻，这就是所谓时代精神。著者说维多利亚时代的社会有机体，可在白芝浩的英宪论中去寻觅。如英国这一时期的君主政体、内阁制、国会、政党以及政党政府，都是这一个时代的社会有机体。但是社会细胞组织，要比社会有机体难于发现。著者说一个时代的社会细胞组织，是决定于那一个时代许多不平凡的人。而在维多利亚时代，各方面不平凡人物太多了。他在这一章内，把英国当时文学、哲学、经济、宗教各方面的代表人物都引证出来，汇合成为一个时代精神。这类的著作，英国自来比较发达，譬如像牛津大学出版的“莎士比亚时代的英国”（Shakespear’s England）；“约翰生时代的英国”（Johnson’s England,Edited by A.S.Turberville）；“早期维多利亚时代的英国”（Early Victorian England, by G.M.Young）都是同样性质的代表作。近年美国对这门的研究，亦突飞猛进。如哥伦比亚大学教授喀玛杰（Henry Steele Commager ）著的《美国精神》（The American Mind）与英国培戈教授（Ernest Barker）所编的《英国性格》（The Character of England，Oxford Press 1953）都是第二次大战后的第一流作品。

维多利亚一朝十位首相，梅尔蓬开始，莎侯结束。梅尔蓬名为民权党（Whig），而实际是一个保守党（君权党Tory）。梅尔蓬死后，格莱维尔（Greville）曾撰梅氏墓文，说“梅氏心底里是一个地道的保守主义者，他名隶民权党，仅为环境所限，他的性格是地道的保守主义者。”“英国是一个掌柜国家”，梅氏生前最反对这句话。他曾坦白告诉女王：“我不喜中产阶级，高等阶级与贫民阶级有许多共同之点，惟有中产阶级是坏的。在高等阶级或贫民阶级中都各有其优好之点，惟在中产阶级中，全是虚伪及欺骗。”著者把梅尔蓬与莎修并举，说这两位首相，一位辅翼幼主，开创新局。一位佐命女皇，结束英国全盛之局。而两人都是保守主义者。这当然不免稍涉“阿私”。我特别重视梅尔蓬的功绩，因为维多利亚即位只是十八岁，十足一位“幼主”。梅尔蓬辅翼幼主，直到大婚。其循循善诱，赤心为国，固不可及。而其辅导的态度与手段，使女王视如父师，真是第一等人物。当时许多人批评梅尔蓬在宫廷之日多，在朝堂之日少，内阁揆变成了宫廷人物。威灵吞公爵曾经对克拉伦敦（Clarendon）说：“我喜欢梅尔蓬，他是陛下最好的辅弼。但我甚担心，他说笑话的时候太多了，这使陛下容易漫不经心。”女王在日记中曾记载：“我曾对他（梅）说，他不要在广座中打盹，而且他每于稠人中打鼾。”这真是梅尔蓬辅翼幼主过人之处。因为他的态度尽管和易柔顺，而遇到问题，从来不曾稍为踌躇，无不尽量敷陈他的真实意见。并且诲导幼主应该怎样处世接物，这是汲黯、魏征所不及。此人才调，或竟与我国周公相伯仲。这是维多利亚一代兴衰所关，不能不特表而出之。

维多利亚的君臣关系。十位首相中有几位是她特别投合，有几位则为她十分厌恶。世人大家所熟知的，她对狄思雷利真是“君臣鱼水”；而对格兰斯顿，始终不好。帕莫斯顿横冲直撞，在外交政策上，女王好几次几致与之破裂。帕莫斯顿死后，女王写信与其舅父比王：“帕莫斯顿之逝去，实在使我感触。这是与过去时代又一联系的消失，这是一个大的损失。他有许多长处，也有许多短处。上帝知道，在外交上我们闹过多次麻烦。不过，他在内政上处置甚好，对我亦不庆功。但是，我从来不喜欢他，也从来没有对他有丝毫的尊敬。但是他的逝去毕竟是一个国家的损失。”这显示英国的宪政制度，确实到了相当完美的程度。君主的爱憎喜怒，不能影响其用人行政。此在中国，或为汉武唐宗所不能及。因为在维多利亚日记及函缄中，从来没有发现“扑杀此田家翁”这类的话。这正是一个王朝的细胞组织问题，而不仅是文物制度的问题。

维多利亚于一八三七年即位，于一九〇一年逝世（正值中国清代道光、咸丰、同治、光绪四朝），这六十四年中，内政外交的难关重重，终算一一克服度过。惟余一个爱尔兰问题，终于没有解决而卒致破裂。大英帝国的瓦解，种因于此。维多利亚最后一任首相莎侯是这一朝代管理外交最久的人。他的外交政策，是“睦邻”而不是缔盟。后来“协约”之缔结，终至造成第一次世界大战。英国史家于此至今犹有余憾，以为莎侯国策如果不变，大战之祸或可幸免。其对帝国政策始终主张帝国的团结统一与完整。“假使爱尔兰离英而独立，五十年后，印度亦将追踪而去，这是著者所反复惋叹的。这是故家乔木，历尽兴衰，应有的感慨。读者正不必自己夹杂主观意识，施以讥评。

最后，我替维多利亚十位首相做一个年寿统计：（一）梅尔蓬六十九岁；（二）庇耳六十二岁；（三）罗素八十岁；（四）窦培七十岁；（五）欧培定七十六岁；（六）帕莫斯登八十一岁；（七）狄思雷利七十三岁；（八）格兰斯顿八十九岁；（九）罗斯柏里八十二岁；（十）莎利柏雷七十三岁。十位首相中，除了格兰斯顿，其余九人皆有勋爵，惟格兰斯顿四任首相，享寿八十九岁，以“格兰斯顿先生”终。格兰斯顿之思想风格，在维多利亚人物中，其犹宠乎！

一九五三年十月十一日

邱吉尔哀词（拟作）

美国无线电评论家泰勒，新从英返美，在纽约透露：（合众社纽约九月十五日电）邱吉尔正在安排如何宣布他逝世的消息。他说邱吉尔自知有生之年，为日无多，故以历史家的感觉，准备他自己的讣闻与哀启。关于死后的悼词，将由不列颠联邦的领袖及海内外友人发表。邱吉尔爵士正在遴选发表悼词的人名录。

我不是不列颠联邦的领袖，也不是邱吉尔的海内外友人。我是一个研究英国历史的人，还是一个研究英国文化的人。我凭这个资格及兴趣，替邱吉尔预拟一篇简短的哀悼文字。

英国近百年的政治人物，论年寿，格兰斯顿（William Ewart Gladstone 一八九〇——一八九八）享年最长，他四次组阁，到八十九岁寿终。论勋望，威灵吞（Duke of Wellingtone 一七六九——一八五二）到今天还是后无来者。格兰斯顿死后，他的政敌保守党领袖莎列斯柏雷（莎侯）有一句至今不朽的悼词，这一句悼词是："伟大的基督徒政治家"。这一句悼词，至今传诵于英国文坛。格兰斯顿传记权威约翰穆勒说，莎侯这一句悼词，把格兰斯顿一生的丰功伟业都说尽了。格兰斯顿在死前七年，会对穆勒约翰讲：将来什么人替他作传，必须记住他本人的两面：一面是他的行动性、暴躁性、以及不易控制的性情。另一面是他的自制能力，他能排除一切旁的枝节，而集中在一个中心目的。他从二十三四岁起，渐渐养成这种自制的习惯。这种习惯之养成，起初由于他性格的自然能力，后来由于不断的虔诚祷告。威灵吞死于一八五二年，享寿八十三岁。威灵吞死后，维多利亚女皇写信给比利时王（她的舅父）说："公爵之死，是英国无可补偿的损失。他是英国历史上最伟大的人物；他是英国最可骄傲的国宝；他也是皇室最忠诚的朋友与最有价值的顾问。梅尔蓬（Melbourne）、庇尔（Peel）、利物浦（Liverpool）——现在是老公

爵——，先后均弃我而去！”（维多利亚书札，一八五二年九月十七日）

邱吉尔在英国的功勋，在近代英国历史上，只有威灵吞可和他比拟。邱吉尔无疑的是英国二十世纪的大功臣，他对英国在第二次大战中，真是十足有再造国家的功勋。当一九三〇年最危急的阶段，如果他不出来，英国是不堪设想的，欧洲也是不堪设想的。威灵吞的敌人是拿破仑，邱吉尔的敌人是法西斯轴心。历史上的大事，事过境迁是不容易作对比的。十九世纪初年和二十世纪四十代代，其情势安危，究竟哪一段比哪一段严重，事后是不易推论的。但是十九世纪初期的欧洲，与二十世纪四十年代的欧洲，有一个显着不同之点。便是在前一个时期的欧洲，反拿破仑阵营的声势壮大，人物整齐。而在后一个时期的欧洲，反法西斯阵营的声势与人物，都比较衰微而凋〇。且在后一个时期，还夹着一个苏联的翻云覆雨。所以论客观形势，威灵吞所遭遇者，实较邱吉尔为优越。何况威灵吞在反拿破仑战争中，始终只管军事，而且还是西、葡两国的军事。直到拿破仑从欧尔巴岛逃回，威灵吞方受联军统帅之职。威氏担任统筹全局之职，已在敌人完全战败之后，而其全局亦仅限于前方。此与邱吉尔在二次大战初起后所担当，自是不同。从这一点上说，邱吉尔对英国的功绩，似较威灵吞为高。但是，二次大战没有全部结束，邱吉尔便潇然下台。威灵吞从滑铁卢战后，虽亦经过政海上应有的曲折，但其勋望之高，主眷之隆，邱吉尔当自叹不如。即较格兰斯顿晚年声名，如“人民的威廉”（People’ s William）及“大老”（The Grand Oldman）等称号，亦相形见绌。

狄思雷利少年时，在一位诺顿夫人席中遇见梅尔蓬勋爵（当时格雷内阁的内相）。梅尔蓬勋爵偶问狄思雷利：“你要做什么？”狄思雷利很郑重地答复：“我要做首相。”这是说明狄思雷利少年怀抱。邱吉尔少时行径，十分像一个冒险家。然看其到印度、到南非、到古巴时种种，并没有那样固定的大志。但是邱吉尔是一个十足的功名之士，是毫无疑问的。在第二次大战回忆录中，邱氏自写其初任首相时的情景，至于绕室彷徨，喜而不寐，十足流露此人的性情。历数英国近百年的首相，拜相以前，其政绩必有特殊表现之点。如帕马斯顿及莎利斯柏蕾之于外交，如格兰斯顿与狄思雷利之于财政，又如威灵吞之于军事，都是各人功业的基础。邱吉尔学习的是军事，而起家于海军。两次大战初期，他都担任海军部长。邱氏霸才纵横，功名心之浓厚，自不待言。然在二十世纪英国名相中，他比较劳合乔治要纯正得多。从严格的眼光来看，邱吉尔是头等的将才，而不是头等的相才。他对世界的贡献，是坦克车。对英国的贡献，也是坦克车与空军建军。他是拨乱反正的豪杰，而不是安邦定国的良相。我们举几个简单的例子说明，欧菠定（Lord Aberdeen 一七八四——一八六〇）

一生口号是“正义”。格兰斯顿毕生提倡是“信仰”。帕玛斯顿的外交说穿了为的是英国利益。邱吉尔的符号是一个V字（胜利）。今日建国的头绪，难道“胜利”两字所能包括？是知内心修养，邱吉尔不能望欧菠定与格兰斯顿，又不能横行直撞如帕玛斯顿。邱氏一生遗憾为未做外相，然最好谈外交。今年艾登去美治病，邱氏暂理外部，逢人告诉：“我已到外交部”。可见其对此兴趣之浓厚。但邱吉尔于内政固少表现，于外交谬误尤多。他替他老子Lord Randolph Churchill 作传，一再强调他老子一生最重要之演说为一八八六年“达德福之演说”（Dartford Speech）。这篇演说，反复申言英国霸权，建立于维护自由，尤其维护任何国家人民之自由。邱吉尔在二次大战中救了英国，可是没有替英国树立一个外交政策，更没有想到援助任何爱护自由的国家。邱吉尔显亲扬名，到九泉当有以自豪，可是没有仰体他老子的理想。今天英国政府在国际上进退失据，邱吉尔对不起英国的传统，更对不起他卓越远见的父亲。

威灵吞与邱吉尔，早年都在印度服役。威灵吞在印时间更久，其事业基础，可说就在印度。邱吉尔早年除在印度外，尚在非洲有长时间的勾留。威灵吞因滑铁卢一役，声名盖世，邱吉尔因二次大战成为英国救主。但两人内心深处，种族优越感根深蒂固，牢不可破。威灵吞晚年反对扩大选举权，反对一切改革。邱吉尔第二次执政，妄想做美苏桥梁，妄想凭个人声威，挽回克里米宫凶焰。是非顺逆之辨不严，其出处大节，遂无一可观。邱吉尔历事温莎王朝六主，他的溘逝，正大光明是结束了一个时代。帝国殖民主义的时代，东西人种歧视的时代，强权秘密个人外交时代，个人英雄主义的时代，正随他的逝世而同归于尽！

邱吉尔是英国二十世纪中期一位大功臣，我对邱吉尔的估价，仅此而止。他只替英国救了一时的危亡，而并没有替英国恢复霸权。他是英国一员良将，而不是英国的大政治家，更不是二十世纪世界的大政治家。他只是时势造成的英雄，而不是造时势的圣杰。他两月后便满七十九岁，以中国方法计算，他今年内正是八十大庆。他的幸运，不如威灵吞，也不如格兰斯顿！我以历史家的客观眼光，哀悼此一英国二十世纪的豪杰。我对邱家父子，诵其言，读其书，想见其为人。使我悲叹而惋惜的，邱家老子伦道夫老先生不幸活得太短（四十六岁）。邱家儿子温斯顿少先生，照现在看来，他不幸活得太长了。如果他在八年前死，又如果他在三年前死，他的声光与遗念，要好多了！他在今天死，他在民主自由与极权奴役胜负未决之时死，他在英国地位思想摇摆不定中死去，他对历史、对人类是没有交代。他只是时代过去的人物！今天结束了一代的豪杰。并结束了一个旧的时代。

一九五三年九月十九日

拉斯基的身后文章

拉斯基先生死后，今年三月适为三周年。在英美两国出版界，今年有两本新书出版，都与拉斯基先生有关。在美国，《和满兹与拉斯基函件》在哈佛大学出版。（Holmes−Laski Letters:1916−1935,Edited by Mark Kewolfe House, Foreword by Felix Frankfurter.Two volumes.1650 Pages.Harvard University Press.）在英国，新政治家周刊主编马丁金世流所著拉斯基传在伦敦出版（Harold Laldi:A Biographical Memoir, by kingsly Martin, Glooancs London）。

这两部书，一部是拉斯基自己的著作，另一部是他至友马丁先生所作的拉氏回忆录式传记。拉氏死后三周年，有这两部书出版，所以我称之曰拉氏的身后文章。

我写这一篇文章，不是上述两书的书评，而是对拉斯基先生盖棺后三年，作一个评论的评论，尤其因两本书而牵涉到拉斯基先生的整个评价。拉斯基先生死后三年，在英美文坛上，相当落寞，这是我个人所十分惆怅的一个感觉。去年《自由中国》书评栏中，我曾写过一篇《拉斯基最后两本书》。在他这最后两本书中，尤其是关于英国宪法的演讲，我认为十分平妥。在另一本书中《我们时代的难关》，我对其许多奇突怪异的议论，认为是未定的稿本，请求读者予以同情的谅解。拉斯基先生的身后，轮到逃难在台湾的一个中国学生，替他辩解。这也许就是英国许多评论家认为这是他一生成功之处。英国论坛上评论拉斯基先生，说他最大的成功在讲坛上，尤其在对海外及远东的学生。而其最大失败，在既做学人又不忘政治，结果晚年精力完全消耗在“纵横”的政治活动上，而学术上没有成功。拉斯基先生最后十年的著作，反复颠倒，不过重复阐述他中年的老调，他的著述多半为宣传及新闻性的时论。一九四八年出版的《美国民主政治》，算是他最后一部巨著。这部书在量的方面，不减蒲徕士所作，而远超过托克维尔（De Tocqueville）的旧著。但在质的方面，有其许多独特之处。然就全书而论，实在欠于“平易正直”。当他在伦敦政治经济学院声名鼎盛之日，他的偏蔽，固然有时无形中流露出来，但绝不致那样的公式化。美国文化岂是“市场文化”一语所可武断地笼罩？而苏联在他心目中，如在唐虞之世。提到苏联，没一个字的贬词，又岂学者应有的态度？《美国民主政治》是他一生最后一本巨著，这一本遗留后人的印象，已使替他辩护的人相当吃力。我现在想先谈《和满兹与拉斯基函件》。

这部函件有上下两册，全书一千六百五十页。书中拉斯基先生致和满兹大法官的信，共计五百四十封。两人通信的时间，从一九一六年到一九三五年，共计十九年。拉斯基先生认识和满兹大法官，是由美国法兰佛妥大法官（Felix,Frankfurter）介绍的。拉斯基先生进见和满兹大法官时，他方二十三岁，初由英国到哈佛大学担任一位讲师。和满兹那时已经七十五岁，已是英美两国公认的法学权威。而在美国声名之隆，几与总统齐名。拉斯基先生从进见这几位老人后，开始与他通信，平均三个星期一封，直到和满兹于一九三五年逝世，拉氏的信从未间断。最初和满兹大法官对这位青年，并不十分介意。后来通信多了，慢慢喜欢他，自己也开始提笔写信复他。当然，拉氏的信是经心之作。而和氏的复言，不过随便几句话。以拉氏聪明博学，有意用文字去取悦一位老辈，许多信的内容与文采是可想见的。

在这部函件中，许多读者包括本书编者何尉先生在内，发现大部分的事实是凭空捏造的。譬如信中讲若干次重要集会，根本那些会没有开过。许多重要职衔，他根本没有担任过。许多重要书籍他与收信人郑重讲过的，他自己根本没有读过。尤其像若干政治上的大事，例如，拉拢英国煤矿工人，与政府协商，使大罢工免于发生。英印交涉中，他如何努力劝解双方，使英政府与甘地不致破裂。有一封信更是奇妙，他告诉和满兹老先生为什么有一个月没有能信。他说他病了，因为他有一个德国学生患了贫血病，他立刻自己输了一品脱（Pint）的血去救助那位学生，他因为输血的缘故而病了。起初十天他睡在床上，仰视天花板也在那儿动，后来慢慢好了，现在已经复原，照常工作，请他老先生不要把此事告诉别人。因为输血救人之急，实在无足挂齿的。

马丁金世流先生是拉斯基先生的好友，也同为左倾思想家。他所写拉斯基先生的传记把拉氏的优点都说了。拉氏在伦敦大学声望最隆的时期，是一九二〇年到一九三〇年的十年中。他任伦敦大学政治经济学院讲座前后达二十五年，这二十五年的教授生活是他一生最大的成功。他在第一次大战后世界动荡中，把他的思想灌输到几代的学生脑中。据英国人估计，在此二十五年中，受着拉氏影响最深的，不是英国本国的学生，而是印度和其它自治领的学生，远东的学生也不能例外。他的思想，正为配合着第一次大战后的空气。他把两次大战中间阶段许多青年的左翼情绪，一方面加以机动，同时加以教条化。他教书技术的惊人地方，在他演讲或教书的时候，不用课本，不用札记，没有一刻停留，口如悬河，在一小时上课时间，他的演讲整整六十分钟，不少一分不多一分。在讲台上，他瘦短的身材黄黯的面色，蓄着小胡须，戴上大眼镜，用他孟彻斯特、牛津及美国混合的口音，悬悬滚滚，使听者张口迷惘，翕然奉为大师。

马丁先生把拉斯基的长处全讲了，但是他这本书中，根本对书中人太少批语而且书的结构太松懈，书的章法太潦草。书中许多意见，究竟是作者的意见，还是书中人的意见，使读者迷惑莫辨。拉斯基在政治理论上的贡献如何，他历实际政治上的贡献又如何，这是拉氏传记中应该表明的，但是马丁先生对此绝少谈及。他是否不愿谈，还是弄不清，这是不易解答的一个问题。而这本传记，可批评的地方太多了。

伦敦《泰晤士报》文学周刊对拉斯基先生有这么一段评述："当他是一位思想家，拉斯基今天所表露的短处，比过去任何时间为明显。博学、热情、及流利，自是他的特长。但在实质方面及精深之处，他都有缺点。他是一位变相的马克思主义者，他在这方面，曾经表示他的勇敢与锐利。但他临到唯物主义者对国家性质的观念与《同意的革命》观念两个观念联合时，他呆住了。在以前，凭他多元论者之见解；在后来，凭他变相马克思主义者的想法。他对其理论上危险的混淆，从来没有去考究。一九四五年他为了演讲暴力革命而对某报记者提起诽谤诉讼，诉讼的结果是他败诉了，这是他终身最大的沮丧与失败。这正是他在成年后，对他绚烂的少年早熟所付的一种代价，这是许多知识分子早熟者共有的命运。

我生平不愿与名人多拉关系，我是一个研究政治学及历史的人。三十几年前，我开始读拉斯基先生关于主权论的著作。我在国内大学时，正是他《主权论的基础》及《政治典范》初出版之时。我在伦敦政治经济学院，亲炙其议论者甚久。抗战初期在英国，与他往来相当密切。他对中国英勇抗战热烈拥护，真诚流露，使人感激。他的著作，我确曾精读其十之八九。虽然和他说不上深切的关系，但我不能否认与他有私人的感情。在《和满兹与拉斯基函件》一书未出版前，过去对他不满的人，各种责备还是保留着，这本书出版后，各方对他的指责是不留余地了。自来论人，对文人总特别苛刻，此实中外古今所同。我对拉斯基先生，向来有一个感想，我认他通达而不平正。古今文人，攀附胜流以自高身价，其事亦甚寻常。拉斯基先生在身后，批评他的人在这一点大加发挥。他在此等地方做得过火，亦自为丛诟集咎的原因。他一生喜欢上书上条陈。乃至把许多世界大事的转变，都归功在自己的策划。这是文人不甘寂寞，十分可笑的心理！我想拉斯基先生抱着纵横之志，而其功名观念，并不同于世俗上的范畴。说他是功名之士，他并不想自己做政治领袖，更不想做官，这似乎是他很早就决定的。说他无意功名，那他又为什么到处去上书？他的上书范围，是国际性的。他上书与上条陈的对象，不是首相便是总统。而通讯对象，则为全世界第一流名流。正如马丁先生在其传记中说，拉斯基先生是想做工党的后台。他的野心，不仅做工党的后台，还想做英国政治的后台，想做世界政治的后台。可是他毕竟是书生，而且是成见极深的书生。他对许多实际问题的见解，常常是错误的。尤其对俄国的判断，可以说全盘是错误的。他在中年以后，多半心力，都浪费在其学术本业以外，而他在实际政治上的本能实在不高。就他在工党内所处的情形，可知他在政治上如何能有成就。二次大战时，某天他在工党总部，当着若干工党干部面前，他劝艾德礼让出工党领袖，勿在党内妨碍贤路。他自己在某篇文章中，曾说他的工党全国委员会主席不过是一个傀儡。他的满腹经纶，一临实验，至不为同党所容，怎能做旋干转坤的大事！

苏东坡论荀卿：“意其为人，必也刚愎不逊，而自许太过。”又说：“荀卿者，喜为异说而不让，敢为高论而不顾者也。其言，愚人之所惊，小人之所喜也。”我论拉斯基先生，想到东坡这篇论说。拉斯基先生却是“喜为异说而不让，敢为高论而不顾。其言，愚人之所惊，小人之所喜。”但是拉氏为人，并不是“刚愎不逊，而自许太过”。他生平喜结交公卿名流，乃如对大法官和满兹通信中，凭空捏造许多事实，以自夸其重要。这不是“刚愎不逊”，也不是“自许太过”。而且相反地，这是他自卑感受的流露。因为他是犹太人，犹太人在英美是极受歧视的少数民族。拉斯基少年成名，抱着纵横之志。他的自夸狂，与其说他“自许太过”，毋宁说他“自视过卑”。《美国民主政治》书中有“少数民族”一章，拉斯基讲座美国的少数民族，忽然联及英美两国对少数民族的歧视，再一转说到自己；“在一九四五年英国大选中，保守党无形中散布谣言，对工党全国委员会主席的民族背景施以中伤。其实那位主席是无权而仅为一个傀儡。”拉斯基先生许多不合情理的夸耀，及竭力周旋缙绅，实在是矛盾得可笑。而其基本原因，恐在这一个民族感觉上，“身有所忿，则不得其正；有所恐惧，则不得其正；有所好乐，则不得其正；有所忧患，则不得其正。”此为知人论世者所不可不知。

英国人今天喜论拉斯基的功罪，依我所见，拉氏在英国思想界所产生的影响，至今尚不太大。以伦敦政经学院而论，费边社中力量超出拉氏者大有人在。我们站在远东的立场，拉氏遗留在海外学生的影响正是不小。外国学生受拉氏影响最深者，首推印度，今天印度思想上造成这样的灰色与混乱，拉氏实有极大的罪过。尼赫鲁年龄在拉氏之上，今日印度国民会党许多要角，大半是拉氏的学生，如梅农等，均为拉氏高足。那是荀卿之后，必有李斯。老庄一变，遂为韩申！拉氏早年以自由主义信徒号召论坛，不知其自身对自由世界贻祸如此之深。此则力避平易正直，专为非常可喜之论，其影响有出于其本人意计之外者。拉氏早年崇奉阿克敦勋爵（Lord Acton），拳拳服膺。阿克敦勋爵死后已半世纪，今日研究阿克敦者愈多。去年秋冬，英、美两国新出版阿克敦研究集多至四本，阿克敦旧著更被搜集重版问世。此因杜林臼（Dollinger）、阿克敦师弟的言论行谊，实在站立得住。拉斯基先生毕生喜于周旋显官名流，是否出于模仿阿克敦勋爵的生平，这是我多年来一种臆测。拉氏在伦敦大学讲堂上脱口而出者，有两位大人物，一位是英国的阿克敦勋爵，加一位是美国的和满兹大法官。拉氏一代磊落之奇才，我想他或时时梦见阿克敦，一如孔子之梦见周公。阿克敦师事德国大儒杜林臼，而格兰斯顿首相则为其挚友。拉斯基先生之于和满兹大法官，我的臆测，是他对阿克敦模仿心理的升华。其意若曰：阿克敦有格兰斯顿，我有和满兹。阿克敦有师如杜林臼，而我乃私淑阿克敦。我这种猜测是否合理，要请教心理学家。但这种看法，乃是我的新发明，前人从来未道过。我想仿效前人是不易的，阿克敦是一个国际贵族，其继父为英国名政治家格林维尔（Lord Granville），阿克敦思想行谊，受着老师杜林臼的训导，杜林臼、阿克敦师徒在一八六三到六九年一段时期，对罗马教王的反抗，真是自由史上可歌可泣之一章。杜、阿、师生对于真理之奋斗，在这段事迹中，表现了杀身成仁、舍生取义的伟迹。其人其事，一如中国历史上忠臣孝子，大节凛然。阿克敦离世，今已半世纪，而自由世界中崇奉益隆，这不是偶然的。世上功名事业，毕竟不能与教化哲理相竞。何况一时的文采聪明，其流传那能与名德圣哲相比。拉斯基先生下世方及三年。身后议论，盖棺犹不能定！这当然因为拉氏生前声名过盛。而其思想行为，始终未有最后安排！春秋责备贤者，遂有这许多翻案文章。我想拉斯基先生故旧门生，今天应当把他的全部的著作，好好整理修订。他在思想界，还是有他的地位。杜工部诗：“生前宝贵应无分，身后文章合有名。”想不到拉斯基先生的“身后文章”，乃为天下疑谤所集。这是立言者当万分警惕的。

一九五三年五月一日

君士坦丁堡陷落五百年（节选）

一四五三年四月（明英宗景泰四年），土耳其苏丹穆罕默德二世，进围东罗马帝国首都君士坦丁堡。经过五十三天的围攻，君士坦丁堡终于是年五月二十九日黎明陷落。东罗马帝国末帝康士但丁第十一世单骑冲入敌阵，壮烈殉国。君士坦丁堡破城后一日，土耳其骑兵发现有穿双鹰绣履的尸身，决定为末帝遗尸，穆罕默德二世赐以国王葬礼。这一个历史纪念日，是欧洲史上一件大事。过去欧洲基督教国家对于这个纪念日，数百年来看作国丧一样。因为这不仅是罗马帝国灭亡的纪念，也是基督教徒在历史上最惨痛的纪念日。在欧洲人看法，人类历史上东西的战斗，在罗马亡于土耳其，算是东方压倒西方最高的阶段。欧洲人谈到蒙古人、鞑靼人都表示惊惧，而于君士坦丁堡陷落这一个事实，尤为触目惊心。今年是西历一九五三年，距今两月以前，正是君士坦丁堡垒陷落的五百年纪念。欧洲文坛上今年讨论这一题目的文章，虽不太多，亦不甚少。他们着重之点，还在世界东西双方的斗争。我有许多意见，对西方史家不敢苟同，所以借此机会，约略写出。

君士坦丁堡围城和陷落的记载，西方历史旧籍中真是汗牛充栋。仅就个人二三十年来所看到的，也就不少，可见欧洲人对这一件事的重视。吉朋《罗马帝国衰亡史》最后几章，完全是写东罗马危亡时的情景，其文章布景，正可与中国的《史记》媲美。吉朋书中描写末帝康士但丁第十一世于城陷前夕，如何通霄安排，如何默祷运载莎菲大教堂，如何上鞍顾盼，直奔敌阵，实在可歌可泣。数百年后读其文字，还能想见当时情状的壮烈！君士坦丁堡城破后，除末帝壮烈殉国，其首相诺泰兰（Lucas Notaras）是道德降敌之一人。其余群臣贵族，多数投降。土耳其军既搜得末帝遗尸，穆罕默德二世提审诺泰兰，诺泰兰纳头便拜，捧上所有财产清册，说：“这是陛下的。”苏丹问：“这许多财产，当初何故不献给你的政府，以为防卫首都军费？”诺泰兰跪着说：“这是上帝预示应保留献给陛下。”苏丹再问：“既已上帝早有神示，那你又何故抗命如此其久，到今天方贡献上来？”诺泰兰方俯首无辞，结果还是不免于一死。这是君士坦丁堡城破后一个例子，也是东罗马朝廷大臣平时搜括聚敛，危急时不肯捐献，情愿最后完全贡献敌人全般情形的写照。当时康士但丁十一世，要兵无兵，要饷无饷。而豪门巨族，情愿等待城破后献给敌人，这是东罗马灭亡时内部情状的一种。也是威信中外历史上治乱兴亡一个共同写照。今天我在此短文中，无意胪举许多故事，做一篇东都赋式的吊东罗马文，我只想扼要提出几点重要的历史教训。

先谈东罗马帝国方面：东罗马这次亡国，在历史上细细分析，罗马之亡，亡于人，不亡于天。罗马帝国分裂后，东西双方精神上的鸿沟，在于宗教的派系。数百年派系的倾轧，在基督教自己阵营中所发生的怨毒仇恨，远较对外族为甚。所以罗马帝国末年，希腊与罗马之冰炭不能相容，远过他们对土耳其人或对蒙古人。当时在希腊有句俗谚：“情愿看到土耳其人的头巾，不愿看到罗马大主教的红帽。”同时在罗马看希腊，希腊正教的离经叛道，其可恨可厌，远过于土耳其人。当时梵蒂冈教皇尼古拉斯五世，亲眼看见土耳其军队进迫君士坦丁堡，形势一天一天恶劣。他在罗马便说，他早已得到神示，东罗马是要灭亡的。他对康士兵但丁十一世的呼号求救，不但不理，而只是坐待自己预言的实现。此其一。欧洲许多王国当时不是为着政治便为宗教派系，自相残杀。其余虽间有洞明事理的诸侯，又以弱小，或以壤地赤远，无能为力。此其二。希腊邻近岛国，在宗邦呼吸存亡之际，都是暗中与土耳其苏丹通使，表示中立。苏丹当时对他们的保证，只要大家不参加战争，事后一律保全。此外如热那亚，及维尼斯等有力拉丁都市，其商人莫不乘机大为活动，走私接济物资。并且希望土耳其人早日成功，使秩序安定，他们可以尽量经商。土耳其苏丹围攻君士坦丁堡紧张的时候，热那亚巨商正暗中派人与苏丹交涉，将来通商，给予优惠税率。此其三。希腊人平时迷信君士坦丁堡是圣城，圣城从未陷落，所以决不会陷落。史家一致的推论，以为当时希腊如果万众一心，热那亚与维尼斯的水师，能听帝国政府调度，再加以希腊与拉丁人的团结一致，君士坦丁堡的保全是不成问题的。

哑斯门土耳其本是一个游牧部落，最初聚居于小亚细亚腹地。土耳其部落始祖哑斯门（Othman）起初住居于边塞纳（Bithynia）边疆，原先在苏丹塞尔极克（Seljuk Sultan）下面，与希腊基督教徒，从事游击战争，到一三〇七年开始独立。这一个部落笃信回教，从部落时代到建国，其大政决策，都听命回教中的长老。部落中宗教信仰坚定，赏罚严明。在信仰方面，哑斯门坚信可兰经足以立国，但在种族方面，他认为土耳其部落是不够建立国家。他用通婚、虏掠及各种方法吸引异族。他在西里西亚地方选择其配偶，虏掠一个基督教徒家庭女子做儿媳。军师梅克耳（Michael）原是希腊耶教职工徒而归化入回教。土耳其国家基础，都由哑斯门的儿子哑章（Orchan）所建置。从一三二九年到一三四九年，这二十年，哑章在他的白鲁塞（Brusa）都城中休养生息，树立国家一切规章制度。在此二十年中，哑章在国内兴建清真寺、学校、医院、建立币制，而其最主要的工作，则为建军。

土耳其当时的新军，名为“劲尼刹利”（Janissaries），这支新军的兵源，是从基督教徒家庭中子弟强迫征集而来。这种基督子弟一经征集，政府立刻先把他们送进回教学校，施以回教宗教的各种训练，务使其早年思想观念，完全消除，而成为土耳其国家的干城。这种新军骁勇忠贞，所当无不披靡。“劲尼刹利”也可说是一支奴隶军队，训练时的主要目的，是把每个士兵所有人性，一概消除。铁的纪律，使受训者把过去与未来完全铲除。“劲尼刹利”新军中每一个士兵，都要做到不认得父母；不认得兄弟姊妹；也不希望娶妻生儿。营房是他们的家庭，战争是他们的职业，可兰经是他们的宗教。他们身临战场，便发挥僧侣的狂热，为苏丹为阿拉斩除其敌人。苏丹穆罕默德二世，继承遗业，把这许多本钱来攻灭东罗马帝国。（中间土耳其人曾大败于蒙古及波兰，几至不振，此处从略。）这许多主意，都是他所用的客卿所谋划。土耳其当时建军，不仅在编制训练方面着眼，另在军火及辎重后勤方面，同样用心。据吉朋罗马史中所载，穆罕默德二世进攻君士兵坦丁堡垒前，已能制造相当于五百磅的弹石。这许多发明，都是从外国聘请来的客卿专家所监造。

总攻击前夕，穆罕默德二世下令军中：“城陷之日，城池宫观，朕实有之，子女玉帛，任君所取。自今以后，凡我战士，永富且娱。”在另一方面，末帝康士但丁十一世于城破前夕，深夜徘徊宫中，隐约叹息：“难道没有一个基督徒替我斩去头颅！”君士坦丁堡城陷之后，土耳其军队在全城烧杀抢掠，前后共历八个时辰。公私建筑破毁情形，为欧洲历史上最大规模之惨景。圣莎菲大教堂，圣殿装璜，悉数剥掠。东罗马大图书馆千年藏书，散乱殆尽。当时估计，仅手抄精选稿本遗失者，达两万卷。罗马制钱一文，可购书十卷。城内望族六万家，被迫入营，或定价勒赎，或充作奴役，一任征服者自由处置。吉朋罗马史叙述至此，谓史家下笔至此，惟有搁笔浩叹！

东罗马灭亡时的情形，上文既约略述其梗概，但我们应特别注意的，不是东都君士坦丁堡陷落的前后，而是土耳其灭了东罗马后，它是怎样治理这个旧帝国。此中最大的问题，自是宗教。回教是排他性的，伊斯兰教义原来也是志在征服世界的。这一个新兴回教帝国，征服了耶教的东罗马首都，吞灭了代表耶教的东罗马帝国。第一应当处理的，自为宗教问题。照旧史记载中窥测，穆罕默德二世及其继承者，对宗教问题的政策，比起十字军初时（十字军起原本为对付土耳其占据圣城）相当宽容。譬如土耳其进占罗马后，凡是君士坦丁堡城内的教堂，规定回耶两教共同使用。当然每个教堂中均划清界限，不许混淆。这一个政策，直到穆罕默德二世的孙子塞立姆苏丹，才予破坏，然此中时间已有六十年。此外，基督徒是没有参政权，且需缴纳特别人头税，有时还会遭着有计划的消灭。但是这群征服者，亦有其本身的弱点，使被征服者得以乘间喘息，慢慢渡过其极盛的凶焰。欧洲史家称“土耳其人是残暴的，但同时是疏懒的。踞傲的，也同时是愚拙的。”他们对工商业不感兴趣，所以乐于让基督教徒去经商做工。因为他们并无文化，故希腊、保加利亚、塞维亚人在他的松疏而不规则的统治下面，仍可保持自己宗教的仪式而暗中消极抵制回教。至于基督教内部派系之争，土耳其人采取一种冷淡的轻视。土耳其灭了东罗马，似已取消回教征服世界的意图。他们对基督“异端”，乐得让他们自相残杀。许多在匈牙利及屈朗锡尔维亚的新教徒，不情愿留居本国，情愿在回教旗帜下度日。土耳其在欧洲，宗教政策是相当容忍的。欧洲基督教国家，因为宗教分裂而召致政治分裂。拉丁与希腊教会的分裂，加上法朗西斯第一与查利第五的争雄，这使土耳其攻入君士坦丁堡后再能整理与消化其战征的收获。奥、法两国的百年战争，使十七世纪后期土耳其再得侵略基督国家。这是东罗马灭亡前后，耶回两个文明，东西两个世界消长盈虚的关键。

我们看了东都君士坦丁堡的陷落，当然会联想到欧洲中世纪的十字军运动。十字军运动是欧洲从十一世纪到十四世纪一个热烈的宗教政治和军事联合的运动，而此运动的中心，便想从回教手中去拯救圣地耶路撒冷。十字军东征，大规模的行动有五次，参加的国家，西自英国，南至意大利，北至丹麦、瑞典，西至奥、匈，几乎全欧洲基督教国家无不参加。这一个如火如荼的运动，为什么对基督教世界无法挽救？而结果，东罗马亦亡于土耳其。幼时读西洋史，好把中西历史对照议论，当时我们有一个疑问：周室东迁，虽然不能光复旧物，而齐桓晋文，五霸迭兴。孔子称论管仲，“微管仲，吾其披发左衽矣。”至少当时的五霸，能把夷狄挡住一阵，使周室延长到八百余年。而在欧洲中世纪，从十一至十四世纪，为什么“圣道”消亡，终至“异端”猖披。土耳其对欧洲的祸患，直至十五十六世纪两次攻击维也纳不逞，而逐渐消歇。此中关键，不是当时欧洲诸侯，没有想做齐桓晋文的人。如法国的路易七世，英国的李查等等，都想做齐桓晋文，他们毕竟没有做到。就因当时宗教派系的纷争，而诸侯自身争权夺利的私心太重。至少从这一个时期的历史看，欧洲人的精神文明，实在成就太微薄了。

三百年来，欧洲人好称西方与东方，“东方是东方，西方是西方。”好像东方与西方，代表着文明的分界。中世纪时代，欧洲人看蒙古与土耳其为东方的代表。十字军运动，从另一种意义说，可说西方抵抗东方的运动。再从宗教的意义讲，西方代表基督教，东方代表了基督教以外的“异端”。若进一步狭义的解说：拉丁视希腊为东方，拉丁教会看希腊正教职工为东方。东西的观念，跟着时代变迁。中世纪时代，欧洲看蒙古与土耳其为东方。到十八世纪十九世纪欧洲看斯拉夫人为东方。土耳其到十九世纪已成“东方之病夫”。一九二二年苏丹废立，一九二三年洛桑条约订立。五百年东方土耳其的祸患，在欧洲看来告一结束。第一次世界大战结束后，“新东方”开始滋长。第二次大战以后，苏俄在欧洲眼光中，正式代表了东方。而在今天，东西的问题，乃整天盘旋于欧洲许多思想家的脑中。尤其英国学者如罗素与汤恩比教授等，他们根据历史，毫无保留地说：今天的冷战，是人类历史上又一回合的东西争战。他们根据历史，宣传这一场争斗未来的绵长。更宣传经过绵长的争斗以后，如果西方处理得宜，还可希望共存。今年君士兵坦丁堡陷落五百年纪念，他们的立论要点，不外乎此。

一九五三年七月

美国政治与政党制度

从本书的标题看，我们立刻可以知道这一本新著的内容，是新颖而现代化的。把一国的政治与一国的某种制度或问题联在一起，著成专书，这是美国著作界最近的新趋势。这一个新趋势也可说是回复十九世纪中期后的老格调。十九世纪两本关于美国政治的名著：一本是法国史学家托克维尔（de Tocqueville 一八〇五——一八五九）所著的美国民主政治（de la Democratie en Amerique 1835）；另一本是英国政论家蒲徕士（James Bryce 一八三八——一九三二）所著的美国平民政治（The American Commonwealth 1888）。这两本书的内容，一方面是泛论美国的政治，同时也讲美国各种制度，更将政治与制度并列讨论。其实这类写书的方法，十九世纪大陆国家最普通。英国谈制度的书，大概以政论方式出之，白芝浩的英宪论其尤著者。美国在二十世纪二十年代后教育发达，教科书需要增加。许多著作，都采用教科书方式，甚至变成讲义方式。从二十年代到三十年代，此风特甚。许多出版品，不是生硬简单，便是一览无余。美国政治与美国制度并论，大概是四十年代以后的风气。近来美国这类的书籍，内容的丰富，自是一种精彩，但其篇幅卷帙的浩繁，一本书动辄要有近一千页的篇幅，这对读者的精力实在是一个极大的负担。

邱昌渭先生去年九月出版的《美国的总统》一书，作者曾称赏其内容，认为今日谈美国政治者必读之书。最近华国出版社出版的《美国政治与与政党制度》，标题及内容都是新颖而现代化，但是篇幅并不过于浩繁，全书共计三十二开本二七六页，美国政党制度的精华，已尽量吸收于这本书中。就书的篇幅与内容言，这已较美国时下流行之书，高出一层。本书取材，主要来源为：①菠休的“美国政治与与政党”（Hugh A.Bone :American Politics and The Party

System 1949）；②墨西佛的“政府组织”（R.M.Macivr:The Web of Government 1948）；③塞脱的“美国政党”（E.M.Sait:The American Parties.Third Edition 1942）；④佛纳的“近代政府的理论与实施”（HermanFiner:Theory and Practice of Modern Government.Revised Edition 1949）诸书，这许多名著已成美国美国政党的权威著作。（佛纳一书是比较政府近时最好一本书）对于外国的读者，要希望他们关于每一个问题去看完各种应读的书，在现今实在不是易事。所以今天讲介绍异国学说或问题，编者实较优于纯粹的撰者，编者是把人家现成的材料，消化而归纳在编者的书中。邱先生这本书，在这方面可说已尽到编者的能事。换句话说，他已将本问题许多名著中的好材料，尽量融化于他的新著中。同时他更忠实地将一切来源在每章之末注明。这是今天著述有十分值得仿效的事。

“宪法好比人身的躯壳，政党就是人身的血肉。所以研究美国政治的人们，除了解美国宪法条文的规定外，更要了解美国的政党制度。由于政党的运用，美国宪法在实施上发生改变，犹如血肉的滋润，也改变人身躯壳的形态一样。”邱先生在第二章《美国政党的性质》一章开宗明义这样地说。这几句话，十分扼要地把政党在近代宪政中的地位说明了。研究一国的政治或历史甚至于社会，如果不先把那一国的政党弄清楚，这等于要看一位朋友，只是在他屋子的门墙四围绕圈子，而不登堂入室，这种隔阂是可以想象的。如果把人体来譬仿，我想政党在近代民主宪政国家，还不止是血肉，一如邱先生所说，而实在是脉络或筋络。研究一国政治，若从脉络或穴道着手正是事半功倍。譬如就本书讲，这二百余页一本册子，如果细心看毕，不但美国的政制，洞悉无遗，就连美国的人物与历史，也一览无余了。追求真理或研究问题，必须追到根源，最忌皮相之论。研究一国的政治而从政党着手，那一国政治的内幕利弊，立刻呈现出来。如果有心借鉴攻错，这更是最好的方法。

中国从前清末年派人出洋考察宪政，从来很少人注意人家的政党。五大臣出洋的报告，是抄袭人家的法律条文。后来政府不断派出的人，回来的报告，也不出抄袭规章的陈旧窠臼。民国以后我国派出去的留学生，在国外大学的博士论文，大多数是用中国材料，如中国古代政治思想等题目，以猎取功名。便是做外国题目，也至多在形体或躯壳上用力。本书著者邱先生二十余年前所著《美国国会议长》一书，是他在美国哥伦比亚大学的博士论文。这一本书，在战前的美国，已享有政治学圈子中权威的地位，美国社会科学百科全书好几处引用他书中的话。近年立法院为了议事程序及院内组织等等问题，大家发生了一个问题，便是许多书本上不容易找出我们所感受的问题，因此许多人常想建议立法院，应该选派一个考察团到各国专门去考察议会制度。邱先生的学术修养与训练，实在今天在我们朋友中最够得上谈政治制度的一个人。他的新书不同凡响，就他过去学术上的成就，是充分可以证明的。

对一般读者，本书是研究美国政治及政党的一本好书，抵过读多本书。读过本书，对美国政治及政党，至少有一个深入的概念。对专门研究的人，本书也是一本极有用的书，美国政党中许多专门名辞及模糊的观念，读过本书后能豁然开朗。本书附载参考书目虽不多，但最重要的书也遗漏无多。书中校对太差，讹字之多，尤其重要年月，常常错误至一百年之多。至于每一专门名辞，似应把原文完全引载。这两点希望在再版时严格纠正。

评《美国的总统》

研究理论的人，常常忽略了制度。研究制度的人，也常常对理论不太注意。在心理的偏见上，研究理论的人，有时会轻视制度。同样地，研究制度的人，会不重视理论。这种情形，在社会科学中尤为显著，这种现象对社会科学是一种极大的障碍。就中国的情形而言，谈了几十年的现代化，在社会科学方面，无论在理论或制度方面，同样地显出极度的贫乏与空虚。拿最显著的政治改革来讲，中国谈立宪谈民主，已经谈了六七十年，出洋考察的大员，留学异邦的学生，先后不知几千百人，谈起外国任何制度，似乎大家耳熟能详，已视为老生常谈。譬如说政治制度中的总统制或议会制，读过大学政治学的人似乎谈起来头头是道，但是一临到实际的运用，才发觉书本上所学来的实在太不够了。中华民国宪法于一九四八年公布施行，至今四年有余，就仅论制度方面，我们发现我们所知者实在太少，我自己是研究比较政府更研究政治理论的人，但就我在立法院四年的经验，便觉到立法院内部的制度，到现在还未好好建立起来。由是知道制度或法律，仅就实体方面着眼而忽略了程序及运用，那个制度是无法实际工作的。立法院一个部门如此，我想政府其余各部门也是同样的。

最近一两年立法院院内常常检讨自身的制度，使我回想邱昌渭先生二十年前的一部著作——《美国国会议长》。去年秋间我想借阅这部书，可是在台北无法借得，我在美国哥伦比亚主编的《社会科学百科全书》中约略窥见一点转引的几段文字，后来面晤邱先生，他手头亦无此书，但就他所记忆讲述若干要义。当时我曾鼓励他，对这类著述还有继续的必要。今年秋间他的新书《美国的总统》出版，经过一星期的详细阅读，我的结论：这是一本讲政治制度的好书，这一本书，对研究有素的人，并不觉其陈旧，对普通没有研究的人，却亦是一本常识丰富的书。尤其对研究有素的人，这本书使读者获得一个综合的整理，使读者发现了许多活的材料。研究制度的书籍，最讨厌是一本流水账，最低能的模型是一张图表。《美国的总统》一书都能避免这许多毛病，譬如美国的总统竞选，是最复杂，也最枯燥的，但本书读后一方面能对选举的程序了如指掌，而同时却不感干燥无味。

美国总统的权力，是研究政治制度者所惊叹的一个问题，本书第四章第五章第六章，把美国总统的权力，做一番彻底的分析与批评，是书中最精彩的地方。著者在尽量剖析制度，他并没有遗忘或忽视民主政治的最高理论，他引用林肯总统的国务卿苏瓦（Seward）的话："我们选举一个四年任期的皇帝，在某些限度内，给与绝对的权力，这些限度，毕竟还由他自己去解释。"他接着引用林肯总统的解答："有舆情的支持，凡事都是可能的。没有舆情的支持，无论什么事都是不可能的。"著者于此下了一个简短的结论："所以，民主国家必须允许人民有言论自由，必须依法定期实施选举，人民享有这两种武器，林肯型的皇帝是不可怕的。"（本书一〇二页）提到总统制几个字，在中国是有苦痛回忆的；袁世凯曾经窃取这一个制度的名义，以实施他盗国的野心，卒至身败名裂，国事不可收拾。要晓得模仿一个制度，是要从整个制度去体验，不是剽窃一段就能济事。剽窃人家一段制度，以求逞其私欲，无不公私两败，并且连累到制度的令誉。社会科学与自然科学永远不能用一个定律去规范，其中的关键就是人与物的不同。政治制度中最难处理的也就是人的问题。美国总统的权力虽然那样大，但是对人的问题照样是最头痛麻烦的一个。二十世纪美国两位伟大的总统，威尔逊与罗斯福，其成败均在这一个问题上。罗斯福任用赫尔为国务卿，任用史汀生诺克斯为内阁阁员，派遣威尔基到各国访问，杜鲁门继其遗规，在旧金山会议美国代表团中，有好几位共和党议员参加，都是罗斯福运用人事的成功。本书于此等问题均有阐发，尤其对派遣私人代表一个问题，引用罗斯福与威尔基一段对话，说明美国总统为什么要重用浩斯与霍布金斯一类人物之必要，"因为他除侍候你而外，甚么都不要求……"（八三页）我对美国总统这个办法，始终表示极大的怀疑。用人行政，不在制度正轨内去寻求道路，而惟在轨道以外去运用个人，这是十分危险的事。浩斯上校与威尔逊后半段失欢，据我过去所考证，不是为了什么政府，而是因为浩斯曾经反对威尔逊续娶那位太太。后来浩斯见不到威尔逊的面，完全因为威氏后妻从中作梗，这样单知运用人而不运用制度，是十分危险的。不知邱先生于剖析美国总统制度后，亦有此同感受否？

美国总统与舆情，其关系的密切，现在几乎已制度化了。白宫定期的记者招待会，这是美国政制中的特色。记者招待会在美国，上自白宫国务院，乃至私人，均可随时举行，其民意与政治的密切，在此等制度中可以测知。这是美国民主自由制度的精髓所在，如果邱先生在下次增订本书时，我很想建议他增加一章，专论美国总统与舆论。这一章是很值得写的，而且材料是决不会少。在欧洲许多国家，连英国在内，谈起美国的新闻记者无不摇头。据温莎公爵自传中所说，他与辛伯森夫人的秘密最初是由美国新闻记者揭露，至今言之犹有余憾。照我的看法，美国总统什么都不怕。他怕上帝，亦怕舆论。我于评介邱先生这本著作以后，并为邱先生贡献这一点浅见。

独立与独行 (节选)

近年多阅英美政党史，尤其美国近百年的政党人物，使我以时事另有所感悟。同时翻阅好多部宗教史，对耶教宗派及教义，稍有窥见。从一五五九年英国制定《宗教统一法》，法定国教，其影响于英国推翻王政与美国独立，均有直接间接的关系。独立教派（Independents）一个名辞，就从许多反抗宗教统一的教徒中组织而成。清教徒由英窜徙到荷兰，由荷兰窜徙到美洲，为的是宗教上一点仪式及经典上的解释问题。独立派（Independents）本来是宗教上的名辞，但后来英国政党政治发展，独立派名辞在政治上的流行，几乎掩盖了宗教上的派别意义。现在英美两国的政党政治，在世界各国是最完整的。但在两党或多党之中，独立派仍有它们的地位。政党政治无论怎样演变，在英美的民主制度中，独立派始终是不能淘汰。在近百年中，各政党阵营中，固然产生了很多特出的人物，但在各政党以外，超然独立的人物，其人其事，至今为英美政坛所歌颂而纪念。所以英美民主精神的表现，仅仅研究“独立派”这一问题，不但使我们感到兴趣，并且还是值得提倡与效法的一件事。

一

由于英美宗教方面的独立教派，政党方面的独立派，因而联想到中国历史上“独行之士”。照两汉的“选举”标准，有“贤良方正”、“孝廉”、“直言极谏”和“茂才异等”等分类。东汉时起，贤良、孝廉两科而外，又加上敦朴、有道、贤能、直言、独行、高节、质直、清白等标格。这是史书上，《选举》志中普遍记载的。本篇所谈的限于独行。《独行》特立列传，起自《后汉书》。范晔

《后汉书》独行列传序文："孔子曰：与其不得中庸，必也狂狷乎。又云，狂者有所有为也。此盖失于周全之道，而取诸偏至之端者也。然则有所不为，亦将有所必为 者矣。既云进取，亦将有所不取者矣。"范氏在序末又列举独立人物的品类："……或志刚金石，而克于强御者；或意严冬霜，而甘心于小谅；亦有结朋协好，幽明共心，蹈义陵险，死生等节。虽事非通圆，至其风轨，有足怀者。而情迹殊杂，难为条品，片辞特趣，不足区别。措之则事或有遗，载之则贯序无统，以其名体虽殊，而操行俱绝，故总为独行篇焉。"在这篇短序文中，我们特别欣赏范氏下列几句话："此盖失于周全之道，取诸偏至之端。"尤其他表出独行人物的特性："然则有所不为，亦将有所必为者矣。既云进取，亦将有所不取者矣。"中国传统的人才标准，"中行"与"狂""狷"是并列的。狂者的特性是进取，狷者的特性是"有所不为"。独行人物自是属于狷者。狷者的特性，一方面是消极的，就是"有所不为"。同时也是积极的，"然则有所不为，亦将有所必为者矣。"此与狂者是同样的，"既云进取，亦将有所不取者矣。"

在此短文中，我无法多讲欧洲宗教上的所谓独立教派，但因英美近百年政治及社会的精神，均与此一宗教运动有关。所谓政治上的独立精神与独立派，源流原出自宗教方面的独立教派。独立精神是自由主义一个核心，也是民主制度中一个支柱。今天我们侈谈民主自由，而忽视了这一种独立精神，实如无源之水。我想简单介绍宗教上所谓独立教派的历史。

二

独立教派（Independents）一名辞的流行，已在十七世纪，这一个教派的主旨，主张自己的教育，脱离任何政治或宗教的权力干涉，而自己管理有关所有信仰之事。独立教派在英国初期，本名为组合教会，而名此宗派为组合教会主义（Congregationalism）。组合教会在伊丽莎白女王时代开始组成，因为一五五九年英王颁布宗教统一法，建立英国国教。许多教徒对于这一个法案中所规定的许多规律，不愿遵守，因而无法遵奉当时的国教，这是组合运动的起源。在一群反对"国教"的分离分子中，白朗（Robert Browne）是一个领导者。他对不能服从国教的理论，有甚多著作发表。一六一六年，根据这宗派而设立之教会，开始在伦敦、塞斯瓦克地方创立。但是这一运动的进步发展，直到克林威尔时代才抬头。就在克林威尔时代，独立教派这个名词，方开始被采用。克林威尔死后，王政复辟，独立教派备受英政府压迫。一六八九年政府颁布宗教容忍法，独立教派之禁网稍松。十九世纪英国组合教会之特点，是各个组合教会的联合。组合教会初到美洲，是鲁宾逊组合份子，随着“五月之花”（船名）于一六二〇年在泼莱莫斯登陆。有一时期，组合教会在新英格兰几成当地的“国教”。一九一三年，美国全国组合教会委员会初次通过政纲，经过参与的各组合教会一致承认拥护。但每一个地方教会，保留他们对教义作任何决议的自由，并且随时可决定其信仰的方式。就在各地方的教会行政上，各个教徒均有同等的发言权。所以美国的独立教派，虽始终避开“独立”的名义，而采用组合教会的名辞。但其精神上，三百年来仍然保持其独立与自由的传统。美国组合教会早先对教育的建树功绩甚伟。美国著名大学，如哈佛、耶鲁、威廉斯、阿姆赫斯脱（Amherst）、奥白令（Oberlin）、还有许多有名教育机关，都是组合教会所创立。这许多学府里面的精神传统，是不许有宗教宗派之争。近年美国组合教会的活动重心，大半转向社会事业。组合教会的精神是独立与自由。每个教会，每个教会的教徒，自己认为直接于上帝或教主。不受政治，亦不受宗教权力的任何干涉。他们对上帝直接负责，也对自己良心及人格负责。美国全国，组合教会的势力甚大。这是十六十七世纪与英国移民以俱来。当时英国向新大陆移植的人民，一部分是商人，抱着经济目的。另一部分是富具思想的教徒，为着独立自由而离开英国，到美洲去开辟新天地！

论政党组织，英国是近代宪政国家的老前辈。除开极权国家而外，英国的政党，在组织及纪律方面，都是相当严密。英美两国比较，美国的政党在组织与纪律方面，无法与英国并论。十九世纪末期，美国民主党因在政治上长期失败，数次派人到英国去考察政党组织。美国政党在近百年来，尤其最近五十年来已经不断的改造。但在组织与纪律方面，仍不能与英国相比。我于十九世纪的英国，泛览典籍最多。我在政党方面所佩服的人物，得二人焉。其一为保守党的邱吉尔伦道夫（Randolph Churchill）。其另一人为自由党的张伯伦约瑟夫（Joseph Chamberlain）。邱吉尔伦道夫与张伯伦约瑟夫两人，都于十九世纪末叶，英国政党发达最完密之时，为了自己的信念与政见，起而反抗其本党。从一八七八年起，老邱吉尔对保守党内的“老朽”攻击，提倡所谓保守民主（Tory Democracy）。一八八〇年保守党大选惨败，老邱吉尔在保守党中组织“第四党”，所谓第四党，内部只包括四位党员，但他们在议会中，对自由党，对保守党，不论党派，只论政见，孤军奋斗。在莎侯第一任内阁中，他为军事预算而辞职。在他短促的四十六年生命中，为着独立的政见，不顾一切而奋斗。至于老张伯伦，为了爱尔兰自治法案，起初退出内阁，最后联合哈丁登（Hartington），反对格兰斯顿爱尔兰自治法案。自由党人追随张、哈两人而投反对票者，至九十四人。终于脱离自由党，组织统一自由党。一八九三年，格兰斯顿最后提出其爱尔兰自治修正案，老张伯伦为反对这案最强烈之一人。结果这一个案子通过下院而为上院所否决。我钦佩老张伯伦，限于他在政党中独立奋斗的这一点。至于他对南非及殖民政策，不在本文范围以内，也不是我所轻易赞同。英国在十九世纪的政治人物，伟人如云，我独提出这两位人物，就在独立与独行这个观点上。当时英大儒阿克敦勋爵（Lord Acton）曾一任国会议员，终其任未曾发一言。他曾答客问："人家说的话，我很少赞成。我说的话，恐亦很少为人赞成。所以我只好不说话了。"这与老张伯伦及老邱吉尔，是独立独行的另一个方式，都值得我们注意的。

三

"调和"（Compromise）在英美政治思想上及实际行动上，占着重要的地位。英国人甚至说"调和"是英国国性之一。英国政治思想家柏克（Edmund Burke）的"调和论"（On Compromise），是英国近代推重的名著。这一个调和论，支配了英国甚多的政治思想及其国策。柏克说："各种政府，每一项人类利益，每一种美德以及谨慎的行动，无不建筑于调和及交易上面。"美国史密斯教授（Prof. T. V. Smith）亦说："凡是把一个人的核心都调和了，那一个人不是好人；但不与人折中调和的，也不是一个好国民。"美国人对调和的观念，和英国人差别甚远。这与上面所讲的宗教及历史传统，大概都有关系。美国著名国会议员亚都尔（Donald O,Toole）曾讲："避免调和。政治上的调和是死路。"美国社会党领袖托孟史（Norman Thomas）以及其它少数党领袖常常说，他们宁可不做总统，然不能离开直道与真理。托孟史先生在美国奋斗了数十年，如果稍肯迁就调和，他的政治地位必有甚大之成功。但是他们即在地方选举，也拒绝与大党合作，在美国政治史上，因为受不了党的控制压迫，与党见及政见之冲突而独来独往的人，正指不胜屈。从前世纪以迄现今，如皮伦（Martin Van Buren）、菲尔穆（Millard Fillmore）、老罗斯福（Theodore Roosevelt）及老福雷脱（Robert La Follette,Sr.），都是明显的例子，而其中尤著者，为参议员小福雷脱（Senator

Robert La Follette,Jr.）及参议员诺律斯乔治（Senator George Norris）。

小福雷脱与诺律斯乔治两人，是美国近代独立政治家的模范。两人从政之初，都是共和党党员，后来都在政治上独来独往，成为美国政坛上称颂的两位独立政治家。福雷脱本是威斯康星州的望族，他父亲老福雷脱及其弟飞利浦雷脱，都有声于政坛。小福雷脱继其父亲当选为参议员，从一九二五年到一九四七年，任参议员历二十二年未断。他任参议员一年后，即提案反对其本党古立治总统之第三任联任案。一九二八年共和党全国党员大会，把他改进共和党的少数报告搁置不理。他不管本党胡佛的竞选，而自己在威斯康星州单独做他的竞选运动。终胡佛任内，他拥着一批共和党党员，严厉批评胡佛任内的各种设施。迨小罗斯福当选总统后，他在国会中变成"新政"的拥护者。他的政治立场，政见重于党籍。他的态度，决定于问题而不系于党派。所以在外交方面，他站在共和党方面。而在内政方面，他是站在民主党方面。他的成功在于他的勤劳、忍耐，以及对各种政治问题的研究。他是一个议会专家，尤其在委员会中，他的工作是十分出色显著。他是一位政治学者而不是政治表现家。他在美国立法上的贡献，很少议员能与他相比的。

一九三六年参议员改选时，罗斯福总统与诺律斯乔治并坐议坛上面。罗斯福演讲说："诺律斯乔治先生的候选，超过州与党的界限。在我们老政治家中，没有一个人能像他积累多年的政治智慧，为全国青年所仰望。他是美国重要的代言者，大家帮助这位伟大的美国人，使其能继续历史的任务。"罗斯福赞扬的诺律斯乔治先生，正所谓超出地方与党派的界限。他在议会中，前后继续做议员达四十二年。在美国议会生活的记录，他是空前的。尤其奇突的，这位参议员违反了政党政治一切的基本规律。他论事不论人，谈问题不谈党派。他反对分赃制度，在众院十年中，他从未要求按照成例，推荐一个人去当政府差使。他在一九一二年大选拥护老罗斯福，一九二八年大选拥护欧耳史密斯，乃至最后拥护小罗斯福。诺律斯常讲："党魁支配党员，是否认民主政治的基本前提。"他不赞成组织第三党。他认为第三党组成，还是照样听命于党魁们。诺律斯的政治哲学是政治独立，他的独立性，比小福雷脱还有过之。强生教授曾经综合诺律斯成功所在，说诺律斯违反政党政治一切信条，而终能在议会站住四十二年。其秘决在三个特长："真实、勇敢、独立。"一九一七年美国对德宣战，诺律斯是投反对票的。他回到家乡，对着愤怒的听众去报告经过。听众为了他的勇气与独立精神，最后还是欢呼拥护他。

前任纽约市长葛底（Fiorello La Guardia），是美国独立政治家一位怪杰。拉葛底的政绩，可以说是一位独立政治家的成功史。人家称他是“没有政党的一个人”，或是“一个党”。他除了做过国会议员，他任纽约市长前后达十二年之久（一九三四——一九四六）。他虽自称系共和党，但共和党内见他无不头痛。在他一生中，曾经竞选十四次。在他九次竞选市长中，曾经变换过九次党籍。他是一位政治表演家，为了目的，亦常不择手段，但目的达到后，立刻放弃并且斥责自己所用之手段。他担任纽约市长最久，他的成功也就在纽约的政绩。在世界万恶的最大都市中，他能办到肃清贪污、排除各种恶势力。在他市长任内，把纽约市内的窃盗赌窟，各种有组织的骗局，均一扫而空，他的政府是绝对廉洁的。在纽约市内火警时，市民常见他戴着钢盔，在火场前后忙乱，指挥消防人员动作。在纽约中央公园内，他常常领着市政府乐队在那里演奏（他的父亲是乐队领队）。在市政厅面前，市民亲见他挥拳打倒著名的骗子。在市长衣袋中，常常会摸出一块羊肉排骨。他告诉市民现在的物价，三毛钱只能买得一块羊排。拉葛底每星期日下午，在无线电广播中与市民谈话（Talk to the People），三十分钟谈话，他无所不谈。他在广播中告诉家庭主妇，怎样能炖成一碗鲜美的汤。再告诉主妇应该如何对待杂货商及肉店，鸡蛋及童鞋，时价应该多少。他要求如有故意抬高价格者，请市民立刻报告他。他在广播中忽然会朗诵许多市民给他的信，对责骂及恭维的信，他分别加以评论。他有时在广播中评论当世人物，有一次在称颂诺律斯乔治的生前懿行，在广播中号啕大哭起来。他的怪态，虽有许多人讨厌，但因为他真为市民做事，故能替纽约市兴利除弊。所以他在政治上尽管独来独往，还能得着极大的成功。

四

最后，让我略举几位中国历史上独立之士：

（一）谯玄，汉成帝时，州举玄诣公车对策，高第拜议郎。成帝始作期门，数为微行。立赵飞燕为皇后，后专笼怀忌，皇太子多横折。玄上书直谏，不省纳。久稽郎官，王莽居摄。玄纵使者车，变易姓名。间窜归家，因以隐遁。后公孙述僭号于蜀，连聘不诣，述乃遣使者备礼征之。若玄不肯起，便赐以毒药。太守乃自赍玺书，至玄庐曰：若高节已著，朝廷垂意，诚不宜复辞，自招凶祸。玄仰天叹曰：唐尧大圣，许由耻仕。周武至德，伯夷守饿。彼独何人，我亦何人，保志全高，死亦奚恨。遂受毒药。玄子瑛愿奉家钱千万以赎父死。太守为请，述听许之。玄遂隐藏田野，终述之世。时兵戈累年，莫能修尚学业，玄独训诸子勤集经书。建武十一年卒。

（二）李业，公孙僭号，素闻业贤，征之，欲以为博士。业固疾不起数年。述羞不致之，乃使大鸿胪尹融持毒酒，奉诏命，以劫业。若起则受公侯之位，不起，赐之以药。融譬旨曰：方今天下分崩，孰知是非，而以区区之身，试于不测之渊乎。朝廷贪慕名德，旷官缺位，于今七年。四时珍御，不以忘君。宜上奉知已，下为子孙，身名俱全，不亦优乎。……业乃叹曰：危国不入，乱国不居。亲于其身为不善者，义年不从。君子见危授命，何乃诱以高位重饵哉。融见业辞志不屈，复曰：宜呼家室计之。业曰：以丈夫断之于心久矣，何妻子之为。遂饮毒而死。

（三）孔嵩，南阳孔嵩家贫亲老，乃变易姓名，佣为新野县阿里街卒。式（范式）行部到新野，而县选嵩为导骑迎式。式见而识之，呼嵩把臂曰：子非孔仲山邪。对之叹息，语及平生。曰：昔与子俱曳长裾，游息帝学。吾蒙国恩，致位牧伯。而子怀道隐身，处于卒伍，不乎惜乎。嵩曰：侯嬴长守于贱业，晨门肆志于抱关。子欲居九夷，不患其陋。贫者，土之宜，岂为鄙哉。式饬县代嵩，嵩以为先佣未竟，不肯去。嵩在阿里，正身万行。街中子弟皆服其训化，遂辟公府。之就师，道宿下亭。盗并窃其马。寻问知其嵩也，乃相责让曰：孔仲山善士，岂有侵盗乎。于是送马谢之。嵩官至南海太守，有威名，卒于官。（以上俱见《后汉书 · 独行列传》）。

今人好谈民主自由，亦好谈人格尊严。这就是自由主义尊重个人，发挥个性至善的要义。中国儒家讲“修身”，讲“成已”。“自天子以至于庶人，一是皆以修身为本”。“古之学者为己，今之学者为人。”“成己成物”，“立己”“立人”，充实自己，发挥自己，就是今天流行的“人格尊严”之注解。上面所引述的宗教上政治上乃至社会上的独行与独立，根本出发点，在先完成自己，再能扩大完成他人，或完成社会与天下国家。古今历史上惟有自己充实完美的人，然后能有所不为。怎样能有所不为？因为我们心中所守。“守”的是什么？我们良心良知上所认为的直道与真理。良心上良知上的直道与真理，就是我内心上的防线与堡垒。当我们采取守势，是有所不为。当我们采取攻势时，是“有所必为”。这样才能在万世天地独来独往，这样才能见祸福生死，漠然无动于中。我幼时在书塾中，老师出一个题目：“问陶渊明能为诸葛亮否”。这个题目，充分包含了独善与兼善的意思。出师表："臣本布衣，躬耕于南阳，苟全性命于乱世，不求闻达于诸侯。"所以诸葛亮与陶渊明，是中国伟大人物的两面。穷则为陶渊明，达则为诸葛亮。陶与诸葛，是互相表里的。换句话说，平时不能做独立独行之士，一旦有事，亦不能为忠臣义士。如果我们希望国家多出几位忠臣义士，便应于平时，多鼓励培养独立与独行之士。留心人才，应于这些人的"不为"方面，先去着眼。不必去欣赏赞叹其"为"的方面。我们闭眼数数，数十年来平时国家激赏的"忠贞"与"有为"之士，为什么不转瞬间，都成无所不为之人！

朱熹上宋孝宗封事："夫仗节死义之士，当平居无事之时，诚若无所用者。然古之人君，所以必汲汲以求之者。盖以如此之人，随患难而能外死生，则其在平世必能轻爵禄。临患难而能尽忠节，则其在平世必能不诡随。平日无事之时，得而用之。则君心正于上，风俗美于下，足以逆折奸萌，潜消祸本，自然不至真有仗节死义之事。非谓必知后日尚有变故，而预蓄此人以拟之也。惟其平日自恃安宁，便谓此等人材，必无所用。而专取一种无道理，无学识，重爵禄，轻名义之人。以为不务矫激而尊宠之。是以纲纪日坏，风俗日偷。非常之祸，伏于冥冥之中，而一日发于意虑之所不及。平日所用之人，交臂降叛，而无一人可共患难。然后前日摒弃留落之人，始复不幸而著其忠义之节。以天宝之乱观之，其将相贵戚近宰之臣，皆已顿颡贼庭。而起兵讨贼，卒至于杀身湛族而不悔，如巡远杲卿之流，则远方下邑，人主不识其面目之人也。使明皇早得巡等而用之，岂不能销患于未萌。巡等早见用于明皇，又何至为仗节死义之举哉。商鉴不远，在夏后之世。"这是《封事》中一小段，千百年后读之，使人发声振聩。所谓"临患难而能尽忠节。则其在平世必能不诡随"，正合我们所论述的独立独行之士。

一九五四年五月二十日

论外交教育

这是美英教育界二十余年来的流风：美英大学或专科学校中增设两种科目——一种是国际关系，另一种是新闻学。这两种科目，在二十余年前就最受青年学生的注意。凡以新式进步姿态号召的美英大学，几乎都有这两种新的科目，因为这两种科目对青年发生极大的吸引。国际新闻系和新闻学两种科目，渐渐由每周几小时的课程而扩大成一学系。有的学校且更将学系扩大成为学院。这两种学系的目的，具体言之，前者为训练外交官，后者为新闻记者。关于新闻教育近十余年在美国的发达，这是大家耳熟能详的，不用再为介绍。至于国际关系或外交学系近年在美国大学中的情形，与新闻学系却有并驾齐驱之势。据美国报章杂志所透露，美国设有外交学系或国际关系的大学，已超过五十个大学。英国伦敦大学政治经济学院外交史权威韦白斯妥（Sir Charles K. Webster）的书，近来在美国大为畅销，实与美国大学对外交学程之兴趣大有关系。

英国前任工党内阁外相莫里逊，前年下台前在国会中大声叫呼："帕麦斯登的时代已经过去了！"这一种呼叫，使人联想到英国在外交上的过去。喀斯雷尔（Robert Stewast Castleragh 一七六九——一八二二），欧保定（Aberddeen 一七八四——一八六〇），帕麦斯登以及莎列斯堡利（The Marguess of Salisbury 一八三〇——一九〇三），这一连串的名氏，使人回忆十九世纪英国外交史上的种种，更使人追问英国的外交家是怎样训练的。我在英国时曾经向韦白斯妥先生提出这个问题。他对我这个发问，表示甚为惊奇，他把肩头一耸，低声答语："伊顿，哈罗，牛津，剑桥。"他的神气，似乎怪我多此一问。而在英国论坛中，确实极少提出这个问题。英国外交官的选择，当然政务与事务的区别很严格。事务官的养成，一概要经考试后到外交部或使领馆去实习，积资渐递升。至于外相、大使或公使的人选，究竟凭什么标准去决定，这是极难答复的问题。英国十九世纪史学权威阿克敦爵士（Lord Acton），在十九世纪末期，从他的家世、学术、交游、声名以及与格兰斯敦的关系，无论从那一个角度看，都是一位最理想第一流的外交使节。就是阿克敦勋爵自身，亦认为他对这种职务，自信能胜任愉快。当时英国驻德大使三次出缺，朝野揣测，继任人先，一定是他。最后一次，阿克敦勋爵竟致书格相自荐。然而格兰斯敦始终没有发表他去做大使，仅仅请他做宫廷大礼官。阿克敦最后去剑桥讲学，虽亦为格兰斯敦所推介，然在阿克敦爵士，终有未曾展布经纶的余憾。这一件历史上的例外，不能说明英国选用外交官的标准。英国外交上政务官的标准，到今天还能保持“通材”的传统。英国大学中，今天外交课程，一如新闻的课程，决没有像美国那样的专门化或专业化。乔治肯楠近在五月份大西洋月刊发表一篇《政治家的训练》的文章，内容完全是讲外交官的训练。他在文章开端说：“我们对美国大学或专门学校中对于外交课程所费的时间与心力，似乎不必去苛责。照现在的情形，美国每一所大学的文科课程中，几乎无不设置外交课程及关于外交方面的活动实习。甚至许多专门性技术学校，亦开始设这种课程。”这个消息，对我们还是新颖的。在我们大学中，只有过去对新闻学发生同样的兴趣。乔治肯楠对美国教育界注意外交教育，原则上没有意见。他对于训练的方法，提出许多意见。因为篇幅的限制，我无法将他全部介绍，只能扼要地把他的结论介绍于读者。

“谁想了解外交，决不能单从关税税则的奥妙，或者条约的分类，或者国际联合会的序文与联合国宪章的不同，或者如何反映民意的技术——这许多技术方面去了解外交。国际事务原来是各个政府的行为表现，而各个政府的行为，还是个人在政治意义上的行为。并且是下列许多基本行动的动作表现——如民族感情、慈祥之心、野心、恐惧、嫉妒、自私以及爱群等等，这是一个人在人群社会中一切行为的原料。

“谁懂不了这许多东西，谁就无法了解国际间交互关系中发生的事情。那些专注于国际关系的课程中，并不能使学生了解这许多。如果他想了解真正的国际关系，还是从几千年来公认的人文研究的要素中去学习，从历史中去了解国际关系，从文学及艺术中去了解国际关系。

“这是我今天的呼吁：许多有志于外交的学生，让他们去读圣经；读莎士比亚；读柏鲁泰希腊罗马英雄传（Plutarch）；读吉朋的罗马衰亡史（Edward Gibbon:The Fall and Decline of Roman Empire），或还让他们去读拉丁及希腊文。让他们珍视根据荣誉制度而产生的个人行为观念，让他们去维护那尊荣忠诚的行为规则，并且让他们在各人内心建树自克自制的美德。这种美德是执行公务的完整品格所必需的，这才是造就青年子弟应付国际关系最基本的学养。其余国际生活中所发生各种近事之条分缕析，不过是教学的浮面，只是浮面而已。”

肯楠这篇文章可以引用的地方甚多，而他论外交教育最主要之论点，在于用自由教育去培养专材。换句话说，就是用培养通才的方法，去培养专才。肯楠今年正是五十岁方过的人，照时间推算，他受大学教育的时候，应是杜威教育哲学高潮之日。他今天发表这种议论，我们从教育思想的角度看，知道美国的教育思想，经过实验主义的高潮而又进入一时期了。另从外交教育的角度看，美国今天的外交界，身历其境者或已感到有变的必要了。

我曾经比较美英两国关于这方面的人才训练方法，原理训练与实验训练，双方均有过与不及的弊病。我们可以告诉肯楠及美国留心外交教育的人士，美国外交人才的训练实在应该变方向了。借肯楠先生的话来说，他们对人文的研究太浅薄，他们不会读莎士比亚，也不会读吉朋与柏鲁泰。美国要想在自由世界中掌握领导地位，这是应特别注意的。读了肯楠的文章，使我立刻联想的一个问题，便是新闻教育问题。肯楠对外交教育的主张，正与我多年来新闻教育的主张一样。美国的新闻教育，用学术的眼光看，本来可议之处太多。中国十余年来，所谓新闻学的推广，看上去堪与美国相比，但是经过仔细调查后，这种情形实在应当儆戒的。如果一个青年学生，为了逃避数理文法各科的严格繁重而去学习新闻学，又为了学了新闻学，在社会上或可走捷径，这不但贻误青年自身甚大，即对社会，更有说不尽的患害。乔治肯楠说美国有志外交的青年应读圣经、莎士比亚、柏鲁泰及吉朋。我想美国有志新闻的青年，也同样应该读这许多书。至于中国青年有志于外交或新闻者，他们不仅应该读五经四书，读资治通鉴、读史汉、读文选、读唐诗、读宋词，还应读莎士比亚、柏鲁泰及吉朋。我们忧心忡忡的，是今日所见者，为大家读英文、习会话、习礼节。千百人中有几人读史汉，读文选！更有几人读柏鲁泰及吉朋！今日寥落天地中，读史汉读文选的人，只能关着门孤芳自赏。而兼读柏鲁泰、读吉朋的人，只有入山惟恐不深了！

中国在前清末年盛行一种速成学校，而以速成法政学校为最盛，这当然是从日本抄袭而来。速成教育的害人害社会，真是一言难尽。民国成立至今四十二年，国家教育应该逐渐走上轨道，不料速成教育的风气，到今乃有变本加厉的趋势。

这是国家社会向后倒退五十年的象征！读过肯楠论文以后，我们对时局的忧虑，正不知加深了几倍！

一九五三年五月台北

外交的变质（节选）

英国外交史权威韦白斯妥教授（C. L. Webster），二十二年前在伦敦大学讲堂上讲维也纳会议，纵横议论泰勒朗、梅特涅、喀斯雷尔、肯宁诸人物。他忽然感慨地讲：现在和将来的外交界与外交使节，要发生极大的变化了。二十年来我读现代外交史料，常常回想起教授这一句话。他讲这句话的时候正在第一次大战后，第二次大战尚未发生。由今思之，今天世界的外交界与外交使节，比较十九世纪，近一点说，比起二十世纪的初期，真是根本变质了。

先说外交界。第一次大战以后的十年中，其形式与人物，变化并不甚大。许多外交上的礼仪及方式，都尚不脱战前的典型。到了二十世纪的三十年代，外交上的方式与人物，却发生重大变化。凡是从前在外交界惯用的礼仪词令，在三十年代都废弃了。讲到人物，从三十年代起，以前外交界所注重的资历与训练，也完全改变了。这其中的主要原因，是法西斯与纳粹政权的崛起。这两个极权国家的政府，把欧洲几百年的外交传统都推翻了。因为这两个政府是独裁的，其政权的性质是带有神秘性的，他们办理外交，不必顾虑民意，漠视世界大势，更不管道德与法理。他们外交的目标是怎么，他们所用的外交官，也只须得着希、墨两酋的信任，资历、声望与修养，都可一概不管。三十年代国际外交坛坫上变化，反映着这种极权国家对世界和平组织的破坏。这种外交上的"流风余韵"，到第二次大战结束后，可谓发挥尽致。

外交界在近几十年的变质，自然联带影响到外交界的人物。维也纳会议以前的国际外交人物，其社会背景几乎多半是贵族。十九世纪整个世纪，大致也跳不出这个范围。不过其贵族的性质有点变化，以前所谓贵族，完全是土地阀阅的贵族；而后来的贵族，则偏向于智识与教育方面。英国政论家白芝浩论英宪，有一章专论贵族，他说贵族惟一的用处，是做外交官。白芝浩的英国宪法论，问世已经九十年了，今天我们回想他的说话，并不能以时代变迁而尽废其言。薛西尔于一九二七年在伦敦出版的《英国外相》一书（Algernon Cecil: British Foreign Secretaries）书中有一张统计表，统计英国二百年来外相及大使的教育与家庭，大概出身牛津、剑桥、伊顿、哈罗学校者居百分之八十以上。薛氏对于外交官的养成，十分强调于自由教育的重要。就近代政治制度而论，外交部长与大使，都是政务官。政务官的任务，在于决定政策，制定政策，此与仅仅服从命令，执行政策者，极有分别。近代历史上两国和战之局，关系于外交部长大使者，甚为密切。譬如就第一次大战而论，奥匈帝国皇太子在一九一四年七月被戕以后，如果奥、俄两国的外相，不是那样刚愎暴戾，世界大战不致于立即爆发。尤其奥国外相波契托耳（Count Berchtold），他的思想行动，是惟恐奥、塞两国不出于一战。奥国对塞尔维亚最后通牒中所提出十条要求，塞尔维亚政府已接受了七条。英外相格雷紧急提议在伦敦会商解决，终不能使奥外相的回心转意，卒致造成那样滔天的奇祸。

从十九世纪末期到二十世纪初期。外交使节的人选，是各国政治上一件大事。在那时期直到现在，凡是一国外交重点所在的国家，其外交使节无不以第一流人物去充任。所谓第一流，包括在政治关系上，学术地位或社会关系上。研究政治或历史的人，当然不能忘记蒲徕士（Viscount James Bryce 一八三八——一九二二）的名氏。他是本世纪初期英国驻任美国最久的一位大使。英国当时派遣他去出任大使，正因美国当时势力扩充至太平洋，英美关系又临一度微妙的关头。三十年来，我于英儒白芝浩、戴雪、阿克敦及蒲徕士，低徊寻诵其文章，百读不厌。欣慕想望其为人，数十百年后尤为之神往！第一次大战前，法、德诸国派驻英、美国家的大使，都是学术文章第一流人物，如法国的朋松昆仲，德国的波恩斯笃夫伯爵，其著作至今为人传诵。美国立国较迟，然其开国之初，对驻欧使节即特别重视，富兰克林、杰佛逊与麦迭孙都是开国英豪，然均分别前后担任使臣，出驻欧洲。在两次大战中，美国元首喜派特使来往各国，如威尔逊总统的浩斯上校（Colonel House 一八五八——一九三八），罗斯福总统的霍布金斯（Harry Hopkins 一八九〇——一九四六）。两位先生虽非外交官出身，而均有其卓特之天才。近时批评浩斯上校者颇不乏人，然在英外相格雷《我的二十五年中》所记，浩斯上校实在是一位有才干的人物。威尔逊信任浩斯上校，至今历史家批评他专用朋友私人，不用公人。因为当时美国在国际负重望的人如路德（Elihu Root 一八四五——一九三七），罗威尔（A. Lawrence Lowell 一八五六——一九四三），威尔逊或因党派，或以私人关系不密，均摒弃不用。罗斯福后来派遣的威尔基游聘各国，他完全想避免威尔逊的覆辙，亦可见罗氏的恢宏大度，其才德均过威尔逊远矣。第二次大战中，邱吉尔继任英国首相，据其回忆录所述，第一考虑的外交问题，为加强驻美使节。他第一个考虑的人选，为劳合乔治。他认为必须像劳合乔治那样的资历与分量，然后可以加强对美外交。后来他请乔治谈了几次话，觉得第一次大战中英国战时首相，已经老了，怕不能负此重任。所以改派保守党的重镇前外相哈里法克斯勋爵去担任。哈里法克斯之后是法朗克斯（Sir Oliver Shewell Franks），已在工党执政时期。法朗克斯是英国牛津大学著名的哲学教授，直至最近方去职，就任北大西洋公约组织秘书长。

第二次大战后美国派驻苏俄的大使，在白宫中是费尽考虑的。如史密斯，如寇克，都各有其特点。今年初派遣的乔治季楠，是兼有外交官与学者之长。美国近百年的政治社会，受了实验哲学极深的影响，其政治、外交与经济等研究与运用，都注重客观的研究与试验。现在美国的外交家虽尚未无如古德诺博士其人，或者季楠将来可望坐此交椅，作为一位美国外交政治的实验学者。现在美国各种社会科学研究所，风起云涌，一如自然科学的实验室。今天美国政治上的专家，恰如自然科学中的工程师。乔治季楠在俄国有十六年的历史，他此次被命以前，再经过国务院与芝加哥大学外交研究所的实验。我在此特别提出乔治季楠的例子，意在指出变化中的外交界，美国所走的路，也许是外交改造的一条新路，值得自由世界仿效的。

一九五二年十月

释“威权主义”(Authoritarianism)

立法委员张道藩于二月廿六日在立法院质询吴国桢在美言论。他引用吴国桢二月十六日在美国芝加哥寓所接见合众社记者所发表的政见。其中最末一段，吴说：“他深信目前的政府过于专权（The Present Government is too authoritarian）”（引张氏发表的原稿）。吴案是十天来报纸上最热闹的新闻，我无意于此时来凑热闹。但是几天来许多朋友都谈到“专权”（Authoritarian）这一个名词，有人疑问这一个名词含义并不太坏吗？有人问这与专制独裁不同罢？更有人推想吴国桢用这个字，其原意或许还有分寸。张道藩在立法院质询中所说，不太武断且冤枉他吗？因为几天来不断有人向我提出这许多问题，我想把这“专权”的名辞，从学理上作一个简单的解释。

首先，我想对Authoritarianism 译为“威权主义”，其形容词Authoritarian译为“威权主义的”。威权主义是一种反民主的政治哲学，也是一种反民主的政治制度。从历史的眼光看，在任何政体之中，——不论其为君主，为贵族，或为共和，——都可产生威权主义。在一个政府中，其人民的基础愈小愈薄，那就是威权主义的趋向愈强愈大。而在“一人政府”中，不论其为君主专制或个人独裁，威权主义的色彩必更显明。威权主义源流虽极久远，然这一名辞的引用，则在二十世纪，反对民主与拥护民主的人，都喜欢引用这一个名词。而拥护民主的人，特别乐于引用这一个名词去斥责与民主为敌的许多制度——如纳粹、法西斯等。所以在现今，“威权主义”与专制（Despotism）；暴君（Tyranny）；独裁（Dictatorship）及极权（Totslitarianism）都同时并用，毫无区别。

美国芝加哥大学政治学教授摩琴托亨士先生（Hans J. Morgenthau），是现代讲权力政治的权威。他的名著《科学人对权力政治》（Lcientific Man Vs Power

Politics ）一书，是近代讲权力政治一本最完美的书。据摩琴托教授的解释：威权主义政治有三个主要的特性：第一：威权主义政府政权的来源，不是被治者的同意，而是统治者本身特殊的及专属的权能。统治者凭其本身这种特殊与专属的权能去治理国家，不许任何其它人参加他的最高统治权。第二：威权主义政府在运用其统治时，其政府对运用权力享受统治权，不受通常宪政的限制。第三：在威权主义政府之下，普通宪政常轨上的讨论与投票，均在排除，而代以在位者的决策。在此种政治制度下面，所谓普通人民推选代表，实行自治的信条，完全被推翻。一切政治决策，全赖在位者自己个人之独断。所以林肯总统所说民治、民有、民享的政治，在威权主义政治下面，也许可以勉强说"结果"是为着"民享"，然绝对不能说"民治"与"民有"。而其实，在威权主义下面，"民治""民有"固说不上，"民享"的只有战争与毁灭。普鲁士保守主义的理论家史达尔（F. J. Stahl）于一八五〇年对当时要求宪政的群众高呼："我们要的是威权不是多数（Authority,not Majority）！"

威权主义在理论上的根据，在历史上看，大约不出三类：一为神权观念；二为制度化论；三为超人理论。关于第一种神权论的威权主义，我们可引帝俄沙皇来做代表。沙皇在沙俄，自认并被认为是上天所指定的国家与正教的首脑，任何法律不能限制他的权力，他个人可以决定政府的任何大政方针，什么宪法、国会、选举、独立的法庭以及报纸，及高等教育等，都可无需。因为这许多东西，在神授特权的政制中，都是危险并足以混淆真命主宰的意志。东正教大臣帕白唐纳斯脱夫（C.Pobedonostsev）曾经说："威权的任务，伟大而神圣。名符其实的权力，对人民是具有何等感召，对行动是如虎添翼。追求真理与光明之人，看见这样的权力运用，未有不欢欣鼓舞。"（见帕氏《俄国政治家回忆录》一八〇八年版）

第二、制度化的威权主义论，可以举黑格尔做代表。在黑格尔的理论中，国家不仅是最有力的社会组织，并且是人类在世上所能完成之最高道德。国家至高无上，它对人民可作任何要求，亦可凭其权力决定政府的任何行为。世上任何事物，对此最高权力必须屈服。十九世纪的普鲁士，就是黑格尔国家权力主义的实现。二十世纪中德国人民与政府的关系，都受这一个理论而形成强力深固的传统。威廉第二也可说是这一个理论的极端实行者，一八九一年他在菠茨坦召集德国后备兵，在宣誓典礼中他讲演："在此神坛及神授的君主面前，你们宣誓向我效忠。你们也许太年轻，不太明白刚在所说之重要。你们第一个责任，是盲目的服从我的一切命令。你们现在对我宣誓，你们就是我的卫士及士兵。你们已把你们的灵魂与肉体交给与我，你们现在只有一个敌人，那就凡是我所认为的敌人。鉴于目前所谓社会主义者的倒乱，有一天我也许命令你们向你们的亲戚，向你们的兄弟，或向你们的父亲开枪射击，——上帝鉴临，亦许不致到此地步——在那种场合，你们只有盲目地服从我的命令。”这是制度化威权主义在历史上一种极端的事实说明。

第三、超人的威权主义，这一派的威权主义论者，其理论根据，建筑在个人或一群人的个人。这一派论者从叔本华、尼采的思想，附会于现实的超人政治。他们认为某一个人或一群人，他或他们是超人的。具有超人智慧与能力的人主持政府，统治全国。他们的行为与权力，都是绝对的，不受任何限制，犹如上述的国家至上。在这里，个人超人的道德、智慧与能力，当然无所不能，无不可为。墨索里尼、希特勒都是天纵神明，超凡迈群。他们永远不会错，他们永远应该指导人民。“杜士Duce （意大利领袖）是永远对的”。“反裸Fuehrer（德文领袖）命令，我们追随服从”。在个人威权主义下面，当权者的决策行动，可以代替全国人民的聪明才智。在二十世纪中，法西斯、纳粹独裁，都属于这一类的威权主义。墨索里尼、希特勒是其代表人物。

在此短文中，不容我将“威权主义”再详细解释下去，更无法再与其它制度及理论比较评论。但就上述所解释，大家可以明白，威权主义的含义！威权主义的政府，在历史上、在世界一般观念中，是怎样一个形态！“太威权主义的”在现今世界社会科学用语中，和专制、极权、独裁等名辞，已经毫无分别了。这是我根据许多权威著作而敢于肯定下断语的。

一九五四年四月

论传记文学

英国史学家李雪特（Sidney Lee），在他的《传记原理》一书中说："传记之兴，是餍足人类纪念的本能。""纪念"就是怀旧或思古，人情乐于怀旧，亦喜思古。所以关于古人的行谊事略，很自然地会发生兴趣。

中国的大史学家刘知几在《史通》自序中，有这样一段记载："年在纨绮，便受古文尚书。每苦其辞艰琐，难为讽诵。虽屡逢捶挞，而其业不成。尝闻家君为诸兄讲春秋左氏传，每废书而听。逮讲毕，即为诸兄说之。因窃叹曰：若使书皆若此，吾不复怠矣。先君奇其意，于是始授以左传，期年而讲诵都毕。……次又讲史汉三国志。于是触类旁通，不假师训。……"刘氏这段文字，是说明在读书的启蒙时代，读历史比读其余的书籍，容易发生兴趣。但是我们自己的经验，小时候对《史记》《汉书》中各篇，对《书》绝不感兴趣，《本纪》次之。惟对《列传》则直如听弹词，或读故事。《史记》里面几篇有名的列传，四公子传，及游侠列传等，不但其事实容易发生兴趣，联带对文字亦觉其朗朗易于上口。这种情形，在启蒙的幼童中可谓极其普遍。这又说明我们对于传记的兴趣，是人类性情中所固有。李雪特所说"餍足人类纪念的本能"。可以知道人类心理中原来有此种本能蕴藏着。史家与传记家的工作，在能使过去或同时的特异人物之言行，常常呈现于人们的记忆中。

中国对传记学问，可以说是讲究的。传记在中国文学中占有一个极重要的地位。中国的传记，不但量的方面丰富，就是理论方面，也有相当的贡献。如史通一书，可以说是中国史学的典范。他的作者对于传记亦有精到的理论。史通论列传："纪传之兴，肇于史汉。盖纪者，编年也，传者列事也。编年者列当王之岁月，犹春秋之经。列传者，录人臣之行状，犹春秋之传。春秋则传以解经，史汉则传以释纪。”可是我们从历史的眼光去研究，从史汉的列传起，到近时古文体裁的传记墓志，形式格调极少变化。照我们读书经验来说，从《史记》《汉书》的列传读下来，数千年中唐宋元明清各代的传记墓志，都是刻板的式样。直到庚子以后，李鸿章死后，《新民丛报》发行梁启超著的《李鸿章》。当时读者感觉这篇大文章，似列传非列传，似墓志非墓志。虽然大家对于这种文体，感觉有点怪诞不经，但读后的回味，似乎比什么行状墓志神道碑，来得亲切逼真。二十年前新文化运动以后，时流文坛中曾流行作自传。虽然名人所写的自传，数量并不多，可是自传也流入了中国，替中国数千年传记之学另开一个面目。中国传记之学原来甚为丰富，可是数千年来的进步甚少，《李鸿章》传不能不说在中国传记学问上，开一个新记录。但是从现在研究西洋传记的眼光来看，《李鸿章》传不过因袭十九世纪上期西洋传记的一点形貌。

传记既是人的活动，记载的理论与技术，就应跟着人的变化而改造。人的思想行为不断地在那里变化，人与人的关系也是如此。人类的饮食起居，各个时代不同。人类之关系，亦有同然。譬如父子之间、夫妇之间、主仆之间的关系。现在的情形，决不同于一百年以前。也可推想一百年以前，当然不同于五百年前。变的迟速纵有不同，然其不断在那里变化，则一。如果我们必欲用五百年甚至一千年以前的理论与技术，来写现在人的传记，既不能亲又不能切，就不能发生预期的作用。

西洋的传记学问，在我们研读各种传记的时候，由时代人物，似乎立刻可以感觉它在那里进步。英、美、德、法诸国是传记最发达的国家，但是我们如果把十九世纪维多利亚时代的传记来比二十世纪的几本名著，其差异立时可以发现。举一个例：如约翰生的著作，穆莱的格兰斯顿传，屈莱佛瀛的麦考莱传，与史屈莱基的维多利亚传，及鲁德威格的威廉传，或歌德传。再如尼古拉生及格达拉的著作，不必翻开书来细读，就凭两种书的外形看看，便觉不同。一方面是那样的卷帙浩繁。另一方面是那样的简练灵巧。再翻开书来读读，前者引证的信札日记，篇幅浩繁。后者搜集的材料，简约明了。前者议论与事实参半，主观的判断充满纸面。后者只看见事实，而其评议，让读者自己去体味。

维多利亚时代是英国传记最发达时期，英国那时候的传记为什么特别发达？此与当时英国社会的风尚，极有关系。当时英国中人之家死了一个人，其家庭或是亲朋，必为死者物色一位作家写一篇传。作传之目的，自然希望揄扬死者之各种美德。在美国，牧师是常替人做这种工作。作传在当时英美人心目中，是一件百年大事。家庭亲友视此为其后死者之责任。还有若干思想周密的人，在未死之前，自己就选择好作传的人，预为他年不朽之业。英美人在当时，选择死后作传的人，犹如选择其遗嘱执笔人同样的谨慎。在当时一般传记中，死者之日常生活，工作状况，及其弱点与错误，有意置之不论。作者虽能参阅传中人的日记书札笔记等各种文件。但必须隐恶扬善，保守秘密。家庭亲属对于传记内容的审核谨严，过于勘视墓地。所以传记者只能称颂美德，在传记中的人，个个是行能兼美的完人。

维多利亚时代一般的传记，照中国的说法，就是所谓"谀墓"之文。民间一般的传记是"谀墓"之文。当时的名家大手笔，他们的用心，自不能与此流俗并论。但是他们的心理上，有一个共同的病，就是崇拜英雄的迷惘及偶像主义之造成。崇拜英雄不一定就予排斥。尽量宣扬伟大人物，可以提高做人的标准。坦白流露伟人的弱点足使庸人自慰愚陋。但是此种夸大的流弊，易于失真，不易使人置信。近时研究传记的人，批评维多利亚时代的作者，所描写的仅是一个人物的面具。只许人家在正面，看其面具，不许人家到侧面或后面去看。他们绘画的，不是一个人，而是一个超人。他们所放映的，是戏台上的人，而不是卸了戏装与下台的人。所以格兰斯顿并不完全像莫尔所形容的。这几乎是英美一致所承认。

史屈莱基（Lytton Strachey）是史学界共认的新新派的宗师。在二十世纪英国文学界中，小说家中之黑胥黎（Huxley）、福斯脱（Forster）、佛基尼吴甫（Viginia Woolf），犹如传记家之史屈莱基、尼古拉生（Nicolson）及古特拉（Guedlla）。这几位作家对维多利亚时代的作风，都有极大的矫正与改革。史氏两本名著，一本是《维多利亚女王》，一本是《维多利亚时代名人》。在这两本书中，他并没有一句话菲薄书中所载之人。他没有一句评语，他始终保持客观。但是描摹书中各人的真相，瑕瑜美恶，没有丝毫的隐藏。他同样引证书中各人生前的信札日记，很巧妙地排列起来，使读者洞见各人的真相。譬如在维多利亚女王传中，读者寻觅不见有一句话，非议女王。但是书中许多事与引证，活活显现一位肥硕果决而身材微小的女子，刻画她高傲而易受谄谀，感情丰富而倔强。史氏富具一种幽默家的文学技术，他自己决不在书中出现，他对书中人不下批评。他在书中人的背后行动，他模仿书中人的一切行动，而仍保守其严正之态度。他描写女王王耦阿尔勃脱王子，由他的性格表现，衬托他们伉俪之情。这一位富有的大英帝国的异族入赘王耦，性情身世，只有这位大作家能体会得出。所以旧传记派者名之为偶像主义者，新传记派或可名之为破坏偶像主义者。新旧传记两派中最大的不同：新传记派心理上为破坏偶像，而方法上是艺术的。什么是艺术？

人加上天然就是艺术。单是人不是艺术；单是天然也不是艺术。传记的功效不仅是痌瘵的，应当是艺术的。艺术的功效，实过于道德传记与小说不同，传记是真实，不是意想。改良真实，惟有认识真实。隐藏真实或歪曲真实，结果既不能创造真实，还不能认识真实。

新传记家与画像家的原则是相同的，他们的傻，同是面对着一个已定的真实。在现成的材料中，要造成线与色的调和。他们要选择，要淘炼。在模型的面部上，不能多加一条线纹。用压抑，用集中的各种手段，使观者一望而得着画像的重要印象。这个原则，正是传记家同样应该注意。传记家与画像家，不能对描画的人，于其真相，主观的有所发明。他们对其手中的模型——画像或传记要忘记自己，不要以意为之，妄自发明。

新传记家应该注意的几件事：第一、应该注意年月时序。中外传记对于这一点的情形大概仿佛。旧时古典式的传记对时间次序最忽略。欧洲古代传记家如普鲁泰（Plutarch），对年月极不注意。他们记叙一个人，往往先讲一大半事实。在书中人死后，又来零星地回溯，最后来一段评赞。中国史中的列传，可以说与此近似。中国人至今写古文，有时故意要把确定的岁月，写成某年月日，以为非如此不能拟古。中国纪事文中，最多见"初……""先是……"，这是从《左传》流传下来。至今古文家作文，对某事某地，明明知道的，也不肯写出，以表示其古文笔法。维多利亚时代传记家常用之笔调，"某大诗人生于某年月日"，好像那位诗人，生下地来就是一位大诗人。我们读传记情愿看生下来就成功的大诗人呢？还是情愿看一位如何由小学中学大学而成功的诗人呢？第二、新传记家应该避免偏重于道德的批评，此中理由已有详论。第三、新传记家对于材料，应有严密的选择剪裁。现代新传记家所描摹的不是塑像，而是人。传记家必不得已而要使读者得着若干评赞的批示与其自己下断语，不如引证传中人当时朋友或敌人对他的批评。

传记之学，对社会组织与人类行为有极大的影响。中国传记之学，原极丰富。在教育或社会的立场上，我们要提倡这一门学问。在学术的立场上，我们应综合中西传记学的演进，力求其完善。八年的对外抗战，在中国历史上是空前的。当前的大时代中，必有许多类型的人物，可以从传记文学中流传到后世。传记文学若因大家注意而研究改进，以我们历史的丰富，必能在将来产生特异的作品，对人类文明上作伟大的贡献。

上面一篇文章题为《论传记之学》，是我二十年前的旧作，《传记文学》杂志发行人刘先生，在我的《历史文化与人物》文集中发掘出来。他问我是否可以再予发表，并问我有无新的意见增订。我把这篇旧作细细校阅一遍，大体上这篇文章的理论，到今天还是适用的，《传记文学》想把这篇旧文再为发表，我并不反对。在此二十年中，传记文学方面的新著，当然相当丰富。但我现在特别提出三本书来，请有志于此者加以特别的研究。第一本书是英国尼古拉生所著的《英王乔治五世——他的生平与王朝》（King George V：His Life and Reign，by Harold Nicolson），伦敦Constable & Co. Ltd.书店一九五二年出版。尼古拉生不但是英国今日活着的大传记家，还是一位特异的外交政论家。这本书出版后，在英美两国方面，曾经一致引起赞美的好评。据尼古拉生序文中说，英国王室对乔治五世传记的撰述，分成两个部门，分别请两位大家撰述。一个部门是注重乔治五世的个人性格，私生活以及其家庭，与交游方面，这一部门的撰述，当时是请谷耶（John Gore）先生担任。谷耶先生的书名《乔治五世——一个个人的回忆》（King George V：A Personal Memoir），一九四一年伦敦John Muray书店出版。第二部门是关于乔治五世的公生活方面，注重在他王朝中对各种大事之态度及处理之叙述。这两本书，都是治传记学的人不可不细读的书。英国王室对故王传记的撰述，分成两个部门，与执笔者人选的选择，都是值得赞许的，也可由此窥见传记之学在英国今天的进步。除了上述二书以外，还有一本旧传记而新增订出版的，便是邱吉尔为其父亲所撰的传，Lord Randolph Churchill by Winston Churchill，伦敦OD HAMS Press Ltd.1952出版。这本书远在一九〇五年初版，到一九五一年六月再版经增订出版。我所以举出上列几本书，不是说二十年来，英美两国出版界，没有其它好的传记而是上列三本书是值得特别研究的。我所以提举上述诸书，著者的才识与学问固然重要，然于此而外，还应特别注意的，一是替本国本朝大行皇帝作传，一是替自己父亲作传。我们看看人家在今天是怎样替自己的君与父作传的。体裁、取材、态度、及立场，样样是值得我们学习的。不是说新传记中便可随便乱写，乱用材料，乱下批语颠倒错乱了自己的立场。君臣父子终还是君臣父子，不是假借“客观史学”一个名词便可乱来的。尼古拉生与邱吉尔这两本书，有志传记学的人应该拿来好好研究的。

其次，讲到中国的传记之学，我二十年前的旧作中对于“谀墓”之文，曾经加以指斥，近年在台湾，我有机会把清朝人编的《碑传集》、《续碑传集》、及《碑传集补》细读一遍，觉得中国旧时碑传之文，有许多在体例及态度方面，是不能一概予以排斥的。态度的庄重与含蓄，是我们传记的特长。公是公非，不是一家之言所能掩盖过去，清末王运的军志，我觉得是中国近代传记学上的一个异彩。譬如湘军志中曾军后篇末段论曾国藩：

“国藩本以忧惧治军。自幸平洪寇，克江宁，如初起兵时所望。力言湘军暮气，不可复用，主用淮军。后以平捻寇。然席宝田左宗棠，仍募湘军征苗回。竟定塞外，棱威天山。乌睹所谓暮气者耶！”

又论曾国荃：

“……群言益，争指目曾国荃。国荃自悲艰苦负时谤，诸宿将如多隆阿、杨岳斌、彭玉麟、鲍超等欲告去，人辄疑与国葵不和。且言江宁货尽入军中。左宗棠沈葆桢每上奏，多镌讥江南军。会病疥，因请疾归乡里……大功虽成，然军气愤郁惨沮矣。……”

论湘军纪：

“统将收入……故将五百人，则岁入三千。统万人，岁入六万金。犹廉将也。唯多隆阿统万人，而身无珍裘靡葛之奉，家无屋，子无衣履，其天人乎……”（《湘军志　营志篇》）

上述所引几段的纪事与议论，实在做到庄严的艺术之上乘。可惜我们治史学治会议的人，把这类的好书都忽略了。最后，近时翻阅台湾翻印的《散原精舍文集》。其中墓志铭及传占全部文章十分之八，墓志铭或神道碑文中，有使人极为注目的，如盛宣怀张勋等碑志，对于贪鄙荒淫的官僚，残暴野蛮的丑虏，叙述其生平，竟无一字之贬伐，是岂所望于大儒之手笔。王运在这方面，其真天人乎。以散原老人的孤忠大节，替他经理身后文字的人，不把这类的文字，一例删除，实在是十分遗憾而惋惜的。故国遗老在当时卖文为生，其情可悯可哀（盛宣怀墓志铭，盛家送润笔三千银圆，[民国十二年癸亥]由袁思亮介绍。），后死者为其整理文字，为什么不能把当时为救贫不得已而写之文，为之删除？这是传记文学题外之文，因有感于文人之命运，而联带及之。

载一九六二年传记文学月刊

陆征祥与天主教

罗光神父著的《陆征祥传》，香港真理学会去年出版。最近我从朋友处借到此书，翻读一过，引起我对陆征祥的回忆，同时也引起我对天主教的感想。

一

我弱冠时，在教会大学——上海圣约翰大学——读过三年书。当时的圣约翰大学，是宗教空气极浓的一个学校。每天早晨及晚间，分别要做两次祈祷，每次祈祷，都要点名。此外星期三晚间一次小礼拜，星期日上午要做半天礼拜。虽然经过这样的浓厚宗教训练，我始终未曾入教。事后回想，当时那种训练，对青年学生毋宁是一种反感。我读完大学三年而终于到复旦大学，那种反感是主要原因。可是进入社会后，我对宗教不仅没有反对的意思，意境上可以说是一天一天接近。十五年前我第二次游欧，曾经专程到罗马，并去梵蒂冈圣城。那时于斌主教做我的向导，介绍我很多位梵蒂冈的教士。抗战前常谒马相伯先生，谈宗教时甚少。抗战时居重庆，于斌主教常为论道。这许多引子，都说明我对宗教感着兴趣，我对宗教中许多伟大人物表示敬仰。

和我年龄仿佛的人，对于陆征祥的名氏，应该不是太生疏的。在四十年的回忆中，有两件大事是和他分离不开。一件是一九一五年二十一条对日交涉；另一件是一九一九年的巴黎和会。二十一条对日交涉时，他是外交总长。巴黎和会时，他是中国代表团的首席代表。一九二三、二四年他做驻瑞士公使。国民政府在南京成立不久，就听到他进修道院，在多次游欧途中，好几次想访问这一老外交官，终未实现。我多年喜历史，尤喜研究近代各种人物。老实说，过去我对这位陆征祥先生兴趣十分淡薄，他的学问或事业，在历史家眼光中看来，实在引不起多大的兴趣来。什么钦差大臣、外交总长、国务院总理、首席代表，在历史过程中，实在太平凡了。陆征祥引起世人的注意，并不在他的钦差或总长，而实在他的进修道院。他的宗教生活，引起人们的注意，不在他的晋升什么司铎或院长，而在他在本笃会中的苦行。香港真理学会出版的《陆征祥传》，所以尚能引起读者的注意，实在因为他那一段宗教生活。

一位天主教中国神父写陆征祥传记，为宣传教义，为向中国人宣传教义，应该是一个好题材。罗光神父其人，我至今素昧生平，但听说他是多年游学于梵蒂冈，是一位精研神学与教义的人。我翻阅他所著陆征祥传，全书给我第一个印象，好像这本书的作者，不是一个出世的人，也不是一位“学究天人”之学者。因为书中对于陆氏的官爵，似乎崇拜得过分。譬如在陆氏宗教进修每一阶段中，著者一再重复地讲：什么人会想到这一位修道者，从前做过钦差大臣、总长、国务总理。书中这一类的语调，大概重复讴咏，不下十几处。陆氏在比国修道院，晋升司铎和会长，国民政府主席依次所赠楹联幛，中国驻欧使节八人莅临道贺，著者尤在书中渲染备至，十足流露著者对于这种场面，向往之深。这种语调，使我们教外人实在感到十二分的惶惑。我们惶惑天主教中对于人世纷华与虚荣的观念，我们更惶惑天主教出教修道人的精神世界。天主教中以得一个陆征祥为荣幸，以得一个曾做过总长与总理的陆征祥为荣幸。这使我们郑重地怀疑：教以人重，还是人以教重？龚定庵有两句诗：“科以人重科益重，人以科传人可知。”他这两句是说以前科第与科中人的关系。我们读过罗光神父所著陆征祥传，使我们怀疑天主教对陆征祥，教以人重，还是人以教重？如果引用龚定庵的诗意，“科以人重科益重”，那亦可以说“教以人重教益重”。换句话说，天主教因陆征祥其人而重要，使天主教愈益重要。因为罗光是神父，他是梵蒂冈积学之士，使教外人读其书后不能不有此引伸。

陆征祥的名氏，本来在中国人脑中已经淡忘了。在某种意义上，一个人被历史或朝代所淡忘，是幸运而并非不幸。陆氏今日地下有灵，一定对我这两句话要首肯赞同。罗光神父的传记把这位本可淡忘的人，又复涌现到世人的脑际。而且著者写陆氏传记必定要把他的政治生活，铺张描摹。这很自然引起读者一点检讨。陆氏是由上海广方言馆进北京同文馆的一个学生，他的家境，据我所考证，比罗氏书中所说还寒微。陆氏在光绪初年学洋文，目的只想进邮局海关做事，或做卖办。他去俄京是当四等通译官。按照陆氏晚年的自白，再参考他生平行事，陆氏实是一位小外交事务官。说他是职业外交官，还是恭维他过甚了。可是在这一位小外交事务官的经历中，却发现好几件矛盾的事。辛亥武昌起义后，陆征祥当时任中国驻俄国钦差（书中说他任荷兰钦差实误，当时清廷驻荷兰钦差是许念慈），他曾联合当时清廷驻外使臣联名电请清帝退位。这一个举动，不能不说他是有政治头脑，也不能不说他是有时代眼光。换句话说，当时的陆征祥，在政治见解上至少反对帝制，主张民主共和。袁世凯就任临时总统，第一任内阁中的外交总长，便由袁世凯电调陆回国担任。唐绍仪辞职后，陆曾在短期中担任代理总理之职，卒以参议院的反对而去职。陆的再起担任外长，在日本提出二十一条要求时，一直担任到袁氏自毙。当一九一五年筹安会十分活跃的时候，陆氏正担任外交部长，罗书载当时日本小幡公使见陆氏说："恢复帝制一举，默察中国现状，恐有危险事件发生。当此欧战正亟，关于东亚者，务宜慎重处事。——愿袁总统顾念大局，保持现状，将改变国体计划，暂缓实行。"陆氏当即答复："彼信政府实力，能控制全局，无庸以祸变为虑。"又罗书说："兴老始终不赞成袁世凯称帝，曾向袁建议终身总统职。"把陆氏辛亥电请清帝退位一事，和在洪宪帝制时期所为，作一对比。陆氏的政治立场，不但进退失据，而且蒙垢满面（陆是洪宪时的公爵）。陆氏生平最崇奉许景澄（许文肃公）的，他称许氏为恩师。他知否许文肃是怎样死的？许文肃公在举朝汹汹，迷信义和团可以扶清灭洋。在御前会议时，犯颜直谏，力言匪民不可恃以图谋大事。陆氏的恩师许文肃，因为直谏而死，因为真理而死。陆氏生平服膺其恩师，在辛亥可以电请清帝退位，在乙卯丙辰（一九一五、一六），乃为袁世凯作伥。及其暮年，还想以终身总统制的建议诿过饰非。陆氏不是政治家，本来我们不愿以此相责。因为罗光神父津津乐道"从政"的经历，使我们不能不为真理说几句话。

二

陆征祥谢世不久，即其从政经历，今日政治社会中人，耳熟能详者，大有人在。为着存心忠厚，我们不愿翻许多旧账。这许多旧账大的小的，实在经不起重翻的。陆氏在政治上，一次办理廿一条对日交涉，一次出席巴黎和会，五四运动所打倒者为曹陆章，而陆氏不与焉。巴黎和会出力者为王正廷、顾维钧，而陆氏在民间反有不虞之誉，他实在是相当幸运的。此外，陆氏在事务及用人方面，不失为一位用心的人。尤其他对人态度的和善，是一个特别长处。他虽然没有拔擢特别的外交人才，但他对用人，可称十分留心。至于外交的技术，据和他共事的人口述，实在谈不上。我上面曾说过称他为职业的外交家，还是对他过分恭维的话，实在是有十二分证据的。我研究陆征祥，并不太注意陆氏的本身，而注意袁世凯为什么用他。罗书记载民元陆被调回国，袁与他并不相识。据我考证，确是事实。袁世凯就任临时总统，谓用一位外交总长，选拔他所不认识的人，他是选拔的外交真才呢，还是选拔外交庸才呢？唐绍仪是袁氏一手提拔的人，但半年内阁，终于不欢而散。袁世凯之为人，不能使一唐绍仪为其所用，而陆征祥遂不能不大用！袁世凯就临时总统后第一任唐内阁内，外交总长是翻译官出身，内务总长赵秉钧是书吏出身，袁世凯的用人标准可以想见。民国仕途本源之坏，袁世凯实为罪人，流风至今，尚未能澄清。世传熊希龄受命组阁，熊氏知袁与国会不能相容，受命后在客室踌躇，久久不能复命，袁氏遣亲信出示熊在热河都统任内行宫案证件，熊遂俯首应命。解散国会的命令，是熊内阁副署的。陆征祥在当时，论才能，论物望，均不克与唐熊相提并论。他是一个翻译出身的小外交事务官，他当初的怀抱只想做邮政海关一个职员或买办，钦差、总长、与国务总理都是天外飞来的幸运。他不能望恩师许文肃项背，他也绝对够不上郭嵩焘与曾纪泽。罗光神父两眼只看见官、钦差、总长、国务院总理的官衔，和天国真理有什么关系？如果袁世凯、曹锟等人了教，不知罗神父替他们作传，将怎样渲染夸耀哩！

中国传志之学，本来义法甚严。顾亭林曰：“不当作史之职，无为人立传者。故有碑，有志，有状，而无传。”又曰：“志状在文章家，为史之流，上之史官，传之后人，为史之本，史以纪事，亦以载言，故不读其人一生所著之文，不可以作。其人生而在公卿大臣之位者，不悉一朝之大事，不可以作。其人生而在曹署之位者，不悉一司之掌故，不可以作。其人生而在监司守令之位者，不悉一方之地形土俗，因革利病，不可以作。今之人未通乎此，而妄为作志，史家又不考，而承用之，是以抵牾不合。“亭林先生这一段话，真是治传志学者的圭臬。罗光神父这一本陆征祥传，无论其为传为志，传中之人，既“在公卿大臣之位”，作传者不悉一朝之大事！诚不可为人妄作传志。罗神父应知民国初年一个时代的是非顺逆，在于帝制与共和。一九一二一朝大事，作传者实在所知者太少。故单就传记本身而言，其乖谬之处已多。譬如著者一再说民国元年陆任国务卿，民国元年根本没有国务卿的官制。袁氏创置国务卿，在其毁灭约法停止国会以后。如记陆夫人培德女士，许多与事实不符之处。陆夫人年龄长陆十四岁，当陆在圣彼德堡使馆中，与其同事刘式训（后做驻法钦差），各请一法文女教师，其后陆之法文教师嫁刘，而刘之女教师嫁陆。培德女士嫁陆时，已逾四十岁。传中说："她随肋核公使居圣彼德堡，宴会中与兴老相识，时年近三十。……"都是揣测之处，或者陆暮年诡饰。关于陆氏的事，我可举者甚多，现仅举末节细故，证明罗传对事实之失据。平心而论，陆无卓荦之才，终不失为一中材。晚年入教求道，毕竟是一个觉悟者。而其求道时所修苦行，最可风世。著者如欲为天主教宣传，其作传时应当把陆氏入教后的思想行为，多加阐扬。而于其政治生涯，轻轻抹过。但作者在陆氏每次宗教生活的大段落中，必定提到陆氏的官。"昔日清庭曾委他做领使，授以代表政府之权。民国时，袁总统任他为外交总长，为国务总理，授以处理国家大政之权。今天兴老所受者，乃代表圣教会，作耶稣之替身……"这是罗光神父对陆氏升任司铎时之赞颂。陆传中许多重要地方，都被他这类的点清工作做坏了。所以罗神父这本书给予教外人的印象，是庸俗与势利。给予中国读书人的印象，只会使大家对天主教怀疑，觉得天主教比较佛教更势利了，洋和尚目中的官，比东方和尚看得更重了。

中国历史上显宦暮年皈依宗教者，指不胜屈。即以民国而论，江苏都督程德全，卸任后不久即在常州天宁寺出家。当时天宁寺方丈是治开和尚，真是一位高僧。我幼时随尊长到本乡（常州）某佛寺，其住持每为导游说明，某屋是宫保来游时所住宿，某堂宫保曾在此行香。宫保者盛宣怀也。盛全家佞佛。我读了罗光神父的陆征祥传，仿佛回忆幼时听到常州寺庙中某住持所说的话。然我尚觉此与佛教及天主教无关，更望天主教今后出版品，多多注意。中国儒家对人生处理最有道理，现在我引顾亭林先生《日知录》中一段话，作为本文的结束，亦可使世界宗教明了中国读书人的性情。

"南方士大夫晚年多好学佛，北方士大夫晚年多好学仙。夫一生仕宦，投老得闲，正宜进德修业，以补从前之缺。而知不能及，流于异端。其与求田问舍之辈，行事虽殊，而孳孳为利之心，则一而已矣。宋史吕大临传，富弼致政于家，为佛氏之学。大临与之书曰：古老三公无职事，惟有德者居之。内则论道于朝，外则主教于乡。古之大人，当时任者，必将以斯道觉斯民，成己以成物。岂以位之进退，年之盛衰而为之变哉？今大道未明，人趋异学，不入于庄，则入于释。疑圣人为未进善，轻礼义为不足学。人伦不明，万物憔悴。此老成大人，恻隐存于心时，以道自任，振起坏俗。若夫移精变气，务求长年，此山谷避世之士，独善其身者之所好。岂世所以望于公者。弼谢之。以奉尊大老而受后生之箴规，至不易得也。"

一九五二年六月十七日

记傅孟真

孟真离开人世，至今整整四十天，四十天中，从台湾及港九许多刊物上，看见多篇关于孟真的文字。一个月来我天天想写一篇文章，悼念这位老友，也想好好替他做一篇传记。在《自由中国》第四卷第一期中，已经登载了四篇哀悼文字，中间有一篇是孟真的传记。其余各处散见的文字，据我所看到的，香港《天文台》三日刊某期有一封毛以亨先生的信，算是孟真死后最好的一篇文章。照西洋人写传记的办法，一个名人，可由几十个作者写几十本传记。那几十本传记的作者，决不因为已经有人写过而搁笔。因为那不是重复，也不是多余。一个名人死后，并不定在他死后热闹时候，才可写述关于那位名人的文字。一个名人死后数十百年中，可以不断有人替他发掘过去的事迹与贡献。譬如英国十九世纪自由主义者大历史家阿克顿爵士（Lord Acton），他死了已半世纪。今天还有人写文章，追思和纪念他。近之如剑桥派大经济学者凯恩斯（John Magnard Keynes），离世已星霜一纪，今天照样有人写文章，检论他的为人与学术。在我的回忆中，在我多年的比较研究中，去年死去的英国拉斯基教授，当时除了伦敦《新政治家及民族》杂志上有过一篇编者马丁的文章以外，其余英美各种刊物上，简直很少看见有关他的文章。传记之学在英国是最盛行的，一代学人如拉斯基教授死后寂寞到那样地步，真是出乎我意料之外。萧伯纳死后，世界文坛上追念的文字算是盛极一时，美国时代杂志大页的论文，内容最为丰富。而世界各国书报上所有关于萧伯纳的文章，其议论的精辟，和对萧伯纳思想与人格之剖析清澈，我看孟真所做的《我看萧伯纳》，是首屈一指。《我看萧伯纳》大概是孟真最后一篇文章，这一篇短短的文章结束了孟真三十年的文字生涯。这一施展文章，是孟真“等身著作”的压台戏。孟真在那篇文章中说：他不是学戏剧，他也不是学文艺批评。但是，像萧伯纳这样一个题目，不是一个专家写得好的。这样一个复杂、迷乱、幻景的题材与人物，不是具有丰富的中西学识，超特的智慧，是没法一刀下去的。孟真那一篇文章，把一个萧伯纳，一刀劈下去了。萧伯纳经他这一劈，由神奇而化为腐朽。把萧翁一生的魔术全揭穿了，孟真的不朽，那一篇文章就够了。

朋友中近年对胡适之的批评，说他是一个“保守的自由主义者”（Conservative Liberal）。如果胡适之是一个“保守的自由主义者”，那么，傅孟真是一个“急进的自由主义者”（Radical Liberal）。自由主义在中国没有发生重大的实际影响，这也许是一个原因。但是，在一百年变动的中国，自由主义没有占着重要的地位，是近代中国极大的悲哀。五四运动的精神，是一个自由主义极浓厚的社会思想运动，五四时代的人物，多半是自由主义中心的人物。连陈独秀在内，在他临死前的著作中，他的主张是要打倒任何方式的集权独裁，他还是回到自由主义思想的阵营中了。中国文化传统，尤其是儒家思想，与西洋基督教文明，文艺复兴时代的人文主义，都是十九世纪自由主义思想的强大基础。自由主义中尊重个人，发挥个人人格，注重人性，充满正义观念，这是中国文化传统与西洋基督文明所共有的特点。孟真的家世，是纯粹的一个士大夫家庭。他的祖父是一位拔贡，他的父亲是一位举人。他在进入大学以前，中国的经史已经极有根底，而且对中国的学术源流，也有明确的认识。一个大学预科的学生，能知推崇常州张惠言的经学，在今天听了好似相当的神话。我本人没有进过北京大学，我不太明了“五四”以前北大的学术空气。照我的想象，当时的北大，汉学空气似乎十分浓厚。孟真进的是中国文学系，他国学根底那么深厚。当时他没有堕入“国故”派中，跟着刘申叔等顽固下去。在学术路线上，我想是受着太炎学派的影响。好好精读章氏丛书，尤其是《检论》一类的文章后，就使有受西洋学术的影响，必能跳出“经生”的圈子。北大里面的“经生”前辈，在当时实际政治上所表现的，替中国的“经生”生活作了一个惨淡的结束。一位中国文学系的学生，一变而为一个时代文化思想的领导者，这可以窥见孟真的精神躯壳之伟大，他的智慧吸引能力的尖锐。这是一个真正自由主义者发挥个人人格的地方，也是一个真正自由主义者创造环境的地方。环境磨灭不了我的个己，纷华干扰不了我的主宰。自由与真理指示着我应当走的大道，这是每一个自由主义者应有的心胸与表现。论到“五四”时代的人物，陈独秀、胡适之与傅孟真，见解智慧，陈、傅都超过了胡。可是胡对他们有相当的化导作用。这因在当时，胡的基本西洋学识比他们两人深入。孟真对胡，生平执礼甚恭。但他们不是师弟。世间所说傅是胡的大弟子，这是错误的。如果论思想见解，若说傅是弟子，那是青出于蓝。胡适之原来不是“经生”，而偏想钻进“经生”的圈子。傅孟真有做“经生”的渊源资格，而生平跳出这个圈子。有一个时期，胡适之抱着多种善本的水经注，出入制宪国大会场，许多朋友替他捏一把汗。而孟真当时大谈苏俄的历史。傅、胡的不同在此等地方。胡、傅同是可爱的人物，然而，胡适之有时是糊涂得可爱，傅孟真是敏锐得可爱。可爱是同，所以可爱的原由是不同。

凡与孟真接触的人，多少有一个印象，说他骄傲。这一点，我承认一半。所谓孟真的骄傲，是他智慧学术的骄傲，而并不是待人接物的骄傲。此在西洋，所谓Intellectual Arrogance。在西洋社会中，这种骄傲同样使人不快，而容易使人谅解。但在中国，因为太讲人情世故，因此容易引起反感。孟真的智慧学识，是值得骄傲的。他真够得上说“学有根底”，什么问题和他一谈，他可以从根源谈起。关于社会科学的范围内，他够得上“博大精深”四个字。他的治学方法，集合了中国经师和西洋的科学方法。在他死后，许多人对他的成就，发生感叹，似乎惋惜他没有一部巨著遗留给后人。这一点我想中央研究所的同人，可以比我更有力的替他答复。但由我看来，孟真不是“经生”，不能把“经生”的标准来测量他。一部巨著的有无，与孟真的伟大价值，并无密切的关系。他是历史家，他是社会领导者。像这样的人物，其可贵可传，不必斤斤计较什么巨著的遗传。譬如阿克顿爵士，他生平志业，想写一部思想自由史。结果他今天所遗留的所谓思想自由史，是他死后别人把他生前各种论文和演讲辞汇编而成。而他的历史家的地位，只是剑桥大历史的一个计划者，他并无有系统的巨著遗留人间。但是他的学术地位，至今成为英国十九世纪的巨星。中国人论人论世，向来对于文人是要求太过，责备太苛。在学术思想方面，人们对于孟真要求得太多了。孟真学问的内容实在是丰富的，他备具着中国汉学家，西洋十八世纪百科全书派，近代数理科学家的全部优点。他的学术思想贡献，在他散见各处的论文，在他在时代主要段落中的行动表现。近代中国学人中谈得上“博大精深”四个字的实在不多。就在现代世界学人中可以语此者，亦屈指可数。十八世纪法国的伏尔泰，十九世纪英国的阿克顿爵士，二十世纪英国的威尔斯与罗素，都可说是代表的人物。拉斯基在学问智识方面，浸浸乎与此辈分庭抗礼，而其见解的偏颇，也可说年龄没有太成熟。孟真在近十年中有几篇论文，譬如在重庆时所作《邱吉尔论》等，及最近所作《我看萧伯纳》，正是世界文坛第一流作品。我想我们衡量孟真，最好把伏尔泰与阿克顿一类尺度来比仿他。他可能做罗素，但年龄与环境不容许他。他相当做到了拉斯基，但有许多见解比他平稳。我说他是一个急进的自由主义者，进步与改造是急进自由主义者所必具的优点。去年在台北，有一个下午我们大辩论资本主义与社会主义，他口口声声是赞成社会主义，但他骨子里是一个自由主义者。自由主义与社会主义终有一天会调和而混合的。孟真可惜死得太早了，否则他对这方面必有极大的贡献，我对孟真今天最大惋叹是在此而不在彼！

熟读中国历史的人，看见孟真，终会联想到他是东汉类型的人物。他的危言高论，很像李膺、范滂一流人物。而他实际所遭遇，则又似郭林宗。孟真使人不解，甚至招人忌嫉，乃至死后还有人加以讥谤，就在此等奇妙的命运安排。在一般人看来，孟真既像党锢传中的人物，就应该得着李膺、范滂一流人物的结局，而不应生死哀荣，至于此极。这正值得引用毛以亨先生的话，像孟真的才、识、学，说做一个台湾大学校长，还要靠特殊的政治奥援，实在太不公道。我想孟真一生危言高论，甚至甘心做人的工具，这真是“厚诬贤者”。孟真的心地是洁白的，他对谈论政事，是时甚有兴趣。而自己对实际政治，并没有丝毫的兴趣。说他有政治上的欲望，实在太冤枉。至多只能说对名心未能完全删除罢了。他是很好的谈政治的人，而绝不是搞政治的人。他就对谈论政治，也极容易厌倦。而且他的谈政治，多少是激发于一种正义，出于奋不顾身的一击。说他每次出击，都是背后站着人，实在完全是诬陷的。说他另有什么别的动机，也是冤屈他。中国的名流，东汉时代的人物，其实最为可贵。可惜那种类型的精神，被当时党锢的残酷教训所摧散了。“西安事变”两个星期中，我当时主办南京《中央日报》，他几乎每天晚上跑到我报馆来，几乎隔一天写一篇文章。最后张学良和宋子文同机到京，我在《中央日报》写了一篇《应把张学良就地正法》，当时几乎闯出大祸。孟真当时攘臂而起，说他们如要正法写文章的人，我们同去被他们正法好了。后来端讷顾问在《字林西报》大写文章，说南京一般人，有阴谋不愿蒋先生出险。我写了一篇《驱逐出境，交该国政府严加管束》。孟真第二天上午便跑到报馆，兴高采烈似的走进我的房间。我问他为什么那么高兴，他说“今早读了你那篇文章，特来表示我的共鸣。”当时我们对张学良与端讷，毫无私人爱憎。为了立场，为了主张，彼此不期然有那一段兴奋。当年耶诞过后，南京城里正为“事变”的善后，闹得满天星斗。孟真从鸡鸣寺写信给我，他已关起房门，重理他的旧业了。在重庆时期，有一次在参政会开会前，我好几次到聚兴村他住的房内，看他拿着一小箱子，藏在枕头下面，寸步不离。我问他里面是什么宝贝？他很紧张地说，这是他预备检举某大员的证件，后在参政会闹了一阵，忽然来信说回李庄读他的书了。他对政治，喜欢谈论，而容易厌倦。偶然奋不顾身的一击，并不是对政治有兴趣，而是激发士大夫的责任感。他的胸中实在是一张白纸，洁白得没有一点瑕疵。他终于不做李膺、范滂，而做了郭林宗。这是他的命运，也是今天的时代，究竟与东汉末年有别。当时能抗日，就是这个道理。时人不察，因为他没有遭遇李膺、范滂一样的命运，便硬假想他一切行为，都存机心。这对文人太不忠厚，也是文人过于自轻，同时也是对时代过于恶意的诅咒。一位政治上负重要责任的人，对于一个学者特别尊重敬爱，对于那位学者并无所增加。而在显达者的本身，终是一件美德，何必定要说出这是相互利用。今天早已没有人愿谈世道人心，世道人心毕竟还是有的。

《后汉书》中范滂评述郭林宗说："隐不违亲，贞不绝俗，天子不得臣，诸侯不得友，吾不知其它。"我引这几句话，并不是想比拟于孟真，但孟真绝不是恃才傲物的人。我上面说过，他的骄傲，是智慧学识上的骄傲。他待人接物，许多地方保持着中国士大夫固有的典型，他内心中还是十分谦和的。譬如他见了人，动辄称"先生"，真是一点不倨傲。人家说他书生，看来好似他对人情相当隔膜，其实他谈到人情真伪，真有特殊警辟的见解。他是有才华的人，虽然他的真学问和他的才华同等充实。他的风趣，所以常常引人入胜。譬如他讲俞大维是好官，因为他是官僚家庭出身，这对俞大维一点没有贬辞。记得在重庆时，有一次不知怎样我们谈论近代人物，忽然提到俞明震（恪士）。我忽发议论说，俞恪士一位名翰林，为什么到两江去做候补道，他立刻答我："你为什么现在当监察院秘书长？俞恪士当时不做候补道又做什么！人世间几个人能做有聊的事！"他这类隽语，真是旁人所不能说，而他的"贞不绝俗"，于此可见一斑，去年拉斯基教授死后，使我回思到我多次在伦敦与他私人接触。他的和蔼可亲，和他在讲坛上与文章里的尖刻，判若两人。我胸中的拉斯基教授，至今是十分可爱的人物。我绝不觉得他骄傲，我只感到他的热情洋溢，醇厚有味。半年前我在台北，每次见面，他必郑重地说："你如愿教书，台大随时欢迎你，房子也可设法。"离开台北的前夕，我问他对局势如何看法，"没有看法，只有做法，只有我自己如何努力。"这是他最后对我讲的几句话。永远缭绕在我脑中，永远鞭策我身前努力！

每一个巨人的传记，应该备具下列三种问题：第一：他怎样成功了他——怎样发展他的权威和怎样把握住他的理想？第二：他的成功是怎样的实质与形态？第三：他的主要人格是什么？本文起草之初，我没有预备替孟真写传，可是我根据这个大纲描述这位时代的巨人。让我稍待，再替他写一篇详细的传记。

一九四〇年二月二日

复旦大学

“复旦复旦旦复旦，巍巍学府文章焕；学术独立，思想自由，政罗教网无羁绊。无羁绊，前程远；向前向前向前进展。复旦复旦旦复旦，日月光华同灿烂。”

这是复旦大学的校歌。四十年来在复旦大学、附属中学、及附属小学，千百成群的男女学生口中高唱或低吟过。这一首校歌，在上海徐家汇、江湾的会堂中、在长江到庐山的水程中、在湘黔公路到四川的长征中、在贵阳、在重庆、在抗战迁校的过程中，曾经千百成群的复旦同学引吭高歌。这一首校歌，在全国各地复旦同学会，在全世界各大城市复旦同学集会时，更是年年节节在多少复旦男女同学口高唱着。这首校歌对复旦学生是含有伟大的感召力量。复旦大学的性质，复旦大学的精神，在这首校歌中，完全可以表达出来。从这首校歌的歌词中，我们可以认识复旦不是近代中国的所谓“洋学堂”，而是一座东方古代学府的复兴。更可以体会复旦也不是竺旧复古的“书院”，而是富具西方近代文明的一座崭新学府。在复旦迁校到重庆第一次举行毕业典礼中，其后抗战胜利在江湾复校。我曾将校歌中，“学术独立，思想自由，政罗教网无羁绊。”这三句话，反复讲述。复旦五十年的历史，建筑在这三个特点。这三个特点，就是近代西方文明的精华。五十年来受过复旦教育的人，都会唱这首校歌，也都能尊重校歌中这三句歌词的意义。我们今天向社会介绍复旦大学，只须提出这首校歌，对复旦的精神形骸，不难窥见全貌。

复旦的创立，在前清光绪三十一年乙巳（一九〇五年）。复旦创立的前二年，上海震旦学院因宗教课程发生学潮。当时震旦学院的创办人兼校长为马相伯先生，震旦的校地，完全由马先生捐助。当时马先生虽已脱离做神父，然与天主教关系甚深。宗教课程是当时法国教士与学生间争执的一个焦点，因为一部分学生不满意强迫接受宗教课程，因而发生学潮，至于散学。马相伯先生虽为震旦的校长，但他是同情学生，并且极力维护学生。一部分学生因学潮而散学，马先生也同时脱离震旦。震旦退学的学生，在马先生领导勉励之下，决定筹组一个相等的学校，公推于右任、叶仲裕、沈步洲、张轶欧、王公侠等七人为筹备委员。但诸筹备委员中，不久沈步洲去欧洲、张轶欧去美、王公侠去比，实际负责的筹备人，只余于右任、叶仲裕两先生，一切就商于马先生。中间奔走经营，达两年之久，始于乙巳年八月开学。据于右任先生的回忆，复旦开办时，叶仲裕先生奔走最力，因为叶先生是浙江望族，他的父亲是当时河南省郑州直隶州知州。因为他的家世与社会关系，所以能在两年中得着各方的助力，尤其得着当时两江总督周馥准拨上海吴淞镇提督行署为校址，使学校得以创设。乙巳年开学以前，当时震旦退学同学回想退学时的痛苦，大家集议学校命名，于右任先生建议用"复旦"两字，表示不忘"震旦"之旧，更含复兴中华的意义。这一个建议，立时为全体同学所接受，校长马相伯先生也是当时同学所推举。当时学校编制，仿照前清高等学堂规则，定名为复旦公学，设文理二科。初期全体学生，共有一百余人。由这一段事实，我们可以知道复旦的产生，是由于反抗——反抗学术的不独立，与反抗思想的不自由。学术独立与思想自由，是复旦先天的精神。为了脱离政治与宗教的羁绊而奋斗，这又是先天的特性。此其一。复旦的创立，主体是学生，领导学生维护复旦学生为自由而奋斗的，是自己老学校里的校长。此其二。复旦第一任校长是学生推举的，复旦初期创立，一切动力全在学生方面。复旦是革命的，复旦也是建设的。复旦的学生最富具反抗精神，也最富具服从精神。反抗强权的压迫，服从真理的指导。此其三。这三种精神，五十年来始终贯注着每一个复旦学生，也构成今日在复旦同学方面流行的所谓"复旦精神"。

马相伯先生从乙巳年任校长到丁末年（一九〇五——一九〇七），因事出国辞职。严复先生（又陵）继任校长。时两江总督端方奉准月拨二千元为经常费，改校长为监督。后张人骏任江督，复拨吴淞炮台湾官地七十余亩为校基，改任夏敬观先生（剑丞）为监督。己酉（一九〇九年），夏氏任江苏提学使，由高凤谦（梦旦）先生继任监督。翌年庚戌（一九一〇年），高氏去职，马相伯先生复任监督。辛亥（一九一一年）革命，因全校师生参加革命甚多，学校一度停顿。南京政府成立，马先生任南京府府尹（即今日之首都市长）。一九一二年学校恢复，呈准南京临时政府，拨补助金万元，并由教育部总长蔡元培先生批准立案，拨上海徐家汇李公祠为校舍，仍公推马先生为校长。旋马先生因事出国，乃公推教务长李登辉先生继任校长，并敦请王宠惠诸先生筹组校董会。一九一七年，复旦公学改为大学。是时大学与附中学生共六百余人。一九一八年，设立复旦义务小学。李校长赴南洋募捐，在江湾购地预备筑新校舍。一九二〇年十二月，江湾新校舍兴工建筑。越二年、一九二二年春，新校舍渐次落成，大学部适入新校舍上课，李公祠留作附中校舍。一九二四年李校长再度赴南洋募捐，逾年归国，设复旦实验中学。一九二七年，实行男女同学。一九二九年依教育部大学生规程，分设文、理、法、商四院。一九三七年，文、理、法、商四院大学全体学生共二千余人。校中建筑计有课室、科学馆、图书馆、体育馆、卫生处，及男女宿舍共计十余处。八月抗战军兴，学校移迁庐山，继迁贵阳，最后到重庆。留沪一部分教职员学生被迫迁入旧公共租界赫德路租屋上课，李校长以老病留沪。一九三九年马相伯先生百龄大庆，马先生留居越南谅山，同学会在重庆举行盛大祝典。同年冬，马先生在谅山病逝。一九四二年，改为国立。共设，文、理、法、商、农五个学院。北碚夏坝新校舍落成，李校长七十寿，同学会在新校舍庆祝。一九四六年，复员回沪。夏季招生，投考学生及六千余人，录取者仅十分之一，是为复旦投考学生最高的记录。一九四七年十一月，李校长登辉先生病逝上海，享寿七十五岁。江湾复旦大校登辉堂举行追悼会，各地同学来吊者逾千余人。复旦大学前后毕业学生约在二万余人，同学会组织遍全国各大都市。伦敦、巴黎、旧金山、檀香山、纽约、芝加哥、新加坡、香港等地均有分会。

由上面所述的复旦校史，我们可以知道复旦大学在一九二一年以前，是精神优于物质，也可说是精神气氛比较物质设备高强得多。因为复旦直待抗战中期，才改为国立。在复旦历史上，几乎有三十年的时间，是纯粹一个私立学校而且这一个私立学校最初差不多是学生自己创办。在政治及社会方面，极少有力的背景。在南京临时政府一段极短的时期中，复旦稍为得着政府一点助力。其后二十余年的生存发展，完全靠自己的力量。因为经济背景的薄弱，所以学校中的设备，始终简陋。在上海徐家汇李公祠时代，那一座古老的祠堂，根本不适合做现代的大学校舍。在上海到过李公祠的人，大家都看见有一座戏台，戏台下面有一间较宽的场子，这是当时旧式建筑中最讲究的部分。复旦大学在这座戏台与戏场院的厅堂中，十余年间，做饭厅，做礼堂，图书仪器更是缺乏。但当时教员都是国内第一流的学者，如严又陵先生、王亮畴先生、李登辉先生。薛仙舟先生等，在民元到民十的一段期间中，都认真在学校教书。李登辉先生在大学中学教英文及逻辑与哲学等，三十年没有间断。薛仙舟先生在复旦任课，直到民国一九二四年。合作运动的学说与实行，由复旦传播到全国，完全是薛先生的力量。民元以后，二次革命失败。国民党内许多名流，常常到校中讲演。有一个时期，胡汉民先生、戴季陶先生还担任了特约讲座的名义。上海是东南各省通海最早的海岸商埠，论全中国租界的势力，当然无过于上海。可是上海虽然在经济上占着全国的领导地位，而在文化上却始终是相当落后，因为租界的文化是买办的文化。上海的学校固然甚多，中国人自己办的，最高的学校，自推南洋公学。但在前清末年，南洋公学便偏向实科发展，其隶属系统，从邮传部到交通部，始终是一个技术性专门学校其余的大学，多半是教会方面的。教会大学历史最长者自推圣约翰大学，当时上海的大学，不是官立，又不是教会学校。这一段的奋斗，是不容易的。租界时期上海有两个大学，似乎是声势颉颃的，一个是南洋公学，一个便是圣约翰大学。这在当时风靡东南的足球比赛，便可想见其盛况。复旦在性质方面是较近于圣约翰，因为南洋公学后来完全是一个技术工程的专门学校而圣约翰是以文科著名的。复旦最初只有文理科，后来方加设商科。在一九二四年前，在上海认真读文科的学生，其选择只有圣约翰或复旦。这两个学校平时互相转学的学生尤多，本人也是从圣约翰转到复旦的一个。从自身的亲历，觉得圣约翰读书实在认真，图书仪器实在完备。而复旦学生的活动精神与能力，确是惊人。复旦师生间的政治意识，开朗而发达。当时颇有识力过人的家长，曾经说过：最好送子弟先在圣约翰读两年或三年，再到复旦读一年或两年，然后到外国去留学。这种情形，复旦在抗战中期渐渐改正过来，就是保持原有的学生活动与自动能力，而加紧功课。抗战胜利后，几乎已达到这一个目标。一九二四年以后，复旦在理科方面有长足的进展，尤其在生物物理方面的进步，其标准超出同等的国内大学。而商学院与文学院新闻学系毕业学生之多，密布全国工商界各阶层，或为外间不大注意的一个事实。

复旦学生的活动，应该对学生自治会简单一述。复旦学生会在南北各大学校中，真是一个大观。学生会分评议部与执行部，分别由各级学生选出。两个部分俨然如政府的立法与行政两个壁垒。学生会中有党派，大会开会频繁，开会时恰如议会，双方的辩论甚为激烈。有时闹到投信任票，也有时执行部因政策不行，全体总辞职。一九二四、五年学生会开会时，每次的争辩，是共产党与非共产党双方的斗争。学生会开会时的场面，并不比今天的立法院减色。我初从圣约翰转到复旦，看见此种场面，真为之瞠目结舌。因为圣约翰开级会或开学生自治会，参加的人，全操英语。既少辩论，争执亦不多。比起复旦学生开会时，真刀真枪，一方如幼稚院，一方真是政治实验所。五四运动，北京学生被捕消息传到上海，复旦学生会在晚间鸣钟开紧急大会。其后五卅运动，及九一八后的学生请愿运动，复旦都是主要动力。上海当时的学生运动中心，无疑在复旦。上海学联会首任会长，就是复旦的学生。从那时起，复旦开始有壁报、有合作社、有银行。复旦学生的宿舍、膳食、运动等，始终是学生自己管理。学校很少来过问。后来学校中自己出版报纸，自己组织剧团，校报发行到各地，剧团到外埠去演剧，都是学生自己搞的。

抗战开始后，江湾在火线中，“八一三”后便不能开学。当时校长李登辉先生已老病，副校长吴南轩先生率领大部学生，先到庐山。后来由庐山下来经湘西到贵阳，由贵阳再到重庆。这一段艰辛的经过，是复旦校史上光荣的一页。因为复旦当时还是一个私立学校，名义上有一个校董会，实际上经费筹措，大计决策，都靠几个学校负责人。复旦初到重庆，在菜园坝几间破屋，后迁到北碚，在一座破庙中足住了三年。那一座破庙，同样有一座戏台，戏台下面有一个场子，学校的礼堂饭厅，又是在戏台下面活动，恢复李公祠时代的情景。复旦在抗战中期改为国立，主要的原因是为着经费。当时许多校友对此改革颇表怀疑，即在政府中，亦有人不主张把大学全归国立。但当时的社会经济，哪有余力维持一个大学。不得已而改为国立，主因是为经费，这是一个事实。复旦改为国立后，学校气质，是没有改变，复旦学生依旧保持着独立的传统。复旦学生的独立自由性格，是与学校的先天性有关系。复旦学校有其成败观念。复旦学生不看做大官、发大财为成功。在每个复旦学生内心深处，都有一种讨厌做官的观念。记得做学生时，有一次毕业典礼，学校请一位沪海道道尹来讲演，曾引起学生的大不满，而几致质问学校当局。有一次同学会中有人介绍同学，先介绍官衔，全场嗤之以鼻。当时学生的心理，不是嫌道尹官小，而根本上讨厌做官的人。复旦学生顽强的独立自由观念，正与他们自己乱闯乱做同样地蔚成风气。复旦在反抗意识中产生，复旦学生保持自己不同意的权利，似乎特别坚强。复旦大学在五十年中，是不是有意制造许多“不合时宜”的人，这是不易解答的。在复旦前后十年担任讲席中，我始终强调独立自由的学校传统精神。复旦精神的发扬光大，也许能为国家多造就几个魁伟宏毅、特立独行的人，为社会消除阉然媚世的风气。

《中华大学生志》编者，在征稿时预嘱本志各篇作者，少涉人的方面。我想制度不能脱离人的因素。我写复旦大学，因遵编者的约束，极力避免人的评述。但写复旦不能不写与复旦有关的三个人。这三个人，对复旦的产生与光大，有莫大的关系。没有那三位先生，可以说没有复旦。所以我最后要简单写几句关于这三位先生。这三位先生，第一位是马相伯先生，第二位是于右任先生，第三位是李登辉先生。马相伯先生是近代中国一位伟大的思想家、教育家、宗教家，还是一位大学者及大演说家。他是清末思想最前进的人，也是最具热情与信仰的人，同时更是一位富具改造与反抗性的人物。这位先生人格内容的丰富美丽，近代人中实为少见。他是近代中国的杜林臼（Doellinger），他希望他的学生都做到阿克敦（Lord Acton），我们更希望复旦学生能产生几个阿克敦。他一生事业甚多，而复旦大学是他事业最后的结晶。马先生对复旦学生讲故事：讲他在上海泥城桥做义勇军防卫租界，抵御太平军侵入租界。讲他在拿破仑第三时代到法国去，讲他在李鸿章幕府中办洋务，讲他在民元时南京府尹时代的种种。种种引人入胜，而归结到自强独立。“九一八”事变后几次到同学会，大声疾呼，大家想不到他是一位九十岁的老人。其次，于右任先生对复旦，可谓五十年中精神贯注着。同学会老同学中有一句笑话，说于先生是复旦的孝子，于先生听了掀髯不以为忤。五十年来，从复旦创立到胜利复员，学校到了任何危难关头，于先生无不挺身而出。复旦五十年历史中，只有一九一六、七到一九一五、六的十年中，于先生因为远离上海，对复旦稍为疏远。其余四十年中，他的精神实无时离开复旦。他伟大的革命人格，笼罩贯注五十年的复旦大学。复旦每一个学生，都受着他的影响。第三位，李登辉先生，他从美国耶鲁大学毕业归国，适值复旦初创，由于先生介绍入校任文科英文系主任。三十年中为学校教书，管理行政，募捐建设，终身做一件事，终身做一个学校的教授，终身做一个大学的校长。李先生对英文文学的造诣，不是一般留学生所可比拟。其执教时的严格训练，在国内大学中也不多见。抗战胜利后，许多及门学生都回到上海，我们在华懋饭店请他吃饭，曾经举行过两次讲座班，由他老先生讲书问难，重温三十年前的旧梦，可惜举行两次就没有继续。马、于、李诸先生是复旦大学的功臣，是复旦精神的源泉。复旦大学之有今日，多半靠三位先生，复旦未来的发扬光大，也就是三位先生伟大人格力量的发挥感召。

选自《中华民国大学志》

重诉生平

为陈布雷先生逝世三周年作

在布雷先生逝世三年中，我精神上常常有一种意境，凄迷隐约中，与他诉说生平。时间不只是晓风残月，空间则不出于金陵钱塘与重庆。布雷先生离开人间愈久，我想这种意境在我心神中，将永远延续下去。昔贤诗云：“别时一恸涕纵横，世事苍茫岁几更。”三年前今日，我们在南京殡仪馆中的一恸欲绝。现今时序推移，我对于布雷先生的印象，不是那样凄绝，而是一种永恒的宁静回忆。三年来我精神意境中的布雷先生，是宁静、超脱、坚定而情意十分醇厚的一位巨人长者。世事苍茫的变化中，看不见这位巨人长者，听不到他的言论声音。而他的典型神味，只在我似梦非梦的意境中，与他诉说平生。明天是他逝世三周年纪念，我想把过去二十余年中几段回忆，拉杂记在下面：

约在一九二二、三年间，我因先生介弟行叔（训恕）而识先生于商报馆，（行叔天资卓绝，在校学行冠于侪辈，毕业后执教光华大学，一九二六赴法留学，研究历史经济，造诣甚深。一九三〇我由伦敦经柏林绕道美洲归国，阳历除夕午夜，有人扣扉甚急，启视之乃行叔也。余在欧漫游，与之始终相左，今邂逅逆旅中，相见惊喜。抵掌谈天下事，微明辞去，言翌晨返巴黎。一九三一年春予归抵南京，住中央饭店，一日布雷先生走告行叔死矣，闭门相向哭绝哀。）在我首次拜访之前，我有两篇文章投商报，似是论太平洋会议的。有一天星期六下午，行叔约我同去看他，因为当时我和行叔在上海圣约翰大学读书，只有星期六下午方得出校。我们一见面，布雷先生盛称我的作品，给我极大的鼓励。我在幼时做过多年的策论，半为政治与历史。经过布雷先生鼓励后，我经常替商报写文章，等于我在学熟时做窗课。嗣后常在星期六下午去看布雷先生，他常请我们到饭店弄堂宁波小馆去小酌，席间座客不过三四人。一九二四年冬天，齐卢战争未终，就沪路中断，寒假中我留在上海，当时上海报界阴历过年停版七天。有人借商报出年报，我天天晚上去商报写杂评。商报当时经济奇窘，两大间编辑室，勉强生了一个火炉。但是我们在其中，几包花生米，其乐无穷。有时布雷先生夜深偶然到了，我们更觉得一室生春。公展先生是要闻主编，他的工作紧张，很少时间可以随便谈天。我与商报馆，有三四年的历史关系，各种文章写过篇数不少，从来没有支过一文稿费。但当时我从梵皇渡到租界，几视望平街和我的老家一样，可以想见布雷先生当时对青年们吸引力之大。

一九二七年国府定都南京。布雷先生由浙江省政府秘书长调京，任中央党部书记长。当时我在宣传部服务，中央党部由铁汤池迁到成贤街，我们的办公室只隔一个天井。当时他住在铁汤池丁公馆，其卧室原为张静江先生所居，门口贴着很大的字条"张主席……"因张先生很少来，故那年整个夏天，布雷先生始终住在那几间房内。当年八月，时局发生变化，记得有一次纪念周，平时每次出席的几位如胡汉民、戴季陶先生等都缺席，临时拉了一位邓泽如先生做主席。他一口广东话，台下懂的人很少，从那天起，中央许多重要的人，连袂离京。谣言繁多，人心也随之浮荡。当时布雷先生还住原处，他的情绪不甚安定，且染了重性感冒，卧床数日。那时正在八月中旬，天气酷热，我每天上下午都去为他照料。有一天我对他说，我们也可离开了。他没有作声。第二天下午，我在宣传部借了一辆汽车，开到丁公馆门口，把他的行李装在车内，陪他同车到下关。当时车站秩序已经不好，我们没有买票，便挤进车厢。在一个二等车厢中，两人对坐谈了一夜。第二天清晨到上海，我陪送他到新闻路公馆。

一九三二冬天，布雷先生由上海去汉口，大概是去担任侍从室的事。我和公展先生各另有事去汉口谒见总裁。我们三人同坐长江轮，由上海到汉口，当时大菜间乘客不多，我们在船上，三天四夜，真是上下古今，无所不谈。轮船经过各码头，除非深夜，我们都上岸去盘桓。那天月色皎洁，我们在甲板上，尽量欣赏大江的景色。到汉口后，布雷先生即到武昌去，他只和我们逛过一次黄鹤楼。杨畅卿先生常在晚饭后找我们谈天。从那时候起，布雷先生全部时间集中在侍从室的工作。

西安事变一段时间，南京在极度的愤怒情绪中。布雷先生当时的神情，特别的忧伤与沉郁。有几位与他接近的朋友，深恐他以身殉蒋，我们几位至友，相约轮流陪伴他。我当时在中央日报，虽然昼夜紧张，然终设法腾出若干时间去陪他。在当时，相见时多半是相对无言。那年年底他随蒋到奉化去。当时东南日报新厦落成，我从南京去杭州，布雷先生同来，我们在大华饭店邂逅相见，后来屺怀先生搬来同住。本来我想当天离杭，他殷殷留我多住一二日。在那几天中，他陪我游灵隐、游西湖、还游一次天竺。那几天中真是相见如平生欢。可惜我不能久留，匆匆离杭回京了。

抗战起后，我在当年十月末奉派去欧洲，当时预定的行程，是先到意大利，经巴黎到比利时布鲁塞尔（时九国公约会议将开会）再转伦敦。我离南京那天为时极早，后来知布雷先生做了几首诗送我，诗柬送来时我已动身，后来辗转寄到罗马。中间有一句“君是中华玛志尼”。我离开香港，在船上沿途听到抗战军事的败讯。到伦敦时，正是南京临危，政府播迁。海外各使馆与国内不通消息者，达半月之久。一九三八年二月底，初接布雷先生从汉口寄伦敦的信，记得信中有江南千里，公私涂炭之语。后来来信嘱我留欧到冬天再回国，但我因公私近促，在四月间即离英归国。五月十三日由香港飞汉口，住在法租界一家外国旅馆。晚间布雷先生特由武昌渡江来看我，相见唏嘘，几如隔世。两个月后，我由长沙经汉口飞渝，在机场遇到警报，我在武昌路途不熟，当时只得乘原车到胭脂坪布雷先生办公处。讵下车已届紧急警报，那天敌机集中轰炸胭脂坪侍从室，防空洞中电灯泡粉灰震落如雨。警报解除后，知左右邻居皆中弹，布雷先生卧室窗格皆堕落。当时日本同盟社谣传我们两人都在武昌炸死。我因赶乘飞机，出防空洞后，无言握手而别。

一九三九年十一月，布雷先生五十生辰。前几日他和我商量，他想避开一二日。我当时住在领事巷康心之先生公馆，地方幽静而宽敞，我邀他到我处住两天，他深为赞成。寿辰前夕下午，他便移居领事巷。我事前商得康先生同意，在我卧室里间套房为他预备卧具。事前我为他准备请客一桌，在康寓餐室布置一简单寿堂，我撰书一寿联，悬在堂内，高烧红烛一对，钱新之、叶琢堂先生各送大花篮一只。晚餐时座客到者，于先生、叶琢堂、张季鸾、钱新之、邵力子、吴南轩诸先生及康昆仲三人。晚餐后，有人提议今夕应陪寿翁雀战，因知布雷先生不仅抗战后从未作此消遣，离开记者生活后即绝少有此娱乐。当时新之先生酒酣，提议张季鸾、邵力子两先生与我陪寿翁入局，说是四位新闻记者打麻雀，更推老记者于先生观战。我们一共打了八圈，布雷先生对“自摸双”下“四五六”，仍感极大兴趣。八圈既毕，时间尚未过午夜，我们复吃咖啡谈天。布雷先生当天的神情，真是和谐而愉快，多年来我没有看见他那样轻松而活跃。我们回到卧室，再谈一回分别就寝。第二天早晨朱骝先先生来贺寿，布雷先生说不好了，这里也不能安居了，午饭后便回美专校街照旧办公去。

布雷先生从政二十年，比较他从事记者的时间，要超过一倍。但在他二十年从政中，我们从旁窥见他的内心，实时时不忘重理旧业。他对新闻界中朋友，随时鼓励不要离开自己的岗位。在一九〇四年秋间，我因接受监察院之聘而脱离中央日报。那年九一节，他特为写一封长信给我，为我离开报馆而惋惜，为当时战时首都少一个新闻从业员而叹息。抗战胜利后，他时时总想回到上海去做记者。一九四七年间我辞去江苏监察使，专办新闻报。政府明令发表之日，他由南京特为寄书对我道贺并致其欣羡。书中说："兄今真为独立与自由之记者矣。"胜利后他偶到上海，常常召集申、新两报同人谈话。尤其对申报的各部编辑人，且分别谈话。他对新闻事业兴趣之浓厚，与认识之真切，当世真无几人。新闻记者与政治生活，距离过近。然而从政过的新闻记者，常想回头当记者，这是我们数十年中所熟闻而亲历。布雷先生从政二十年中，真是参加高级政治（High Politics）。其于政情宦海之内容，较任何人知之深切。他知我的个性最深，我的素性不羁，他是最优容我的一人。对他二十余年的亲炙，使我对宦情索然。他始终期望我做一个独立自由的记者，真是我生平最深的知己。

接近布雷先生的朋友，在他生前终想替他解忧。后来我深深明白，布雷先生的忧，是无法解除的。因为私忧可以解除，公忧是难于解除的。布雷先生终身之忧，不关个人的穷通利达，而终朝戚戚的，是天下国家之忧，他忧天下国家之忧，他忧领袖之忧。天下国家之忧无穷，领袖之忧亦无尽，仁人君子又岂能有一日之欢。记得珍珠港事变那一天，陈芷町先生在电话中与布雷先生谈话。谈到今后时局，在电话中高呼中华民国万岁。当时重庆的兴奋，这一声欢呼可以代表一切，大家认为天下大势从此定矣。但是布雷先生当时便蹙额说："且慢高兴，问题正多着哩。"这两句话，正是笼罩了抗战后期的种种。"君子有终身之忧"，正是布雷先生一生的写照。他的忧时忧国，可绝不是消极与悲观，此在他许多遗书中可以窥见。三年前今日，我由上海赶去南京，在车中作联哀挽："血泪伴忠魂，江山无恙；死生关大计，社稷有灵。"他逝世三周年，我们对于江山社稷的信念，格外可以坚强而无疑了。

关于布雷先生的行谊思想，可以写的地方太多，但我认为写历史写传记，应该离开当时的环境，愈远愈好。忠于时代，忠于历史的人，对我这个意见，大概可以同意罢。今天布雷先生三年之丧，已届终了。上面拉杂所书，仅仅三十年来几件私人间印象比较显著之事。也是生死患难中一段重要因缘。然而此中消息，有不止朋友悲欢离合之情。三年来我在午夜梦回时，在晓窗残月时，时时神游此境。拉杂书此，敬对布雷先生，重诉生平！

一九五一年十一月十三日新生报

中国自由史上一位独立的记者

舍我先生今年六十岁了，照现代医学上的看法，人生六十岁，正是精神、健康和事业“如日方中”。所以今天我写这篇短文，一方面是怀想过去，同时也是瞻望未来。舍我先生六十之年，他过去四十余年在新闻界的奋斗历史，它的光荣是不仅属于新闻界的。他四十余年的努力奋斗，是中国自由的一章。他在新闻界四十年的奋斗，影响及效果，不止限于新闻界一个圈子中间，其直接间接的影响，在于整个中国。所以，舍我先生是近代中国新闻史上一位伟大的斗士。他为了新闻自由而奋斗，也就是为了人类自由而奋斗。他的奋斗，不仅是消极的排除对于自由的障碍；同时还在积极建设了适宜于自由的气氛与环境。在自由的斗争中，能不顾一切利害去排除对自由的障碍，已经需要大仁大勇。在此种消极的斗争以外，再能积极创造对于自由环境的建设，在大仁大勇以外，更需大智慧。舍我先生今天值得自由世界的崇敬，就在他在为自由的奋斗中，无论在消极或积极方面，都有伟大的表现。

英儒阿克敦爵士（Lord Acton）常讲：“权力最易倾向腐败，绝对的权力，易流入绝对的腐败。”美儒亚当亨利（Henry Adams）说：“权力是毒。”瑞士哲学家勃克哈德（Jabob Burckhardt）说：“权力本身是邪恶，不管什么人运用它。权力本身是不愉快的，而且注定要使人不愉快。”这三位大思想家的名言，论世论政的人常常引用着。照我的历史研究，有权者不仅易于流入腐败，有权力者也忌嫉本身权力以外之任何其它权力。所以有权者不管它自身的来源如何，性质如何，一朝权在手，便不愿再见其它足与抗衡之权力发生。为了维护自身权力之发扬，乃不惜抑遏甚至摧残其它权力之滋长。譬如举新闻纸的历史来讲，就英国的事例言之，在十六、十七世纪时，阻遏甚至摧残英国新闻自由的，不仅是王室，当时英国的巴立门，也曾通过了种种法律限制英国报纸之发展。譬如国会中的记载，当时英国国会曾经多次通过法律，不许报纸登载。关于广告课税，英国直到十九世纪中叶才予废止，所以英国的报纸乃至欧洲当时国家的报纸，它们为了新闻自由，不仅要与王室斗争，还需与民意机关斗争。民意机关与舆论机关，虽其源流同为人民，然而因为民意机关已经是确立的权力。民意机关想滥用其权力以保持其权力，乃至不惜对新闻自由予以压迫。这一个事实，在现今虽已完全改观。但其迹象，有时还隐约可见。所以一个伟大的自由斗士，其遭遇的敌人是多方面的。一位成功的独立的记者，要有勇气，有智慧，与妨碍自由的各种敌人去奋斗。

综合舍我先生的生平，在他四十余年奋斗史中，最值得我们大书特书的，是他独立精神。四十六年的长期奋斗中，他所遭遇的敌人，虽然有各种的各式的不同；他所创立的报纸，虽然有晚报、日报、画报乃至周刊；他奋斗努力的地方，虽然遍及中国的南北东西，乃至海外；然而他最伟大的特点是他独立的精神。独立与公平，是一个好记者的必要条件。有了这两个条件，然后一个记者的观察与言论，可以引起多数人的信服，在社会方面发挥广大的效力。公平的报导与言论，能替国家社会造成优良的气氛与健全的环境，消极方面，各种政治与社会的罪恶，可赖公平的报导与言论为之涤除。积极方面，各种改良与设施，可依公平的报导与言论而为导引以迄于完成。人类的灾祸，都是造端于不公平。政治与社会的公平，其实现有赖于制度，而尤在透过不断的公正言论，使各种制度日新月新。但是如何培成公平，其关键在于独立。惟有独立的襟怀，独立的人格，然后能达成情感理智乃至观察与言论的公平。欧洲近代文明的进化，由中世纪的文艺复兴，科学发明，工业革命乃至民主政治，其精神上最重要的依傍，便在个人的独立精神。有了独立的精神，然后得以打破教条，排除巫咒，而渐能由此草昧荆棘中入于理性的黎明。近代的新闻纸，与所谓新闻自由，便是替人类驱除精神桎梏与智慧枷锁的一种制度与气氛。所以，近代成功的记者，其对人类的丰功伟烈，有时是超过政治家以上，而是与宗教思想家占着同等地位的。占着这样重要地位的人，其精神上最主要之条件，是独立。由这个精神源泉而奋斗出来的记者，必然是一位伟大的记者。

舍我先生今年才六十岁，我在上文一再提到他在新闻界奋斗四十余年的历史，这是今天想研究舍我先生的人们开始必将怀疑的，我想简单叙述他的一点历史。舍我先生是湖南省湘乡县人。因他的尊人在安徽游宦，他在幼年就离开湖南到安徽。所以他至今讲话很少湘音，反而带着相当重的安徽口音。辛亥革命时，他只有十四岁，参加了当时安徽省的革命青年军，这支青年军的领导人是韩衍先生。一九一二年，青年军解散，舍我先生开始在安庆的民岩报及长江报写稿，有时采访新闻。二次革命失败以后，他参加了柏文蔚领导下的秘密组织，在安徽担任反袁工作。一九一五，他一个人跑到奉天（潘阳），在健报做编辑。当时和他同事的人，今天在台湾的王新命先生是其中一位。不久，他回到安庆，和几位青年想筹办一家报纸，当时正是袁世凯筹备帝制闹得热轰轰的时候，安徽督军倪嗣冲便将他拘捕，几以“乱党”枪毙。幸有人营救，才免于难。出狱以后，他潜往上海。一九一五到一九一七年，他在上海民国日报主编副刊，中间为柳亚子驱逐朱鸳雏出南社的广告事件，曾经和总编辑叶楚伧先生发生冲突，他卷着铺盖，离开报馆。一九一八年，他考入北京大学的中国文学系，他便到了北京。从一九一八年到一九二五年，他一方面在北京大学读书，一方面先后兼为北京益世报任总编辑、主笔、采访主任。他在北京大学毕业后，有一个时期专在益世报任事。世界晚报是舍我先生第一次自己筹办的报纸，那是一九二四的事。翌年创办世界日报。从“五四”时代到国民革命军北伐，他在北方为了自由的奋斗，曾经坐过多次监狱，好几次几乎枪毙。国民政府在南京成立，是一九二七年四月十八日，舍我先生大概在五月初便在南京发刊民生报。当时我亦在南京，大家所争阅的日报，一为革命军日报，另一即为民生报。前一个报纸是总政治部办的，主持人为龚德柏先生。民生报完全是民间报纸，由一九二七到一九三五年在首都是惟一的民间独立的日报，最后卒遭汪精卫的非法封闭，舍我先生也在南京卫戍总司令部禁闭了四十天。上海立报是一九三五年九月开办的，这张报纸，在中国报史上有它特殊的地位，今天不拟在此赘述。可是我必须追述当年他从南京卫戍司令部被释外出，南京地方是不许他办报的。立报的创办，一方面是他对小型报在大城市生存发达一个理想的实现，同时也为办小型报可避免人家的注意。哪知道这一个小型报在上海，竟在数年中打破报纸的发行记录。中日战争爆发后上海立报随着国军的撤退，另在香港继续出版。直到珍珠港事变，香港沦陷而停刊。重庆世界日报筹备开始在一九四三年，到一九四五年五月正式发刊。因为当时后方人力物力及设备的艰难，据舍我先生平时所追忆，他一生办报费力最多，莫如重庆世界日报。当时我也在重庆世界日报担任总主笔的名义，曾亲见他赤足打水（因为出版不久重庆下水道在经过报馆的一段，突然阻塞。全馆被沟水泛滥深达一公尺余，经过两月，始由市政府疏浚完工。），更亲见他到排字房，到打包间，更见他亲手校对，他既无一不能，亦无一不亲自动手参加。经过这一段简单的记述，我们知道舍我先生从十五岁起，便从事报馆工作，在此四十五年的岁月中，他在报馆工作，从校对到总编辑、总主笔，从发行广告到总经理、社长，几乎无一部门的工作没有参加过，而且每一部门都是精熟。他在报馆内部的工作既如上述，他亲手创办的报纸，我们记得清的，便是上面说的种种日晚报。其次他在北平创办北平新闻专科学校，在桂林继续开办，去年他在台北，再度创办世界新闻学校并准备筹办新闻学院。

我在本文的开始，便强调舍我先生四十余年在新闻界奋斗的历史，他特殊的风格在于他独立的精神。他这个独立的精神，充分表现于他的言论行动及事业方面。一九二四年的世界晚报，是他第一次创办的报纸。据说他开办那个报纸的资本，是大洋二百元，而这二百元大洋，是他在益世报最后几个月工作的积蓄。从一九二四年到一九二六年，他在北京，赤手空拳，办了两个新报，没有拿着任何方面一文津贴，更没有假借报纸与当时的军政任何方面发生关系。他的联系对象，是多数的人民与青年。他凭着这一点独立精神，为着自由，与当时的军阀官僚，作殊死的斗争，结果坐了多次的牢，几次险些遭了枪毙。国民革命军北伐，舍我先生因为参加地下革命的组织活动，曾经短时期担任顺直特别委员会秘书长。平津收复，任北平大学秘书长。他与革命的渊源，历史甚深，更对革命的宣传着实出过死力，如果他想作政治活动，他的政治资本，正是十分殷实。但是他除了在短时期担任过上述两个职务以外，他始终不曾向政府争取一官半职。他在南京办民生报，没有受过政府一个钱津贴，他的报馆房屋与自己住宅，联在一起。简陋局促，刻苦艰难，今天在台的朋友，还有大可以回想而证明。他既不愿做官，也不愿假借报馆的地位，替自己顺带图谋任何名利。不但不去稍谋名利，而且终致报馆被封，舍我先生在首都卫戍司令部禁锢四十天出狱。唐有壬曾与晤谈，劝他与汪精卫释嫌修好，间接暗示如肯与汪妥协，不但可办报，还可做官，名利兼收。当时舍我先生一口拒绝。唐有壬晓以利害，说一个新闻记者要想和一个行政院长去碰，实在是碰不过的。舍我先生当时的答复是："我与汪精卫碰，最后胜利是属于我的。"唐为之谔然不解。舍我先生对他说最后胜利的理由：第一汪的年龄比他大；第二汪不能一辈子做院长，而他能一辈子做新闻记者；第三做记者可以抱定主张，始终不变；搞政治则诱惑太多，不容易永保令名。一九四八年底，北平再被共产党接管，一九四九年春中国共产党宣布没收北平《世界日报》；舍我先生在上海各报发表长文，对中国共产党正面驳斥他没收报馆的理由。这一篇文章，当时全国为之震骇。舍我先生一生奋斗的记录，今天不容详细引举，但就这两件事说来，他的勇敢，在近代中国新闻界中是空前的。有一位老友曾对我说，舍我先生但凭一篇文章，使可名垂千古，何况他推倒一世豪杰，开拓万古心胸的文章，何止一篇？而每一篇警世不朽的文章，都是表现了他独立特行的人格，大仁大勇大智的风范。近年我尝有意辑述中国近代记者的传略。我所知道的记者，我所亲自交往的记者，像舍我先生的风格，实在是不易多见的。而舍我先生风格中最独特之一点，便是他那独立的精神，他那独立的精神是近代中国记者中少有人可以比拟的。

中国近五十年的新闻记者，人才辈出。如果今日修订国史，在儒林，文苑，艺文，独行等传志以外，应该加增“记者志或传”一门。五十年来的记者，始终维持报纸记者的立场，而且终身从事新闻事业的，我常常想起三位人物，第一位是陈景韩先生，第二位是张季鸾先生，第三位就是成舍我先生。这三位先生将来各有千秋，今日是可断定的。说到陈景韩先生，今天新闻界中不但和他接触的人不多，怕知道或认识他的人更少。陈先生前后做了三十年的记者，他不愧是一位独立的记者。可是，他的独立，还多少是限于消极的。他的独立，多年中是偏于“有所不为”。像我一辈的人，大概可以记着三十年前申报上署名一个“冷”字的社评。在当时，在今天终觉得他过于“冷”点。有一次景韩先生对我讲过一段故事，那是前清末年在时报时代的事。他说那时他在时报做总编辑兼写社论，社论的文章是极具锋芒的，有一次时报主人狄楚青先生给他看一封信，责备他写的文章，竟像革命党写的。后来看了信末署名是康有为。狄楚青是康的门生，他把康有为的信给陈先生看，意思嫌他写的社论过于激烈。从这一个故事看，可见陈先生在初年写文章是不“冷”的。抗战中间，陈先生始终没有离开上海，胜利后我一到上海去看他，问他何以自全。他说“我从来少出动，即出去也没有人认识我。”我当时默念，做新闻记者，做到没有人认识是太难了。景韩先生的行己立身是极严正，认识事理更绝对清楚，他的立场坚定明朗，是毫无疑问的。可是他那种风格，是无法效法的。其次讲到张季鸾先生，他的智慧，他的热诚，真是令人敬佩。大公报与张季鸾先生，是近代中国报纸与报人中最幸运的。它们是“九一八”以后时代的宠儿。季鸾先生少年孤露，中年坎坷，晚年真是交大运。他晚运好死运更好。个人与事业，其成败得失，努力一半，命运还占一半。古今中外的历史，都是如此。

季鸾先生当过陇海铁路会办。一九二七年北伐军渡河北上，蒋总统与冯玉祥在郑县会面，随着冯玉祥到郑县的是季鸾先生。据说这是季鸾先生与蒋总统第一次正式见面。从清末到“九一八”，季鸾先生真是经过了“战国纵横”的时期。一九二六年后，他与胡、吴两位先生专心办大公报，这是一个文人理想的归宿。我与季鸾先生，曾经有过长时期的接触。抗战时期在重庆，我们还在一所房子同住过一个时期，有一天于先生季鸾先生和我同在庭院散步，季鸾先生忽而喟然说：“我们三个人，代表了三个时代的中国记者，可称是三代的记者。”三个时代的记者，陈现了三个不同的时代，三个时代记者不同的命运！我对季鸾先生，具有公私无限之爱慕与敬仰，但我也始终觉得季鸾先生带着浓厚的纵横家气味，这是时代环境所造成。关于独立精神这一点，在陈、张、成三位先生中，我觉得舍我先生是超过他们之上，舍我先生半生在纵横的时代中，但他没有半点纵横之气，也不带半点纵横家的手法。舍我先生办报的地点，多半不在租界，而且专择首都去办报，这一股冲锋陷阵的独立精神，知人论世者是不可不体会而认识清楚的。他真是近代中国记者的“云中一鹤”。他是正规民主国家一个独立的记者。他的命运是与国运联在一起的，舍我先生的交运恐怕不是受着任何人的宠眷，而是全国的民意崇奉他。

十八世纪英国有一位印刷商兼办报刊的人名叫阿尔蒙约翰（John Almon）有几句沉痛的话：“生了儿子，与其使他做印刷生意或办刊物，不如使他学习修补铁锅的匠人。因为铁的法则是可以懂得，而诽谤的法律是不成文的，不确定的，也是没有解释的。有时候国王或王后爱怎么办，有时候大臣爱怎么办，有时候检察长爱怎么办，便怎么办。”读了这几句话，再看今天英国的新闻事业，知道人家新闻事业的发达，与新闻自由的树立，原不是容易的。英国在十八世纪，办印刷事业或办报，使当日从业人员如此头痛，可知新闻事业在外国，即在英国，当初也被有权者所竭力压迫而摧残的。英美两国的新闻事业，所以获得今天的成就，中间正赖无数志士仁人无量的奋斗与牺牲，也经过多少从事新闻事业者之积极创造与建设。中国新闻事业，历史还不及百年，这一百年来中国经过长期的混乱，新闻记者的命运是可以预定的。所以在此百年混乱中，中国新闻记者命运上的困顿潦倒是常道，飞黄腾达是例外。在世界新闻史上，飞黄腾达的新闻记者毕竟是无可欣羡称道的。受着权力当局特达之知的新闻记者，在新闻史上也并不是一种佳话。新闻记者最重要的条件既如上面所说，是独立的精神，而一个独立记者的最重要修养，是为多数大众培养权力，而自己本身决不攘夺此种属于公众之权力。更不矜夸本不属于自己的权力。伦敦《泰晤士报》从华尔陀第二接办以后，编辑新闻上重要信条之一，为办报人绝不利用报纸作本人或团体之宣传，此与中国旧时史家的传统信条相仿佛。纪事论事，虽父子骨肉，必用第三褒贬抑扬，纯采客观与独立的态度。拜恩斯死后（一八四一年五月八日），《泰晤士报》新闻栏中并没有一字的记载。而仅在新生，结婚，死亡，报告栏中有两行半的普通记载。英国《泰晤士报》这一优良传统，一直保存到现在。如果我们一回想我们国内的报纸，对于本身的宣传，是何等努力，真是报界所应惕励改革。因此我再想到舍我先生，在他四十年的记者生涯中，在他自己三十余年经手所办各报中，从来没有看见他为自身作任何宣传，这是现代记者极重要的修养。今天应当为全国报业郑重提出检讨的。

最后，我想再谈一点舍我先生的个人修养，做本文的结束。一般人对舍我先生的评价，说他是一位坚苦卓绝的事业家，他创造事业与维持事业的能力，这是新闻界所公认的，中国五十年来新闻事业中尽多杰出的人才，但像舍我先生那样的无所不能，无所不精，实在是少见的。在营业方面，他从材料成本发行广告等无一件不精通。在技术方面，他对印刷排字都时时研究且有新的发明。在编辑方面从校对采访编排乃至写专文评论，亦无一不能，无一不好。他真是一位新闻事业的全才。我尝说：舍我先生的学问文章，每被他的事业所掩盖，他是北京大学中国文学系毕业的，所以他的国文根底十分深厚。二十余年前我们同去欧洲，那时候他的外国文不能说好，然而经过二十余年不断的努力，他对英文阅读与听的能力，已十分完备。他看时代周刊，七八年来每期自编索引。读中国书更做札记，资治通鉴是他熟读的书，他早年喜治词曲，至今还喜唱昆曲，这一点与张季鸾先生相像。到台湾后，他对书法忽感兴趣，两年临池，他的书法亦改观了。舍我先生对治学的自强不息，真使人叹服。他于外国文字，英文以外，尚懂日文，他写的文章，不但犀利而且浩涵。他生平有多篇文章，必为将来历史上的重要文献，尤为新闻学史上的宝贵史料。他的文名，被他的事业所掩盖。其实他的文笔，在现代自由中国，是不易寻出的一枝笔。而最可钦佩的他对自己一切技能，不但不稍显露，惟恐藏之不密。我对舍我先生，追随订交，至今恰将三十年，中经无数忧患，然而我对他的敬爱久而弥笃。我面对着他，觉得自己过于渺小了。不用说他经营事业之才，我不及他百分之一；便是谈学问写文章，我也跟不上他。他现在的年力，正如日方中，希望他继续为其使命而努力。更望自由中国、自由世界，珍重维护这一位独立的记者。

记费巩教授

对日抗战结束前几个月，在重庆发生了费巩教授失踪事件。今天来自大陆，年纪四十左右的人，大概还能记起这一件事。多少年来，我屡次想起对这一件事写一点东西，而对费先生个人立身与学术造就，尤想就我所知道的写出来公诸世人。

已经是十七年前的事情了！虽然经过了十七年的岁月，今天对这事的回忆，还是怆痛而迷惘的！费先生在抗战前便在国立浙江大学任政治学教授，抗战中浙江大学由杭州辗转迁移到贵州省的遵义县。大概在一九四五年初，费先生在浙江大学因教书的年资可以休息一年。费先生是研究文官制度的，他在浙大获得休息一年的机会，便从遵义到重庆，住在上清寺一个朋友处。当时我在监察院任职，监察院的地址也在上清寺陶园。因为地址的接近，而且费先生因为研究文官制度，常到考试院去访问及调卷研究问题。当时的考试院，是和监察院同在陶园一所大厦中，所以费先生当时几乎和我隔一两天便见面一次。因为是复旦及英国两度同学的关系，在患难中相见的亲切，是难以形容的。记得在当年（一九四五）五月（？）某日下午，他到我办公室中来看我，说明天清晨要迁到北碚母校复旦大学去讲学半年。他带了一张宣纸，要求我替他写一张条幅，我立刻命人磨墨替他写了。坐下来谈的话甚多，至今只记得有一段话是引起我极大的兴趣。他谈起时局说：他的父亲（费仲深先生）民初在北京，不知什么人替他讲过：说在兹三十年中，时局有三个大关键：第一个是一九一六年；第二个是一九二七年；第三个是一九四五年。这种近乎预言的时局预测，在当时长期抗战中，最易相起人家的兴趣。当时我对他说：一九一六年是袁世凯帝制失败。一九二七年是北伐成功。第三个关键一九四五年，难道便是抗战胜利结束？（谈话的当时是一九四五年四五月间）。他起立向我辞别，我对他致意向来不惯早起，明晨不能到码头送行，当天下午五六点钟的时候，两人欣然握手而别。

第二天午后大约二时余，复旦大学校长章友三（益）先生从北碚打长途电话到监察院，问我祥仲（费先生字）今天订定清晨乘船到北碚。中午船到北碚，他并没有到，究竟什么原因，请我就近打听后答复他。当时我并不惊奇，以为他也许因临时事故不能成行。随即遣人到他住处去询问，回来说他今朝早已动身。当时我虽感到奇突，亦并不十分惊愕。到当天下午五时许，有一位送他的学生来看我，说费先生失踪了。我仔细查问，他说当天清晨伴了费先生到码头（朝天门或望龙门此时记忆不清）。费先生带了几件行李，后来船到，许多乘客蜂拥而上船，他亦没有十分注意。但待船开行后，费先生的行李，一件未动，仍留在码头上。他在码头上徘徊了甚久，只得把费先生的行李也带回了。（那种叙述，恰似红楼梦记贾宝玉赴考失踪事情形相同。）我告诉他北碚来的电话，船到而费先生没有到，他也同表惊讶。等到晚间，复旦大学派人再来查问，费先生失踪是证实了。从那天起，军警机关的代表，每天下午为此事到我办公室来报告及会商。听说把那位送行的学生扣押起来侦讯了多少次，也毫无端倪。费巩教授失踪的消息，从发生后第二天起天天在报上登载。国民参政会江苏籍参政员，以及复旦大学同学会为了此事，开了多少次会讨论寻究，后来此事呈报了蒋委员长，委员长手谕军警机关严查，军警机关为了此案，也确尽了一番努力。据说从万县到重庆沿江各码头，凡见江中浮起尸体，一一捞起检验，结果始终不得下落。此案从一九四五年四五月闹起，一直闹到抗战胜利。记得在当年十月初，江苏籍参政员及复旦同学代表，还在参政会秘书处开了一次会，也是没有结果而散。所谓费巩教授失踪案，当时经过政府与社会那样严密的注意，不但案子不能侦破，并案情也毫无头绪。当时只有几种猜测：一种猜测是被他的学生谋害，因为费先生在浙大曾任训导长，或对学生训导方面过严。另一种猜测是共产党将他谋害而想嫁祸于国民党。其余各种猜测，亦只是猜测，军警机关对此案始终是没有只字的报告披露。抗战胜利，在重庆的人，大家忙着回家。这件案子就冷下来，一冷冷到毫无结果。费巩教授失踪案是如此的一个经过。

我在本文开端时，即说今天回忆这件事，至今尚余怆痛及迷惘，便是这个意思。抗战胜利，我奉使到江苏。十月末到了上海，使我至今最难忘而深痛的，便是会见了两位老友的太太。我初到上海第三天，孙寒冰夫人来看我，我见了她没有言语可安慰她，因为寒冰在一九四〇年于北碚被敌机炸死的。过几天，费巩夫人到江苏监察使署来看我，详细问我费先生失踪的经过，说到后来，两人相对，一把眼泪，这是人生经历中十分难堪的一段。当时只知道费先生的长子已在清华大学大学部习物理学，现在一隔十余年，一切更是茫然了。

记费先生的失踪既毕，应当略记费先生的个人历史及他的学行。费巩先生原名福熊，字祥仲，原籍江苏省吴江县，寄寓吴县（苏州）。他的父亲费仲深先生，是一位知名的举人，也可说是一位标准的“士大夫”。他的祖父似乎是一位翰林，放过学差。他有一位老兄，一位老弟，都毕业上海交大而留美的。费巩先生在复旦大学，是从中学读到大学，于一九二六年冬季毕业，一九二七年到英国伦敦大学政治经济学院，后转入牛津大学。费先生在学校时的别号为“驸马爷”，因他娶项城袁克定（芸台）的长女为室，而且是幼时便定婚的。他的尊人仲深先生与袁克定，原是僚婿，他们同是苏州吴清卿（大征）的女婿，大概因为这个关系，仲深先生亦在北方官场混了一个时期，最后他曾任袁政府的肃政使，因不满帝制而辞职南归。当时梁启超反对袁世凯的文件中，曾有“亲信如张謇、费树蔚（仲深先生之名），无不相率远行”之语。可以想见费老先生虽与袁氏有姻娅之亲，还是充满了中国士大夫的正义感。由费巩先生的家庭背景，可以知道他是一位十足的世家子弟，也可说是“贵介公子”。可是他在学校及后来进入社会，绝少发现他有丝毫的“少爷”气息，他很质朴，也很沉默。后来进入社会，态度尤为庄重而严肃。我是从上海圣约翰大学转学到复旦大学生，所以我和他在复旦大学相处只一年有半。我们因接触而发生友谊，是在当时的学生会。他在学校功课成绩极好，但亦极喜从事学生政治活动。他手上总有若干群众，什么都可以跟他走的。记得在一九二五年冬天，他回苏州结婚，当时校中称“驸马爷大婚”，曾邀许多同学到苏州去吃喜酒，我是没有能去。在复旦我比他高一班，比他先一年毕业，可是他比我先到英国，我到英国去读书完全由他事前替我筹备一切。

在他去英国留学前，记得在某年夏天，我特地从上海到苏州去看他，住在他家里好几天。他在苏州的住宅，也是值得一述的。他的住宅在苏州城内桃花坞，这所住宅除了庭院花木以外，花厅四壁的石刻，在江南是相当有名的，那所住宅原主人是我们常州的费屺怀先生。费屺怀先生是清末的名翰林，我幼时在常州到处看见费屺怀先生写的字，他写的王带着苏，最精彩的是八尺的大对联与屏幅。这位费先生的轶事甚多，九尾龟小说中涉及他的地方很多。那年夏天到桃花坞费宅去，时值盛夏，花厅前面排列成行大盆荷花正盛开。三数天居留他家中，曾在花厅厅轩进谒他的尊人仲深老先生，我只觉他充满了慈祥，并没有像外面所说的怪辟脾气。苏州世家的饮食起居，真是舒适细腻到极点，比较我们常州远过之。他们的藏书着实丰富。后来费老先生作古，我曾特地到苏州去吊唁。当时祥仲已在浙大任教，两次的情景完全不同了。那都是抗战以前的情事，今天连带写及，一以见费先生早年的生活环境，一以见抗战前江南的社会与家庭生活。由今思之，真是唐虞之世了。

距今三十二年前的十月初，我从巴黎到伦敦，到维多利亚车站，费先生已在月台上接我。他助我提取行李，出了月台，雇了一辆英国古老的计程汽车，那种汽车顶上有小铁栏，行李便装在车顶上。这种汽车直到第二次大战前还在伦敦及英国各地载客。第二次大战后我到英国，那种汽车才绝迹了。费先生预先替我租了一间房间在伦敦郊外叫Herne Hill地区。该处到伦敦政治经济学院要乘公共汽车半小时方可到达。我们乘街车到达寓处后，就在那间小楼安顿了。我的居处离开费先生的住处只隔两条街。晚上我们讨论到大学去注册入学，我问他两年来所专攻的科目。他告我是公共行政系下面的文官制度，是由Prof.Heman Finer指导，他问我的志趣，我说我还是从Prof.Laski罢。他说那不嫌太空疏么？我说我早就走入“空门”了，现在还是一空到底。所以我以后在伦敦政经学院把拉斯基教授的功课大半选读了。除了英国宪法外其余都是政治理论，真是“一空到底”。当时我与费先生已别了好多年，他在伦大也已两年。他给我看他二年来做的许多Paper，使我惊叹他在学问上的进步，英国教授最注意教学生写Paper，初时当然不习惯，后来反以此为乐。此与中国旧时书院的札记，有许多相似之处，不过英国大学里的Paper，其专题研究性还加甚。大概我与费先生在伦敦共处半年，他便转学牛津大学去了，他在牛津时，我去看他好多次。

费先生比我回国较迟，记得他回国后，我已在南京办中央日报。他从苏州北上，在南京小住，曾与他夫人到我寓所访问。他在北京做事不久，便到浙江大学任教，他失踪后发现许多没有付印的稿子及札记，他在文官制度方面的研究，真有许多独到的地方。他失踪后，同住的人曾把他的稿子送我一阅。我当时公务忙，兼为他失踪案子忙乱，无暇留心他的遗稿，不久便交回与他的朋友。后来胜利还都，他的稿子怕也同样失踪了！费先生到浙江大学后，他的宁静，是朋辈中所罕见的。他本性原来平静，绝少见他放言高论。他的思想可以说是一个英国式的保守派，而他私生活方面十足是儒家的规模。他的年龄，大概比我小一二岁，今年亦将六十之年了。这样一位纯洁宁静的学人，天不使之永年，以成其所学，且使他的下落永久成一个谜。他给予社会者多，而社会所报于彼者如斯，“人生到此，天道宁论”，只有用这两句话表达我对老友的纪念与怅望。

今年五月中，我卧病一月，《传记文学》杂志发行人向我屡次索稿，传记文学与我过去有特别的因缘，中英两国近代的传记三十年来不断涉猎。我虽在病中，扶病写就此稿，我已老入空门，一空到底，“烦恼即是菩提，生死原是涅磐，“最后我希望我的老友，超脱了生死轮回，往生极乐的净土！

根富老老

在我童年时期，有一个人，不是我的尊亲，也不是我的师长，但与我童年的生活有密切的关系，甚至与我的家庭生活同有密切的关系。五十年来，我时时想到他，想到他便联想及于我的童年生活。这就是本文以中心人物“根富老老”。《传记文学》杂志特辟“难忘的人“专栏，编者屡次催我写一篇《难忘的人》。我搜索自己的回忆，略写这位难忘的人与联想到许多难忘的事。

根富老老姓吴，身材肥矮，在我记忆中，他在我童蒙时期，已经蓄了胡子，所以我们从小便叫他“老老”。他什么时候到我家来服役，我过去没有考证，后来更无从考证。在我记忆中，当我四五岁时，我家随父亲住杭州。在这一段期间，引我在杭州各处游玩的，便是他。当时父亲在浙江藩台衙门做幕客。杭州藩台衙门大门前有一大水池，池内养了无数的大龟。根富老老常常抱着我去藩台衙门前看大龟，有时还买个麦饼投入池中，引起龟群来争食。大概我们在杭州的住宅近靠藩台衙门，所以在我记忆中，根富老老在下午有空暇的时间，便抱着我或掮着我去看大龟。我们在杭州，大约住了快三年。因为父亲跟着当时的藩台调升到山西去，我们全家仍旧回到常州去了。父亲一辈子在南北游幕，一辈子带家眷同住的，惟有那在杭州的三年。

记得当时的时代，大概是前清光绪三十年以后，我家所雇的男当差，一共有两人。一个姓王名金龙，是跟着父亲在衙门里，后来一直跟着父亲到山西，到安徽，到苏州，到河南。另一人便是根富老老。根富老老是在家庭中做事，他做饭、管理家中杂务。姓王的当差从小在衙门里长大，对衙门一切规矩十分熟练，人也是彪形大汉。根富老老是忠厚的人，他不识字，当时家中称王仆为二爷，有人开玩笑称根富老老为三爷。在我们很小的时候，便知道他是做过“小长毛”的

（幼年被洪杨虏去）。他自己不但不讳言，且常常替小孩们讲述许多洪杨军中的故事。在他口中，“向大人”是当时极威风的将领。提到“曾九师”，仿佛有点肃然起敬的样子。他是否参加洪杨最后南京围城的一幕，当时我年纪太小，没有智识去考证。但记得他常常讲到南京的雨花台和聚贤门。看上去他是在南京城中耽过一个时期的。

我家住在杭州一段时期，我的年龄太小，所能记忆的事太少。当时我家中搬到杭州住的，除了父母双亲以外，有一位胞姑母。我的大妹到了杭州才出生的，所以家中大小只有五个人。父亲在衙门里似乎公务极忙，我们除了清晨看见他一面外，他终日在衙门办事。杭州的住宅在什么地方，我至今也记不清。只记得三年中迁家过一次，而那次迁家的原因是为了房子里闹鬼。我是随着四姑母住在楼上，闹鬼闹得最厉害的地方便是楼上。据说每当夕阳西下，常有一位女人，浓装立在窗口。家中相传，有一天是我看见了女鬼而叫唤出来的。家中闹鬼，并没有请僧道来驱鬼，而采用了另一种压邪的方法。记得当时在卧床床帐前面，以及门栏前，都钉着一块深黄绸，绸上面盖了藩台的官印。这是当时的迷信，以为三大宪（抚台、藩台）的官印，是可以辟邪驱鬼的。根富老老在当时年纪并不大。他扬言是出入军中，打过几十次仗，他是不怕鬼的。小孩子在他手中抱着，似乎胆子便壮起来，听人讲鬼也不哭了。

当时家中的男当差，叫父亲的称呼是“师爷”，这是顺着衙门里面的称呼。“师爷”就是“幕客”，简称就是“幕”，我出生在“幕僚”的家庭。幕僚的公私生活，是值得带便一谈的。一九三七年春，父亲死了，在开吊前照例发出讣闻附有行述。当时胡适之先生在北平，接到我自撰的“先府君行述”，特别写信给我，请我写一篇清朝“幕僚”制度以及幕僚的训练及其生活。我当时在丧中写了一篇万余字的长文寄给他，他把这篇文章在《独立评论》发表了。今天“去古益远”，许多人对这个制度或更模糊了。我愿趁写此文之便，将这个制度简略的加以介绍。

在前清一朝，“官”与“幕”是对称的。官当然是一个机关的首长，但“幕”并不是那首长的属员，“幕客”或“幕僚”是客。他们在机关中没有名义，也没有官职。（其实幕客都有官衔此与其幕职无涉。如父亲是候补知府衔，穿戴四品冠服）他们不由朝廷任命，也不由长官委任，他们是由“长官”聘请而来。当时的聘书称“关书”，是大红全帖，长官后面署名称“教弟”，当面称“老夫子”。下人称“师爷”。幕僚是“客”，不是属员，由此可知幕僚的地位。在一个衙门中，在一个长官下面，有许多属官。譬如知县衙门，知县是一县的长官。但在知县下面有县丞，有捕听，有巡检，有典史等等，这是属官。在属官下面还有书吏，全衙门的案卷，都由书吏（或书办）职掌的。幕客是衙门中实际办事的主干。在地方官中，上自督抚，下至州县。衙门中主要的公力，都是由“师爷”去办理。在一般衙门中，并无什么组织，或分科办事。而主要的公务，不出刑名钱谷两大部门，就是今天所谓司法与财政，幕职亦以此为两大分类。从督抚衙门至州县衙门，刑钱两席的老夫子，便是一个衙门的公务中心。其余管理书契（文书）及本衙门银钱出入（是名账房）均居次等地位，督抚衙门中另有文案，分别办理折奏等。

幕客大体亦可说分成两类：一类可称为办理实务的幕客，另一类可称为政务的幕客。大概在低级的地方衙门中，只有前一类的幕客，便是上文所称的刑名钱谷两大部门。衙门小到县级，刑钱两席的幕友是不可少的。所谓政务一类的幕客，只有高级地方衙门方有此规模。实务的幕客如刑名钱谷，事属专门，不是一般人所能担任。担任这种幕职的人，同样经过长期的严格训练。以前称为学幕，便是幕僚的训练。学幕是没有学校可去投考就学的，学幕在当时，都是拜现任的幕友做老师，学生也住在衙门里，跟着老师学习与实习，声名地位高的幕友常常收学徒到一、二十人。

学徒照例不纳学费。食宿都由老师供给，便在公文的观摩中学习各种基本原则与技术。学幕的学徒，资历稍深的是老师的有力助手，普通公事均由大师兄等签拟，由老师核定，再呈长官。此类大师兄，老师年节照样补助相当的金钱，作为报酬。在过去学幕，普通要六七年方能毕业，正是今天大学法科的年限。秦朝所谓“学律于吏”，学幕便是这个传统，一直传到清末。至于政务的幕客，绝不需要经过学幕的阶段，这一类人大抵已是有科第甚至有官职的人。那经过学幕再担任幕职的人，多数是不得志于科场，所谓学书不成不得已而学幕。可是在前清，幕府中的人才辈出，无论是属于上述那一类，不知荟萃了多少聪明才智、博古通今的人。父亲是经过七年“学幕”训练出来的，他在前半生，是办理实务的幕职，而在后半生，是兼办政务与实务的幕客，他在山西、河南等省，常常兼着巡抚及藩司两个衙门的总文案，常常三四年没有回家一次，公务之忙碌可想而知。

幕府情况的不易考查，因为这个制度，是在正式制度以外，没有官文书可以查考。它不是官制，不易在任何官制的书籍中考查，但它与整个吏治关系太深。这种在官制以外的制度，只有从许多个人的著述中，从侧面去窥测。

乾隆年间一位汪先生著有一部书，叫《病榻梦痕录》，这是一部幕客的自传，他书中叙述在各处游幕的实际生活。可是这部书的缺点，并没有叙述“学幕”的经过。其次，汪先生所游的幕，偏于州县的幕，没有到高级地方衙门。其次，薛福成著有一篇《曾文正幕府宾僚记》，虽然只是一篇文章，然把曾文正幕府的人物及性质，绘画描摹得十分详尽。从薛文中可以窥见：曾幕中有两大类人物。一类是追随曾公甚久而继承他的志业，此中分成“闳伟”、“明练”、“渊雅”三类，而以李鸿章、郭嵩焘、刘蓉、李元度等人冠其首。第二类是“凡以他事从公，邂逅入幕，或骤致大用，或甫入旋出，散之四方者。”这里面又分为“雄略”、“硕德”、“清才”、“隽辩”、“闳览”、“朴学”、“干济”、“敏瞻”八类，而以左宗棠、彭玉麟冠其首。据薛文所述，薛氏在曾幕中所接触而相交者，前后共八十八人。前清幕府之盛，当然从那时候开始（“左师爷”[宗棠]相传为幕府中的佳话），此风一直流传到清末。苏州张一麟著的《心太平室文集》中，有一篇北洋幕府记，便自述他在袁世凯幕中，而以南北洋两督署的幕府最盛。端方在两江时，许多古董专家都被延揽入幕。而李鸿章、张之洞幕中，政务幕客之人数，实超过实务幕客。他的幕中包罗许多显宦名流，如于晦若等已官居侍郎，在李幕中数十年。袁世凯幕中，如徐世昌、唐绍仪、梁士诒、夏寿田、阮忠枢等，不仅是高科，且是高官。张之洞幕中的梁鼎芬、郑孝胥、陈石遗等是诗人而入幕的。这是“达官兼名士”的特别色彩。吴长庆在清末，不过一提督，而其幕中有周家禄、朱铭盘、及张謇等名士。

研究政治制度的人，看了幕职这种制度，第一个问题，便是一个长官下面，网罗那许多幕宾，经费从哪里来？职权问题还在其次。把现在的制度来说，没有官职，俸给便无从支出。这个问题的答复；当时还无预算制度，而督抚大员，他经管的事太多，一个繁剧省分的巡抚（总督），他的职掌是管军事吏治，还管海关、监务、茶务等等。幕僚的开支，大概就从这许多地方匀支。幕僚的待遇，办实务的如刑名钱谷等席，待遇较高，其余政务一类的幕僚，因事务不重，待遇亦就不高。父亲在山西、河南等省抚幕中，束修（不称官俸）听说每月二百两银子，有时兼着藩司衙门的文案，每月可得三百两。此外有施工省份，各州县逢年节对“老夫子”照样送节敬，这不是红包，而是相沿数百年的不成文法。据说河南省的抚幕，每年束修及节敬，可得七千多两银子。前清末年预备立宪，各省实行编制预算，雷厉风行，把幕职变成官职。一切节敬等类，严格裁削，所以幕职到清末，亦自然淘汰了。

言归正传。本文的主题，因为旁及幕府制度而拉开了。我家由杭州迁回常州，是因为当时浙江藩司升任山西巡抚。父亲当时因公务忙碌，不能分身，家眷回常州，没有亲自伴送，负责护送家眷的，就是根富老老。还另有几位男仆。当时杭州到常州，铁路未通，我们坐的是船，用小火轮拖着。由杭州起程，要经过一个大坝，再经运河到苏州。由苏州再到常州，时间要经七八天。根富老老在船头上抱着我指东画西，替我讲故事。到了常州老家，我认为是一个陌生地方，不肯进去。长日的伴侣是根富老老。我们回常州的第二年，我家请了一位冯蕴明先生，开蒙入学。当时开蒙礼节是相当隆重。小学生都戴了“大帽子”，根富老老也戴了没有红缨的大帽子，手里捏着红毡单，学生向“至圣先师”牌位前叩头，然后再向老师叩头。叩头毕后，根富老老托着糖茶盖碗，分送与师生，然后礼毕。冯先生在我家前后五年，我是独子。家中对我的珍爱，是难以形容的。我在四岁时母亲请人在我耳边上穿了一个小孔，平时把红绒线系着。在当时的习俗，这样叫男当女养，容易长大。我家从杭州回来，不知经什么人的介绍，母亲把我过寄于东门外大悲庵的观音菩萨，大悲庵是一个尼姑庵，从此便有许多尼姑到我家走动，逢节过年，根富老老带领我到庵中去上供。有一次还去上幡上祭，大做佛事。父亲四十岁生辰，他老人家正在山西，母亲为他做生日。事前邀了许多亲戚住在家中，大做寿团寿糕。还请了十几位尼姑，念了三天佛，这是我童年拜佛最大规模的一次。我家庭中父亲既长年在外，从我有知识时候开始，大伯父已经由新疆回来，在上海办商业学堂。每年寒暑假，大伯父回家是一群小孩最热望的事，因为大伯父无子，外面抱一个螟蛉子，平时对我最疼爱，他每次由上海回家，特别有东西带给小孩，如玩具、图书、新书等。大伯父是一位地道的读书人，放假回到家中，第二天必在厅轩中整理一张书桌，桌上陈设了精美的文具及书籍，每天写字，我最喜立在他书桌边上看他写字，有时将书塾中读过的书讲给他听。大伯父对我甚加欣赏，到年假时，大伯父每次由上海带回许多新鲜水果及糕饼，预备过年时供祖宗用的。大除夕每家要将祖先神像挂出来，由大除夕供起，供到正月初六日。我家供神像用两大八仙桌拼在一起，上面供十个玻璃高脚盆子新鲜水果，另十个下班高脚盆蜜饯及糕饼。有时候父亲回来，更加上一排紫檀架子的宣德香炉，炉中烧着檀香。我家供神的精致，是亲戚中所艳羡称道的。正月初一清晨阖家梳洗毕后，第一件是向神像上供行礼。行礼以后，家中相互贺年，小一辈向长辈叩头，贺年毕后，阖家人在神像前面“闹元宵”。“闹元宵”是把锣鼓铙钹齐奏，在这当儿，根富老老是最忙的一个。他要管理上供的节目，同时还要招呼许多贺年的客人。在新年中，小孩子也要出动拜年，因为父亲不在家，有许多地方，根富老老领着我到甚多地方去拜年。他对人称："我们小东家同来拜年。"这样过年，一直闹到书塾里开学为止。

宣统元年春天，山西抚台调任苏州。父亲跟着抚台进京，先由北京回家。当时家中大忙起来，父亲由北京回来，带回许多北京礼物，预备分送亲友。当时最普通的北京礼物，是铜墨盒和同仁堂的药品。铜墨盒有各种各式的样子，雕刻精美。同仁堂药品，是膏药及另一种叫"京老鼠矢"。"京老鼠矢"是一粒一粒黑色的丸药，那种丸药用时在钵底加水磨成液体敷在一切外症患处，立时奏效。这种送礼的差使，当然落在根富老老身上。他为此天天出动送礼，非常兴奋，大概因此可赚到一笔赏钱。父亲在常州等待抚台到苏州，方去到任。那时候消息阻滞，另一男仆王金龙告假回去，要想打听新任抚台过境到任，是一个难题。因当时的幕僚，避免与地方官接触。父亲不好自己去访问武进县知县，没有办法，只好派根富老老出去打听。哪知他去县里几次，都不得要领。后来王二爷回来，他跑到武进县号房里一次便打听得清清楚楚，新抚台哪天过境。当时的武进县，还到我家来拜会一次父亲。这种拜会，照例是挡驾的，挡驾也是叫根富老老去干。后来听家里人说，他又是外行。据说当时的挡驾，也有一套仪式。被访人家的家人，不能等拜访的官员轿子停下来，立刻向轿子前打一个千，高声叫着挡驾，那拜访官员的跟随，马上飞着一张官帖，轿子照样飞奔而去。父亲到了苏州，根富老老跟着去代理王二爷，因为苏州与常州近在咫尺，当时火车已通，我在教科书上读到苏州虎邱诸名胜，心中念念想跟着游玩一番。母亲无论如何不准，只能眼巴巴望着他去。根富老老不久便回常州，天天与我们讲苏州的名胜风景，我们小脑子更觉遗憾难过。抚台到苏州接任两个月，调往河南，父亲也跟着去开封。父亲到开封兼任抚藩两个衙门的总文案，当时主要的公务，是推行"新政"，父亲在河南是一生最忙的阶段。在一九三一年左右我有机会常常遇见许秋飘（沅）先生，他是当时父亲在河南的同僚（他是洋务局提调），许老先生对我说："你老太爷在山西、河南时的廉明谨严，不但人家送礼送不进，人家要请他吃一次饭，他也照例谢绝的。"后来我知道这是幕府自律的规律。

辛亥革命消息到常州，天气已经新凉。那年吃重阳糕的时候，革命的消息正是澎湃到高潮，我们家庭的家塾也停课了。武昌城内的各种传说 ，震荡了全国。父亲在开封每天有一个电报到家，电文中只有一个"安"字。到阴历九月底，谣言的传播，几乎草木皆兵。其实常州并没有驻兵，也非形势要害之区。城内造成的恐怖，至今想不出什么原因。后来许多亲戚，纷纷搬家到上海租界避难。母亲信心也动摇了，后来决定搬上海。家里都是幼弱，连夜整理行装，整理了上十天。雇定一只大船，与内河招商局接洽，由小火轮拖木船到上海。家中母亲及大姑母，其余就是我及弟妹共三人。一家老弱五人，连同女仆两人，从开始接洽定船搬运行李到开船，都是根富老老首当其冲。他随着我们一家，由水路沿运河经苏州到上海。在路上共走了五六天，才到上海。上海的房子已早托亲戚租定在新闸路，根富老老对上海相当熟悉。我们由上海上岸搬到住宅，一切很顺利。在上海住定后，往来的亲戚甚多，大伯母亦来同住。根富老老则往来沪常间。当时已到冬天，他每次由常州来，必带着许多常州猪肉及盐鱼等。常州人对上海的鱼肉等，认为不够好，我们必须吃家乡的鱼肉。我们到上海不久，大伯父由开封回来，父亲派王金龙护送到上海。当时看见大伯父回来，真是阖家喜跃。急急问着父亲什么时候可南下，大伯父亦说不出来。大概在十一月底，我们全家由大伯父率领，坐火车回到常州，根富老老在常州火车站接我们。这一次逃难，根富老老真是赤心忠诚的功臣。

辛亥年年底，父亲由北京转青岛经上海回到家中，父亲离家多年。多谢革命，我们全家团聚了。辛亥年底到第一年壬子，常州与苏州两地在外面的高官显幕，都一一回到家乡。苏常两地人物的丰富，那时候可称得上洋洋大观。在我父执中，有几位在李文忠幕府多年的，在北洋、东三省及两湖、两江做官或幕的，更指不胜屈。革命后常州第一任民政长屠寄（敬山），便是张之洞的幕客。内中陈容民先生（同治举人），人家都称他为陈二先生，在李鸿章幕中前后三年。他爱谈天，胸中掌故最多。那时候我理解力相当充足，常常跟着父亲，在他们“文酒之会”中旁听，有时觉得甚有兴趣。记得有一天一位长者忽问我父亲：“你真聪明，袁宫保留你在京里，你为什么掉头不顾，出京南下？”我父亲悄然答复他：“志趣不同。”后来知道当父亲在河南时，正值袁世凯退隐在彰德。老袁是各方消息最灵通的，在他家乡的官与幕，自然一目了然。河南抚台交卸，父亲同时到北京。袁当时初任新内阁总理大臣，托卸任抚台寄意坚留父亲在京帮忙。父亲仅去袁处挂了一个号，便出京到青岛转上海回家。有一天陈容民先生讲一段故事，是他在李鸿章幕中亲见的。他说某次李中堂见客，忽问督练公所总办某君：“你们近日的公事甚有条理，是何人替你们办的？”那位总办站起来：“回中堂：那位办公事的袁世凯，就是中堂某次写信交下来的。”当时李想了一想，笑说：“胆子真大，天津城里竟有人敢假造我的信。”当时北洋幕中，查明袁世凯持交某总办的李信，是他自己假造的。某次父亲几位老朋友在一起，忽然谈到西太后万寿的贡品，有一位父执说：“袁宫保真了不起，也真不成话。他后来进呈太后万寿的贡品，简直像送窑子里相好的恩物。他的贡品里有钻石耳环戒子，还有法国香水与丝袜，真是不成话。”另一位老者说：“我们的盛宫保（盛是常州人）那才不了起，他那一年，太后万寿的贡品，是四件名人书画精品，加上一对三尺高的纯金精刻香炉，真是有文有质。”某次大家谈庄蕴宽，那时候正发表他做江苏都督，一位长者说：“你们以为他早就加入革命的吗？他是参了官再和革命通声气，他的声气，还要借重赵竹君（凤昌）哩。”这一类的谈话，参加谈话的人都在当时政坛打过滚的人，而他们的正气与读书人的本质，还是保持着丝毫未变。这一群人的议论代表当时守旧的正派士大夫。他们心目中深恶痛绝的人是袁世凯。最鄙视的人，是盛宣怀。他们口中对“张香帅”（张之洞）并无贬词，这是读书人气味相投的关系。

民国成立，我家的家塾也解散了，我考入当时的冠英小学高等一年级。第一学期中午吃饭，是根富老老每次送到学校。从家塾里到高等小学，真像刘姥姥进了大观园。那时候我正十岁，第二年春天（一九三一年），宋教仁在上海被刺。班中传观宋被刺的照片印本，国文教员还出了一个题目《祭宋渔父先生》，后来觉得那国文教员真是荒唐，怎样叫小学生做祭文。一九一二年阴历五月初，母亲因生产去世，那是端阳节前二日，大殓的日子正是端阳日。当时我十一岁，大妹九岁，弟弟八岁。是我一生最惨痛的回忆。上一年秋天，大伯父去世。本年初夏，母亲去世，我家全笼罩在悲惨的气氛中。半年后我的后母进门，我童年欢乐时期就此结束。对幼童悲惨心理时时加以安慰的，是根富老老。他老人家常常对我说，好好读书上进，就是报答你的母亲。

我十三岁时（民国）高等小学毕业，那年夏天，考取常州中学，就在中学快将开学的前十天，父亲忽然想叫我再去读几年旧书。托人介绍到本邑名儒钱名山先生处。那是阴历七月初旬，预定七月十八日去开学，要留住在塾中。名山先生的书塾在常州东郊外六七里地方名白家桥。我的教育除了正规的小学、中学及留学外，加上九年的私塾。在入小学前，在家塾读了五年，小学毕业后，又是读四年私塾，再进中学。根富老老当时很高兴，他见我毕业高等小学，也见我考取了中学，现在要改读书他并无意见，他高兴的是又要送我去开学。就在七月十八日前几天某一深夜，根富老老在他卧室大声叫唤。大家起来看他，面上形容十分痛苦。后来知道他突然患了小便不畅的老年病。当时常州还没有西医，中医对癃闭病至少无法急救。根富老老在床呻吟号呼了两天，他的儿子把他接回去了。我到新的私塾去开学后几天，听到他的死耗，我为之悲痛数天。他活到将近七十岁，他不识字，但他不求利，不求名，而只是安分忠良的一个平民，一个忠仆。他半生在我家，最后还是死在他的岗位上，平凡而光荣的。他是我童年终日不离的伴侣，有的地方像保姆，有的地方像导师。他那矮矮身材，方方面孔的影子，永远在我的记忆中。他有两个儿子，都是做当铺“朝奉”，差能自立。他死后便与我家没有来往，但是，他死了五十年后的今日，我仍然忘不了他，想到他便联想起我童年时代的种种，我草本文既毕，感慨至于流泪！文前一首小诗，便是草毕本文后有感

“诸行无常，是生灭法，生灭灭已，寂灭为乐。”

那是佛法二乘的思想。我虽志求大乘，而心情至今徘徊于二乘的境界。我的心情，正趋向于“寂灭为乐”。生死流转，生灭无常的世间，我觉得太厌离了。

追怀傅秉常先生

谈笑入中宵，一夕幽明悲薤露；
交亲犹昨梦，百年涕泪洒云天。

七月二十八日夜七时余，我电话秉常先生，知道他南部旅行已回来三天。八时到他家里，因他南游十天，我们已有两星期没有见面，见后多半谈他南游的旅程，尤其是高雄台南等地工业发达情况，说是正可刮目相看。谈到九时半，我站起来要走，他苦留我多谈一会，我坚决辞去，他送我到门口挥手而别。第二天清晨六时，杨公达兄打电话来，说："秉常今晨三时半因心脏病去世了！"我在电话中再四问公达，你说的是谁。他说："我们的老友傅秉常今晨三时半去世了。"当时我木僵发晕了，一夕之间，幽明永隔，真是人间莫大的悲痛！我上面的挽联，全是纪实，也是真感情的发抒。八月五日上午十一时，我和秉常先生少数的亲友，由极乐殡仪馆执绋送他的灵柩到火葬场，我一路念着我这一首挽联，追怀这一位三十余年的老友！

七月二十九日下午四时傅先生治丧委员会开会时，主席谢冠生先生宣布秉常先生立有遗嘱。后来查阅这份遗嘱，是去年冬季他奉命去南美洲充任外交特使，离开台湾前所订立的。遗嘱第一条，说他生平受伍秩庸（廷芳）先生，国父孙先生及今总统蒋公的知遇及培植，数十年中，行能无似，中道决别，不胜歉然（非原文，仅记其大意）。按照报纸上所发表他的经历，从一九一八年他在广州大本营担任科长，北伐前在广东历任关监督特派交涉员及大元帅外交秘书，历数今日的朝士，他堪称数一数二的政界耆宿。照他的年龄，今年七十岁，何以能如此"早达"？他遗嘱第一条虽然短短几句，实在可以作一个说明。他与伍朝枢是僚婿，所以伍秩庸老先生是他的老姻伯。伍老先生在前清末年便是国中之大老。辛亥革命时，他以清廷的钦差大臣与侍郎资格，做南方革命军的代表，且任南京临时政府的司法总长。他的政治与社会地位，更为提高。秉常先生是香港大学第一班毕业生，他学的是土木工程。他在香港大学毕业后，奉派到沪杭铁路实习。因为广东人初到上海，人地生疏，便住在伍老先生小沙渡路的宅中（观渡庐）。秉常先生生前，常常告诉我伍老先生当时如何训练他。一位法律学者如何训练一个土木工程学生，这是十分有趣的问题。一九一六至一九一七年间，大概伍老先生闲居在上海，可是他家里的排场，仍旧延请秘书与打字员，而且中西书籍在他私人图书室中琳琅满目。伍老先生最初教秉常先生读十九世纪的政治名著，慢慢引他看法律理论与英美法中的著名判例。同时对古典文学，更郑重叫他熟读。伍老先生对英文写字是十分考究。秉常先生后来一笔英文字，我常想学写而写不上。我心知那草字是有来历，而非普通人所能写。大概经过半年，伍老先生的秘书因故辞职，他就教秉常先生继任，月薪五十元。秉常先生当伍老先生的私人英文秘书，一切稿件经过严格的修改，当然得益匪浅。伍老先生的功业官阀，今天知者尚多，不用我们赘述，至于他老先生少年时代的情形，今日几乎很少人能讲出来。秉常先生与伍老先生家中，本来是老世交还是老亲。伍老先生少年时，曾一并充任香港政府低级文员。后来他的岳家认为做“文员”是没有前途，叫他离开政府，再去读书。由香港送到英国，经过英国大学再进专读法律的学院Inn，他在伦敦考取律师，回到香港。起先执行律师，后来因做投机失败。他的同乡，介绍他到李鸿章幕中办洋务，由此而离开香港殖民地，正式到中国官场。他在前清，做过法部侍郎，帮助沈家本修订新刑律，亦做过驻美的钦差大臣。多少年来我曾怂恿秉常先生好好写一点关于伍老先生的传记，因为他是近代一位非常的人物。尤其他对国父孙先生，对国民党的鞠躬尽瘁。伍老先生生前曾说，他是衷心崇仰国父孙先生的伟大真诚，所以不惜牺牲一切追随革命。像伍老先生当时齿德爵三者俱尊不必再求名利，而死心为国父效力，国父吸引人才之力量与国民党之宏伟，由此可见。清末民初，世人每好举伍廷芳与唐绍仪并举。论官运，唐在清末从道员做到奉天省巡抚及邮传部尚书。而伍的官阶只是法部侍郎。因为唐努力做官，而伍是做事。抗战胜利后，美国前总统胡佛到上海，在国际饭店有一次宴席上，我和胡佛谈起他的老友唐绍仪，他不知唐如何惨死，胡佛口口声声说唐道台，因问我当时上海的道台是谁，使我啼笑皆非。唐绍仪是道台出生的官，依我与唐绍仪所接触及其言行的考证，唐哪能与伍并论？唐绍仪彻头彻尾是一个官，是一个“大员”，尤其是中西合璧的“大员”。而伍老先生是有理想，有信仰，及有德性的大老。伍老先生的言行，他的儿子没有替他写一个字。他的门人如秉常亦没有替他写一个字。这是历史上多大的遗憾!

秉常先生从政四十余年，其政治活动范围，不出于立法与外交两方面。这与他的老师伍老博士，可谓无形中之偶合。今天为文纪念秉常先生，我想扼要的在立法与外交方面，一谈他的贡献与成就。训政时期初行五院制度，立法院是在一九二八年初冬成立，秉常先生是第一届立法委员。他在立法院中，兼任外交委员会委员长。立法院当时的中心工作，是修订法典，修订民法是修订法典中最重大的工作（中国数千年来只有刑律，没有民法）。民法修订委员会成立后，他受命为召集委员。民法修订委员会，前后共举行过二百几十次会议。不仅白天开会，晚间有时开会至于深夜。院长胡汉民先生综计出席会议，亦有八十余次。当时民法修订工作之繁重及我们的开国规模，均于此可见。其时革命政府成立伊始，立法思想是力求前进。民法第四编的亲属编，是新旧思想激战的焦点。譬如第六章“家”的一章，当时不知经过多少次激辩，才得定案。又如“夫妇财产制”，亦是当日全国注意之点。秉常先生当年根据瑞士民法，提议在民法中不应设立“家”，而楼桐孙先生等坚决主张在中国民法中，是不能没有“家”的地位。最后胡先生亦参加了论战。结果调合各方面意见，而成现行法中的七条条文。夫妇财产制也是秉常先生所竭力主张。现在民法亲属编第二章第四节中各种条文，当时实在经过无数次的辩论，修改再修改而成。今天批评我们民法者对于这一节批评特严，谓其完全偏于空想，结果等于空文。不过从立法思想的角度来看，亦可看出当时思想的前进与朝气。秉常先生并不是学法律出身的，然他的综合与分析的能力，比任何人高强。一部民法当然不是他一个个人的贡献，但是民法修订委员会召集人，却有极大的功绩。

从一九一八年起，秉常先生在广东所做的工作，始终没有离开外交的范围，大本营的外交秘书，实际上地位相当于外交次长。一九二七年国民政府在南京成立，第一任外交部部长是伍朝枢，秉常先生当时担任外交部顾问，其时外交次长郭泰祺同时兼着上海交涉使，在京时极少，秉常那时等于一个外交次长。其后立法院成立，他任立法院外交委员会委员长，而与王宠惠先生同住一宅，与外交上接触甚多。

抗战时期今“总统”蒋公兼任外交部长，特调秉常先生做政务次长，部务几全由他主持。一九四二年冬季，他被命为驻苏联大使。那时正值第二次大战最艰苦的阶段。秉常先生到苏时，苏联的首都，还驻在古比雪夫。古比雪夫物质环境的艰苦，比当时的重庆还加上几倍。第二年史达林格勒大捷，苏联首都方迁回莫斯科。一九四三年春季，英美苏三国外长在苏京莫斯科集会，讨论战争结束前，外交上不预先立定地位，将来是无法与人抗争的。他认为中国必须加入盟国的核心与尖峰，更认为三国外长发表宣言，中国必须加入。可是当时国际形势，史达林对我十分敌视，邱吉尔对我冷淡，他认为可以助我者惟有美国。当时美国出席三外长会议的是国务卿赫尔，赫尔是美国的元老政治家，称得上“巨人长德”。秉常先生当时用全力与赫尔周旋，建立亲切的友谊。在三国外长将要发表宣言的前些日子，秉常先生几乎每天清晨便去赫尔行馆中守候。经过赫尔的死力相助，终究克服各种难关，使中国能参加三国外长的宣言，变成四外长宣言。其中许多经过细节，可以窥见外交官在外交重要关头的鏖战，与前方将士在战场上的浴血奋斗，是同样艰苦与英勇。中国在第二次大战结束后的四强地位，可谓导源于四外长宣言，因四外长宣言而我得被邀参加开罗会议。而这一个外交战的成功，秉常先生实是首功。他平时绝不轻言自己的成就，所以今天这一段史实，知道的人若再不为之宣扬，怕不久就也湮没而无闻了。

秉常先生的出使苏联，在他个人历史上，在中国外交史上是一段成功的记录。他在大使任内对友邦使节的交际，是相当成功，尤其对英美的使节，如美国的哈里曼大使，他俩人后来变成私人的好朋友。他对情报搜集，不惜金钱，而取去绝对客观公正。对馆内用人行政，公平和洽。与他共事的人，至今谈到还有好感。

摄影是秉常先生平生惟一的消闲嗜好，他家里积着数十年亲自摄取的照相。有一次我在他家中闲谈，他取出一本照相本给我看。他说这本照相，我们对照相中的人物与景象，都有共同的回忆。我检起照相本看了半天，认识那是一九三一年宁粤和谈时会场的种种。那一次会谈是一九三一年冬季在上海举行的。举行的地址，就是小水渡路戈登路口伍梯云住宅，那所住宅大门口有“观渡庐”三个大字，是伍老博士秩庸先生的遗产。（辛亥革命南北和议时，观渡庐亦是双方代表非正式商谈之地）宁粤和谈在那里开了十几天的会，我是南京代表团出席会议的唯一秘书。粤方除了代表以外，在会场走动的，阵容浩大。秉常先生并非粤方代表，而是陈友仁的翻译。当时南京的代表大半是“元老”，如蔡孑民、张静江、张溥泉、李石曾诸先生，后来加入陈铭枢及吴铁城，而粤方代表团则为汪精卫、孙科、伍朝枢、李文范诸氏。当时有一最可笑的现象，粤方代表以下的各色人等，与宁方的人，本来是朋友。但是他们表现严肃，见了面话亦不讲，俨然是敌国相对。有一天，王昆仑在我面前走过，面貌庄严，好似不认识的。我不禁向他招呼说："你装着那样子干什么？"他亦不禁失笑。惟有秉常先生十数天中，说说笑笑，一如平时。我们到会场无事，便据案大吃水果（当时虽在冬天，而案上陈列各式水果特别丰富）。秉常先生一生阅历政海，参与高层政治，但他和易近人，诚恳坦白，既无"僚"气，也无政客气。恬淡圆融，这是他的本性。

因为他数十年参加高层政治与接近高层政治人物，数十年来许多现实政治史料，他可称是一部活的字典，尤其是北伐前的广东政治与人物，偶尔他透露一两句，都能充分反映一个时代的真相。譬如他引总理批评胡汪，总理曾经慨叹地说："要把汉民的兄与弟都枪毙了，汉民才能真正革命"；"要叫精卫与他的老婆离了婚，精卫方能真革命……。"

他谈到伍朝枢的豪赌，他说："梯云赌得发昏，我有时特派海关中几位赌手跟着他，暗嘱结帐时不做输赢。"他谈第一次大战后的巴黎和会，中国代表团是南北双方代表组成，当时对外是一致，而内部南北双方壁垒森严，但是南方代表王儒堂是通北方的。北方代表顾少川是通南方的。南方代表团开会时，有时要避开儒堂，怕他去报告北方代表团。凡此等等，都是真实的好史料，可惜他平生不喜欢多谈自己有关之事，尤戒谈他人之事。十年前他由巴黎回国，惟一动机想回来看看许多老友。因为回国前王亮老托人几次带信，说如再不回来，许多老友不能等待你了。他回来十年，在数小时中和乐安详也离开人世，也永远离开许多老友了。这是他一辈子做人的福报！哀思追怀之文行文至此，吾又何言！

一九六五年九月传记文学七卷三期

悼念张道藩先生

执手犹温，音容宛在，
不信回生终乏术！
临门一恸，天地寂寥，
也知造物本无情！

这是六月十三日晨到通化街张宅慰唁张夫人后归途所撰的挽联，从六月十二日夜到慰唁张夫人时，这是一幅实况抒写的挽联！

从本年四月七日清晨闻讯到三军总医院探视病况后，每天探听到藩先生的病情，也每天关心他有没有醒过来，经过二月又六天的时日，他始终没有醒过来，而终于走到他生命行程的终点！听到他的噩耗，看到他的夫人，相对一恸，真觉得天地寂寥，造物无情！几天来许多朋友沉浸在悲哀忧伤的气氛中，要好好写一篇文字来悼念，是相当困难的。悼念一位人物，单从他的事功或从他的职官履历来着眼，我想是过于浮面的。治丧委员会开会的那天，推我报告张先生的事略，一大篇的经历，很难剖视张先生伟大的人格。人格虽然脱离不了事功，但是事功与人格不是相等的，自然从事功中也可窥测一个人的人格内容。道藩先生的事功经历，当然是洋洋大观。在政府职位方面，他从厅长、次长、部长做到院长。在国民党的方面，从候补中央委员做到常务委员，做到中央政治委员会委员。在社会文化方面，从国民中央文化运动委员会、中央广播电台到中华全国文艺作家协会的领导者。但是他的不朽，他在人们中最大的影响，恐不是一大串的官衔，而是他在那许多职位上切切实实做的工作，更是他数十年来放射出来的人格力量。

凡与道藩先生接触的人，都感到他人格的光与热，他人格的光辉照耀，给人家一种鼓舞与爽朗。他人格的热，给人家一种温暖亲切而乐于替他效力。从他离开学校到社会，到他疾病缠绵，他那种光与热，始终没有减退。所以数十年来，所有他的朋友与同事，几乎没有一个不与他吵过架，也没有一个不因吵架而变成更密切的好朋友，变成同心一德去做共同的事业。六月十三日清晨，在我们驱车到殡仪馆途中，一位同车的朋友，告诉一段故事说，在抗战胜利后，那位朋友到上海去接收电影事业，当时有人涉嫌到国民党中央去控告，那位朋友去南京见道藩先生，他见面就是怒目而视，几乎不乐交谈。后来那位朋友把事实一一说明，证明那个控告完全没有根据与挟嫌诬告，道藩先生立刻颜色霁和，向那位朋友表示歉意，而且在中央几次会议上，竭力为那位朋友辩白，那位朋友后来始终跟着他出力办事。这位朋友在车中说完这个故事，流泪追述道藩先生的风概与吸力。这类的事例，在他一生中，不胜枚举，那就是我所说他人格的光与热，感动与吸引了多少人。

按照道藩先生的学历，他是在英法两国学的美术和文学，后来他虽然一生仕宦，可是他的兴趣，始终在文化与社会方面。在他生前，始终没有机会问过他，当一九一九至一九二〇年到欧洲去留学，为什么不学政法，又不学理工，而去学美术与文学。他在《传记文学》第一卷第六期所写的一篇《酸甜苦辣》的回昧，完全是述他幼年到留学时期的情况。文中有一段与刘纪文先生的问答，刘先生劝他入党，他的答话："我本来出生于一个破落的世家，从小自然免不了有读书求官做的想法。可是当我在南开读书的时候，听说像北京大学校长蔡元培先生那种学问渊博、道德高尚的人还免不了受武人官僚政客的气。所以我到英国以后不但不学准备做官的学科，连哲学、教育等科都不愿学，就是怕卷入政治圈里去，受那些官僚政客和武人的气。因而选学了与人无争的美术与文学。我如果加入了国民党，将来一定会卷入政治漩涡，免不了受那些混蛋家伙的气。这是和我志愿相违背的，所以我不愿入党。"后来邵元冲先生到了伦敦，和刘纪文先生合力劝说，他终于入国民党了，而且担任伦敦支部恢复后第一届的评议部长。

他所谓"破落的世家"，又究竟是怎么一个情形？他是一八九七年出生在贵州省西部盘县"城郊"一个清寒家庭。再据他的自述：我们有三个大宅院，因此也有三重大门。在那些大门上除了挂着六块"进士、四块"文魁"的横匾而外，……第一道大龙门前面是一个大院坝，左右两边排着七八对桅竿，那都是他们得过进士举人功名的标记。……我的祖父是个进士，分发在四川（做知县）。还没有做到官，在他三十二岁时就逝世了。我的父亲成了孤儿，自幼失学，虽曾苦读，后来始终没有得到过甚么功名，也没有做过清朝的甚么官。……（《酸甜苦辣的回味》，《传记文学》第一卷第六期》）所以道藩先生在十四岁以前，读的完全是旧书，后来他的尊翁又教他许多新智识的书。他在一九一四年进入盘县高等小学，毕业后因家贫不能升学而做小学教员，后来到天津入南开学校，又因家中接济不上而辍学，暂随其族叔祖到包头在烟酒税局做小职员，后来到欧洲去，还是瞒着家庭携带有限的资斧而去冒险。所以在道藩先生的幼年，一方面是生长于一个读书的世家，可是因为祖父的早逝而家道中落，他的幼年与少年，正是困苦颠连到极度。但是那种困苦颠连，丝毫没有挫折他的意志，而且也没有改变他的怀抱，不因贫困而向宦途中去发展，更不因贫困而改变他的豪迈之气。

一个人的志向与命运，常常满不是那回事，厌恶政治的人，命运每每替他安排还是要走政治的路。但是人生的道路，如果太违反初心，而且他的初心，始终不昧，那种人生是十分痛苦的。道藩先生个性极强，而且对各种问题都有他的主张。在他的从政生活中，究竟实现了他的理想多少，是一个大问题。不过他时时为他的主张理想而奋斗，咬牙切齿而奋斗，是千真万确的。过去曾经看他在办公室桌上一个人拍桌子，在会议席上咆哮，都是那种心情的表现，都因为他数十年中保持住那一颗纯洁的初心——有原则有主张的初心。在他一生所担任的职务，多半是焦劳而繁剧，而且是艰苦的。过去好几个时期中，我曾与他共事，在百无聊赖中，我曾对他说：事情不困难艰苦，不会找到我们头上来，我们不会有享受优游清闲的福份。他听了似乎也怡然自释。道藩先生在一个机关中，用人行政的清明整饬，是有特别的绩效。他不惜用任何力量去聘请最适当的人，替他帮忙。他亦不惜用任何方法，去改良本机关的行政。他能授权与人，更能替人担当，至于干净清廉，尤其是他一贯的作风。所以不知他的人，以为他的浪漫气质，或不能处理行政事务。其实他所主持的机关，用人行政，都是灿然可观。这是数十年来的事实，不是我有意的溢美。

我尝综合道藩先生的生平，在他精神人格方面，认为他一身代表了三种思想，一种是浪漫主义，一种是理性主义，加上中国儒家传统文化。这三种精神力量，混合集结于他的一生。在他一生中，那三种力量时时在那里冲激与演化，放射到他毕生的活动与事业，更表现在他各时期不同的行为中。一般人对他的影象，有时候认他是一位奋不顾身见义勇为的斗士，但有时却看他是一位风流倜傥的名士，慷慨悲歌的壮士，雍容儒雅的佳士，舍生取义的烈士，挥金如土的豪士，规模宏远肝胆照人的国士，凡此等等，都是先生随时变化的形相。但是他的本体是单一的，他充满了忠、勇、爱三种德性。忠于国家，忠于主义，勇于负责，勇于面对事实，勇于认过，勇于对敌人作战；他爱朋友爱同志，爱人才，爱与人为善。张道藩先生伟大人格的图画，大概言尽于此。

在一位好友新丧之中，匆匆写完这篇短文，作为数十年生死患难交情一个纪念。万方多难，天地寥寥，语言有尽，悲哀无尽！

一九六八年七月传记文学十三卷一期

我与曾慕韩先生的交往 (节选)

今天参加这个座谈会，刚才听了王师曾先生、沈云龙先生和陈修平（启天）先生的主讲报告，公私感触，真有不胜沧桑之一感。同时对曾慕韩先生更有进一步的敬仰。

曾先生是不朽的，曾先生对国家的贡献也将永远流传下去。

我跟曾慕韩先生，只有很短的一段因缘。一九二三、二四年我在上海做学生，那时的中国，战乱相寻，江浙有齐卢战争，上海四周便是战场。上海虽说是一大商埠，同时也是一个文化中心，对新思潮和时局感触非常敏锐。从五四到一九二六年北伐，这七八年，全国混乱，上海也是一个混乱的中心。当时的青年，都感觉到国家衰弱，只是想要变，只是想要打开一个新局面。我当时肄业的上海圣约翰大学，是一所教会学校也可说是与外界完全隔绝的学校。当时中国各地的教会学校拆穿了看，完全施行的是殖民地教育。就技术上来说，它们的训练是一流的，设备也很好，就读其中的学生，不难得着许多技能。就拿上海圣约翰大学来说，它有理科、医科；医科相当好，历史也很长，甚至文科，其政治、历史、文学各科，教授阵容都很坚强，所以纯以办学的眼光来看圣约翰，比之外国大学并不逊色。学校教学训练之认真，技术方面之培养，设备之良好，可说是相当完美。但是从另一方面来看，则充分显示出其精神之缺陷。我们在圣约翰读书时，早晨、晚饭后皆需做礼拜，早操时点名，晚上八点钟又再点名，下午四点钟，大学生可以外出，五点必须返校，管理极为严格。记得中国国民党第一次代表大会宣言有批判买办阶级的文字，一般人不太明了什么是买办，如果进了教会学校去念书，就能充分领会买办阶级生活的内容。灌输崇洋观念，外国语文第一，布告、聚会、皆用英文，见到洋人，鞠躬如也。在这种氛围之下，物质生活虽然很好，精神上却极端苦闷，犹如走进了一间精神监狱。而在这种环境之中，觉得不满而想找寻光明的人却很少。大学毕业之后，一般人大都走两条路，一是到内地中学去教英文，二是到洋行工作做学习买办。因而在一九二三、二四年时上海的环境之下，像我这种圣约翰大学的学生，竟然会投稿《醒狮》周报，并且去访问曾慕韩、李幼椿、陈修平诸位先生，真是少数中的少数。

我认识慕韩先生，大概是我南洋中学的老校友郭步陶先生所介绍，时间大概是在一九二四年的下半年。那时我已在圣约翰大学三年级。住的宿舍叫思孟堂，宿舍中发现有同学看《醒狮》周报，在圣约翰能看《醒狮》的人非常少，我也不记得是谁拿给我看的，一读之下，极对我的胃口，后来探听是曾慕韩先生等人所刊行。当时慕韩先生和修平先生、左舜生、李幼椿等诸位都住在静安寺路民厚里，圣约翰大学在梵王渡，两地距离很近，由梵王渡到静安寺坐电车只要一两站就到了，因此我们时常在星期六出来看曾慕韩先生。

当时慕韩先生他们的生活非常艰苦，他们住的是上海的弄堂房子，两楼两底，一屋内住了三户人家，其中还有单身汉，他们都为一种理想而过那种艰苦的生活，这是我所亲眼目睹的。我对慕韩先生的印象，觉得他真是了不起，他不但蕴含着中国的文化传统，也兼蕴西洋文化的传统，那时我二十二岁，而他不过三十三岁，外形看上去，俨然老师宿儒，令人肃然起敬。所以每逢周六假日，我们常喜欢前去拜访。在谈天中，他知道我们都是读外国书的，常问我们读过些什么中国书，因此我知道慕韩先生不但深具中国文化之传统，对西洋文化之传统也极深厚，兼容并蓄，得中西文化之长。所以他对我们这些学文史政治的学生影响很大。

但是，我认为慕韩先生及其同志在《醒狮》周刊发表的那种言论，要在像圣约翰大学这种学校扩大其影响，是非常困难的，恐怕在圣约翰的众多学生中向《醒狮》投稿者只有我一个人。

后来我因为在圣约翰大学精神上感受到很大的压迫，很不舒服，所以在三年级念完后，就转学复旦大学。复旦位于江湾，距民厚里很远，交通不太方便，就不太常去看慕韩先生。而在复旦国民党的气氛很浓，我到了复旦之后，就在总理去世那年国民党在沪大征求党员时，加入了国民党。所以我跟慕韩先生来往较为密切，时间不过半年。一直到九一八之后和抗战，我才又在庐山谈话会中和慕韩先生见面。胜利之后，我在上海担任江苏监察使，忽然一天一大早，慕韩先生同刘东岩先生一同来看我，大难之后，又得重逢，自然十分高兴。可惜不久他离开上海去美国，就没有机会再见面了，直到后来在台湾参加他的追悼会。

我觉得慕韩先生是一位真正的大丈夫，保有中国文化的传统，也充分的接受了西方文化的传统。有一天我对云龙先生说，慕韩先生之所以为曾慕韩，这跟他的留学有很大的关系。他最初留学日本，后来到法国，这两个地方是培养革命思想和政治思想最自由与优越的地方，如果他是留英或留美的，则他后半生的活动必有不同。所以我觉得他的留学地点和他家庭的文化背景，对于铸造他的人格很有关系。

还有一点，刚才诸位未曾提到。当时在上海，要找一位大师实在很难，虽然那时章太炎和康有为两先生都在上海，但是康有为那时只是弄弄古董，大家也不去找他。慕韩先生则跟太炎先生颇有交往，他曾拜太炎先生为师，时常跟我们谈太炎先生，这可说是他对学问的一种偏向。不过太炎先生我们年轻人对他也没有兴趣，我们跟他没法交谈，没有交通的对话，我们谈的他也听不进，他只谈他那一套，我们也没有兴趣，同时他对指导年轻人也缺少热诚。所以我觉得慕韩先生以及他们日后的成就，都是有实学作基础，看他们在民厚里的简单朴实的生活，真是以他们个人的修养精神贯。

我今天一来感慨良多，二来我跟慕韩先生的接触不太多，但我对他的敬仰始终数十年如一日，我对他的人格和才干，真是高山仰止。

一九七六年八月传记文学廿九卷二期

悼念左舜生先生

谈笑论英雄，将相帝王，谁是健者？
凄凉感身世，山林钟鼎，臣本布衣！

听到舜生先生凶耗的当天深夜，我在枕上做了上面引载的一副挽联，这二十六个字的挽联，好像把他的学问、抱负和身世都包括了。《传记文学》杂志主编刘绍唐先生在短促的时间中，要我写一篇悼念的文字。据我知道，受他委托而属笔的人，已经不少，刘先生既然坚持要我随便写出一点感想，我只就四十余年前的旧事，记出一点鳞爪。

大概在一九二三年的秋冬间，我开始认识舜生先生，那时候我正在上海圣约翰大学文科读书，因为我是读的文科，而且是主修政治与历史，所以对当时流行的刊物，相当注意。不知由于什么因缘，《醒狮》周刊的创刊号及初期几张刊物，流传到我们宿舍，更不知在什么情势督促下，使我去访问上海民厚里曾慕韩先生的住处——当时便是《醒狮》的发行编辑处所。上海圣约翰大学是在沪西梵王渡，礼拜六下午，我们照例可以自由出外。当时由梵王渡坐人力车经曹家渡至静安寺，方能搭到电车，静安寺的电车，经过静安寺路直达黄浦滩。民厚里在哈同路，静安寺站登车后几站就可到达。所以在地理上，圣约翰的学生到民厚里，交通方面不算太困难。

上面所述一九二三年秋冬间某一个星期六下午，我到上海哈同路民厚里去访问，访问的对象是曾慕韩（琦）先生，当时远不知道有左先生。我进门去要访曾先生，好像不久便有一位中年矮短身材的人从楼上下来，问明是一个大学生，曾先生很谦和热诚地请我坐下来。问明我的籍贯姓名，再问我所专习的什么功课。曾先生欣然的说："你们是一洋学堂的学生。"当时曾先生还不过三十三、四岁，但他已蓄了短胡子，穿着长袍，已是一个半老人物。他说起发行刊物之目的，并且说《醒狮》同人多半是留法回来的。民厚里的房子，是上海所谓弄堂房子，他们住的是两上两下的房子，客堂兼做餐室，墙角四壁，堆满了印好的《醒狮》周刊，曾先生很谦和地请我有暇写几篇文章，大概谈话不到半小时，我就告辞了。

从那以后，我曾经写过几篇文章送去，醒狮周刊也源源寄来，星期六下午或星期日上午出外时，有便也去民厚里坐坐。在民厚里醒狮社认识的人，慕韩先生以外，便是左舜生及李幼椿、陈启天、张梦九诸位。左先生当时住在楼下，上海人所谓统厢房，慕韩先生住在楼上统厢房，所以到那里去必先看见左先生。不知为什么原因，当时我和左先生的接触不多，也很少深谈。他那时在中华书局任职，看上去很忙的样子，而与曾李两位先生比较接近。当时民厚里的情况，可以说是艰苦、愉快而上进。一群初回国的留学生，抱着共同理想，向着一个崇高目标而团结努力。虽然物质生活是艰苦，而精神上是愉快的。今天闭目悬想，一座两上两下的弄堂房子，里面住着那么多的人，环境卫生是可想而知的。但是曾慕韩先生慷慨谈天下事，有时再论论诗文，他的涵盖气概，在当时民厚里的环境中，却是一个领袖人物。我与民厚里来往的时间，大概前后不过一年多，后来因为转学到复旦大学，江湾出来到民厚里不甚方便，而且复旦大学的空气是与圣约翰完全不同。在思想方面，圣约翰可以说是一个真空地带。复旦大学早弥漫着国民党的气氛。到了复旦又才把象牙塔中的视线，大大的扩展到深处与远处。

"九一八"以后，在南京再重见左舜生先生，他那时在中央政治学校担任一点功课，住家还在上海，所以见面的时间不多。直到抗战开始前，在庐山谈话会时，再和曾、左、李几位天天见面。抗战第二年政府已迁武汉，国民参政会初成立，我方从海外归来，在汉口逗留的短时间内，与左先生重得畅谈的机会。

我和左先生晤聚最多的时期，要算一九四九年从大陆撤退到香港，左先生住在九龙钻石山，那是九龙变相的难民区。当时刘百闵住在那里养鸡，成舍我、李中襄、易君左几位先生住在那里，一到钻石山，东家西家一走，可以消磨整天时间。一九五〇年我们在香港创办《自由人》报，记得发刊前大家讨论要写一篇发刊辞，我提议表左先生写，但他坚持要我写，写好后提出大家讨论，他看了两遍，连声说不必再更改了。他爽朗的性格，随时充分流露出来。

近代史是左先生数十年专治的学问。他个人充满了风趣，他笔下也富具激荡的感情。文字技术更是熟练，所以他的著作，看了使人深为感动。我看左先生，他是一位通才，是一个中国传统的士大夫，而且是清末民初式的中国士大夫。其中的磨练阅历，都是十分可以珍贵的。记得抗战胜利后，有一天早晨曾慕韩先生偕同刘东岩先生到上海监察使公署来看我。互道阔别想念以后，我问慕韩先生，多年来有什么重大的感想？他喟然叹息，说做这一时代的读书人大不易。他这一句话，包含无穷的意义。我对慕韩先生有极深厚的友谊，也有早年知己之感，他早年逝世，在我心中是永远的创痛。最近二十年中，左先生间或到台，见面谈话时，看他有许多痛苦，有许多不能畅说的话。这是士大夫从政的一个最后启示。这回到我挽他的联语："凄凉感身世，山林钟鼎，臣本布衣。"山林钟鼎，对一个读书人而言，到头来是无关宏旨的，数十年的奋斗，千万言的著作，最后要保持我们的本来面目，还我一个堂堂正正的人，这是士大夫立身大节的第一义谛。左先生今天是历史上的人物了。左先生一生是努力想保持着读书人的本来面目，他还是一个布衣，他还是一个湖南的好汉。左先生地下有知，对我这几名话，或将莞尔一笑罢！

一九六九年二一月传记文学十五卷第五期

我所认识的张季鸾先生(节选)

张季鸾先生殁于一九四一年九月六日，享年五十六岁，距今已有三十六年。如果他今天还活着，已是九十二岁的高龄。今天传记文学社举行座谈会，主题为张季鸾先生，刘社长绍唐先生推我为主讲人，固辞不获。本人于季鸾先生，在公私双方，都有特殊的关系与友谊，今天离他逝世之年，虽已三十六年，但提到这位中国新闻界的伟杰，联带使人想起过去五十年的世事与人事。悲感嗟叹，真不知从何说起！今天参加座谈会的人，都是几十年老友，尤其是陈纪滢先生，他曾在《大公报》工作多年，对季鸾先生的著作与行谊，曾下过工夫，搜集与考订。可说今天谈《大公报》与大公报人物的权威。他对故交倦倦不忘，真是十分敬佩。二十年前读他《吊大公报》文，尤为感慨。

凡与季鸾先生接触过的人，都感到他性格的爽朗，与感情的真挚。我与他开始来往，系在“九一八”事变后，初接办《中央日报》之时，我初接《中央日报》，特别修书寄天津有所请益。他回信说：“办报还是新闻第一，报纸版面应多登载新闻。”他的墨迹与布雷先生同为蝇头小楷，季鸾先生是早年的留日学生，数十年中日本的朋友甚多，“九一八”以后，常为中日关系而向他请教。后来《大公报》在上海迁馆出版，往来的机会更多。“七七事变”前一年所谓“成都北海事件”，都与日本在华的新闻机构有关，当时全国记者公会曾有宣言，告日本新闻界，此宣言由我执笔，最后由季鸾先生定稿。南京的新闻界公举代表，到上海与日本新闻界联欢，曾在虹口与日本新闻界代表痛饮，记得大公报张、胡两先生均在坐，而政之先生那天豪饮大醉，事后引起痔疾及胃疾复发，进入医院躺了两月方出院。翌年中日关系更形紧张，春夏之间，日本外务省与陆军省发起联合邀请中国新闻界去日本访问联欢，交换意见。当时组织访问团煞费苦心，团长一席，当时大家心目中一致推举季鸾先生，但是季鸾先生坚辞不就，他的理由说：中日关系，日本受着军人的控制，已到无可挽回的地步，他在日本方面朝野朋友太多，一切都无从说起，他力推我担任团长，他对布雷先生说："由程某担任团长，对日本人讲讲英文，是目前最好的应付方法，请转呈委座。"此事经由这个曲折而决定。当时我邀请龚德柏、刘百闵先生等参加，团员遍及全国，此时已不易全般记忆详细名单。外交部分发治装费，每人似乎领二千元，大家治装，预备全套礼物，原来决定庐山谈话会毕，即行启程，后因"七七事变"而作罢。这也是当年与他一段因缘。

陈纪滢先生所编《报人张季鸾》一书中，关于张先生人缘之好，涉及的地方甚多。我们应注意的，张先生决不是一个烂好人，或一个不辨是非的好好先生。因为他有真性情、真性格。他心胸中充满了善意与是非观念。他对人的言动，人家立刻感受到他的真诚。他的《归乡记》，登载于一九三四年十二月二十五日的《国闻周报》。当年我读了这篇文章，为之流泪，同时也为之兴跃。他的"报恩"观念，真是溶化理智与感情而发出的呼声。《归乡记》在文字上一点没有修饰。如果让我写此类文章，似乎对文字方面还须多加润饰。然而张文的特色，就在全不修饰，全文都是一片至情。文章之美，文章之引人，就在于此。他的先公翘轩先生的《墓志铭》，是章太炎先生所撰，于右任先生所写，承他两次赠我这块碑铭的拓片，直到这次内战而散矣。我对《大公报》上上下下的人熟识的可说占了半数，高层三位——张、胡、吴先生，我就只有与张先生交谊最深来往最多，因为我喜欢他的真，喜欢他的纯。二十年前我为文寿成舍我先生，论现代中国记者，说："陈景韩（冷血）先生是黄老太深，季鸾先生纵横家的气味偏重，陈布雷先生是百分之百的儒家。他尽管'纵横'，他的'纵横'使人觉察出来，而不讨厌。"

季鸾先生是陕西榆林人，他的尊人是"老进士"，在山东省做州县地方官，他十三岁丧父，随着丧母，所以他称"老孤儿"。抗战前陕西人称陕省有三杰，其一为于右任先生，其二为李仪祉先生，其三为张季鸾先生。并且同时流传说，陕西的秀气独钟于三人，三人把陕西的秀气拔尽了。季鸾先生对于先生在师友之间，平素执礼甚恭。他的事功与于先生的渊源甚深，他的记者生活，也在清末《民立报》开始。据他的自述（国闻周报十周年纪念感言）："民国元年，余与胡政之兄，同服务于上海民立图书公司。二年，余由北京出狱归上海，落拓无聊。政之时主大共和日报，余遂亦任译员，复同于中国公学授课。民五以后，又同在华北报界。八年，余再居上海，主中华新报。政之亦自欧洲归来。创设国闻通信社。迨十三年，余失业北来，而政之先亦移居北京，仍朝夕过从，十五年秋更同办大公报。”

季鸾先生一生的重点，当然在《大公报》的接办。一九二六年他接办《大公报》的时候，他已是四十一岁。从一九一二年到一九二六年，国内政治混乱，而他个人亦潦倒转徙。《大公报》接办时，吴、胡、张三位先生都是饱经世变，各求归束。看《大公报》续办时向外公开的誓约，所谓“四不”——“不党”、“不卖”、“不私”及“不盲”，曾有扼要的解释：“（一）不党：‘纯以公民之地位，发表意见，此外无成见、无背景。凡其行为利于国者，拥护之。其害国者，纠弹之。’（二）不卖：‘声明不以言论作交易。有受一切带有政治性质之金钱补助。且不接受政治方面之入股投资，是以吾人之言论或不免囿于知识及感情，而断不为金钱所左右。’（三）不私：‘本社同人除愿忠于报纸固有之职务外，并无他图。易言之，对于报纸并无私用。愿向全国开放，使为公众喉舌。’（四）不盲：‘夫随声附和，是谓盲从。一知半解，是谓盲信。感情所动，不事详求，是谓盲动。评诋激烈，昧于事实，是谓盲争。吾人诚不敏，而不愿陷于盲。’以上四端，为在当时环境下所能表现之最大限，亦同人自守自励之最小限，今者检查过去，幸未背创办人之精神，得勉尽同人公开之誓约……”

誓约不难，实践誓约为难。《大公报》从一九二六年续刊，中经南北大战以至“九一八”迄于抗战，《大公报》的成功在于恪守当初的誓约，报纸虽以评论人事为职志，但是报纸本身的行为言论，亦甚难逃过清议舆论之透视督责，上面所引几段文字，把季鸾先生从一九一二年至一九二六年的生活纲领，刻画呈现，十五年中，他做记者，坐牢，再做记者，政海中客串，做什么铁路会办。中间于先生经蒙古去苏俄，他想同去而未成。当时他在政治上的关系，是国民一二军，其根源还是由于先生。北伐进行中，国民政府在南京定都，民国十七年继续北伐，冯玉祥与“总统”蒋公，在郑州会面。随着冯玉祥去郑州的是张季鸾，而随着蒋公的是陈布雷。这是布雷先生那年从郑州回到上海，亲口告我，当时双方行辕，认为南北两大记者，随着两位统帅见面，一时传为美谈。这一件当时盛传的事，后来季鸾先生的传记文字中，绝未道及，不知是何道理？美国密苏里大学新闻奖颁给的庆祝会于一九二六年五月十五日在重庆上清寺中央党部礼堂举行，本人亲自参加此一盛会。季鸾先生在会中致辞，望着站在旁侧的于先生向大众讲：“我的新闻学，都是从于先生学的，今天大家若认为我有丝毫成就，应该先对于先生致谢。”这几句话，引得全场如雷的掌声。正是应着他的报恩观念。他平生所受的恩，都想报答。这个庆祝会在一九四六年五月举行，是年夏秋间重庆日夜轰炸，季鸾先生就在那年九月长逝。他自称是老孤儿，娶妻多年不育。抗战前不久方纳妾某氏，随生一男，自称“有子万事足”。每年于先生生辰，他必带着稚子去贺寿吃面。季鸾先生死后的哀荣我没有看到，当年我去香港为《星岛日报》整理，记得那年九月某日，正值许静老（世英）七十寿辰，中午许宅寿筵席上，有人趋前低声告我：“今晨得渝电，季鸾先生病逝了！”当天下午我去《星岛日报》写一悼文，翌日登载在星系报纸，我始终觉得季鸾先生是文人中幸运的人，如果他在一九二六年以前死去，哪来后来一番风光！一个人的生死与命运，常有极大关系。有人恨不早死，有人恨不迟死。记得在重庆时某日侍坐于先生，忽有人传观徐血儿所著《宋教仁》一书。大概是民初《民立报》所出版，于先生见书太息说：“你们不知道？如果于右任在民国初年死了，他的风光，岂在宋钝初之下。”言罢唏嘘！

讲风光是俗人说的俗话。原来办报是人世间的俗人俗事。在抗战结束后，我由重庆回到上海，有机会接触到地方下层，尤其文化教育及社会传播事业方面。于此我发现当年冒险犯难，为着国族正义而奋斗牺牲的人与事，正是指不胜屈。譬如我们江苏省《新江苏报》的包明叔先生，他在抗战时期，背着《新江苏报》的牌子，在江南及淮扬一带，率领少数员工，辗转迁徙，再接再厉，今天除了江苏少数人士以外，谁还知道他那样的奋斗牺牲！中国全国之大，像《新江苏报》，又如包明叔先生其人，当然不止一人一事，如果密苏里大学要颁新闻奖，这许多人与报馆，正是受之而无愧！民国一九四八年春间，我去日内瓦出席联合国新闻自由会议，会毕经美国归国，在纽约遇见了《大公报》特派员朱启平，此人在重庆，我因与他父亲朱宗良为老友而看他长大。我在纽约几天，承他不弃，天天来看我，也天天与我开座谈会。他把我当行政院院长那样质询。那种气势，差一点是要对我清算。最后我老实不客气对他说：“老侄！你从那儿学到这种新闻学，还是你们大公报所独具的雄风。……”那时距季鸾先生的去世，已有六、七年。君子之泽，斩绝如此其深且速，也可大大叹惋的！

《大公报》当时的成功，最难的在于人的结合。人的结合，才与德，有同样的重要。季鸾先生是才与德兼备的。《大公报》缺少了季鸾先生，精神道德力量顿时消歇。一个文化事业，精神道德力量远胜物质力量。《大公报》是一个幸运的报纸，季鸾先生亦是一位幸运的文人记者。陈纪滢先生说他是梁任公以后对国家有大贡献的文人。我则认为他的幸运远超过梁任公。

大记者与大英雄

陈布雷先生于一九四八年十一月逝世，年五十九岁，到现在已经二十八年，他若健在，今年已是八十七岁了。回想二十八年前他在南京逝世的情况，我于当天夜车由上海赶至南京，到他的故居，到殡仪馆，真是一恸欲绝。殡仪馆大殓那一天，公祭时一片哭声，记得傅孟真拉着我的手，抱头痛哭，还有孙哲生在灵前呜咽，张治中放声大哭。我当时做的一副挽联："血泪伴忠魂，江山无恙；死生关大计，社稷有灵！"充分表露当时的悲感及情景，这是我生命史上多次悲痛中十分深刻的一页。

我开始认识布雷先生时，我只有二十二、三岁，他亦不过三十五、六岁，回想民国一九二三、二四年到一九二六、二七年时候，正是全国鼎沸混乱，但是当时布雷先生的文辞与言论，尤其是诛伐北京贿选的一段时间，正是刚健中正，光芒万丈。他是"黑白自分，是非自明"。对于国是世事的论点，黑白是非，没有半点含糊混淆，他的身体虽自来柔弱，然而他的精气风概，是刚强凛凛不可侵犯。上海是一个商场，集中外许多丑恶与污秽。但另一方面，它是一个文化舆论的中心。也是中华文化传统南方的根据地，许多怀抱蕴蓄中国文化的智识分子，也集中在那里。前清末年的启明运动、现代文化运动，乃至革命运动，上海是一个中心。

回想到民国一九二三、二四年时期，中国的内乱达于极点，上海知识分子的呼声，是时代的指针，当时上海的日报，《民国日报》是国民党的报纸，《时事新报》可说是进步党或改良派的，新、申两报是做生意的报纸，《商报》是后起的报纸，顾名思义是一个商界组织的报纸。论实力、历史、背景，《商报》没有一件可与上述诸报竞争，但是《商报》却凭着布雷先生一枝笔，在上海舆论界横扫千军，独树一帜，使当时上海的有识之士，除了批阅各报之外，非翻开《商报》，看看今天“畏垒”做的什么文章。记得一九二五年某月日，在江湾复旦大学教员宿舍中，有一次非正式上海文化人的集会，座中有人提起当时上海的舆论界。有人谈到《时事新报》，也有人谈《民国日报》，刘大白先生忽然用他的绍兴腔开口，说今天上海报纸的言论，那一个人也写不过陈布雷。他举出那一篇文章，那一段短评，在座的人都默默点头，表示没有异议。

我细数当时聚集的文化人，在今天分析起来，都可称为比较左倾，但他们的议论是公平而客观的。在我的体验中，当时的布雷先生，是民国以来在言论上有特殊成功的言论记者。他的成功，不仅在言论，还在他的行动与行为上，他在公共场合中多次的发言，透露他是一位刚健的人，明辨黑白是非的人，而念念在世道与德义上，他不是纵横家，不是乡愿，他志在世道，而不在个人的升沉得失。

一九二七年以后，北伐胜利，国民政府定都南京，布雷先生从浙江教育厅长而教育部次长乃至委员长侍从室，他由新闻记者而从政，他的政治生活，始终是一位高等幕僚。而且他的从政可以说不是他的始愿，他加入国民党不是想作官的，看他几次在《时事新报》担任主笔，表示他在那一段时期，志在言论报国而不是完全投入政治政治，这一段事实，他的朋友中我是最清楚。几次三番，他是被征召离开了言论界，最后无法兼顾而完全脱离。在他离开言论界后，他对后生与朋友的期望与鼓励，仍在言论界的岗位，记得我离去《中央日报》，应于右任先生坚邀到监察院任秘书长，他写信给我，表示感慨与惋惜。翌年记者节，他特写信给我为我暂离新闻界而惋惜，希望我最后回到岗位上。胜利后我回到新闻界，他的欢欣鼓舞，使人感动兴奋。

因为布雷先生从政后多半担任幕僚工作，所以他的政绩是很难具体敷陈出来，可是今天熟悉党政历史的人，对他十余年辅助元首的幕僚工作，其苦心，其见解，从国家大政方针至于人事的协调融和，其迹虽不易见，而其功则不可没。历史上许多伟大人物，在政治上说不出什么赫赫之功，而实际上贡献不少重要的决策。但在同时，我们要知道做幕僚的处境。居无权无名的地位，要做重大的斡旋。用心够苦，而使人谅解亦最难，盖棺论定，今天回想，当时对布雷先生不谅解的人是绝少。人家知道他是鞠躬尽瘁，全力以赴。

不过今天我想特别提出的一点，便是布雷先生从政以前与从政以后，他的为人外表的表现，似乎给人不同的印象。他在从政以后自处的刻苦，与对人的谦抑，到处小心谨慎的作风。“孔子恂恂于乡党，在宗庙朝廷，似不能言者”。不知者或以为他本性拘谨廉信，甚或嫌他迂滞，这是极大的错误。他是一位民国以来成功卓绝的大记者。“胸怀千载，志吞八荒。”正是一位大记者的心胸襟怀。尝读朱子语类，朱子曾告陈同父（亮）：“真正大英雄人，却从战战兢兢临深履薄处做将出来，若是气血粗豪，却一点使不着也。”宋人罗大经曾言朱子此论，于同父可谓顶门上一针。我说布雷先生是真正大英雄人，从他做记者时变成从政后的风概，便说明他如何从“战战兢兢临深履薄处”下功夫。从他特级幕僚的私生活中，他的严肃、节俭、隔绝外缘，可说是一位戒律森严的公门中修士，也真是一位大英雄的本色，他在重庆美专校街时，在傍晚时我每从上清寺到他的寓处，晚饭时到，他常留我吃饭，叫佣人加菜，每次是两个盐蛋，这就是当时“宪幕”的生活，也就是大英雄的本色。

一九七六年四月传记文学廿八卷四期

永忆吴南轩先生

南轩先生长谢人世（一九八〇年十一月九日），我适有事去香港，没有参加他的丧礼。回台后历访至友，始详悉种切。距他去世前半月，当许绍棣先生猝然病殁后数日（十月二十四日），他打电话问绍棣病逝情形，还问我最近健康情况。他在电话上，声音有点抖颤，其它并无异状。不料一别遂成千古！这是最近一年中，连遭友丧，内心最受打击的一年！当我由港回台，第一个电话给端木铸秋先生，他在电话中回我第一句话："又走了一个！"这句话含蕴着多大的悲哀！

南轩先生长我八岁（殁时享寿八十六岁），在朋友中真是老大哥，我插班转学到复旦大学，他当时还在美国。但在当时校中的传说，他是李校长（登辉）心目中的继承人。他当时学名叫吴冕，不是吴南轩。他在美国加州大学（柏克莱），初攻教育，复研心理学，得博士学位，何时回国，现在记不清楚。我们初次见面在南京中央饭店，追算起来，已在我留英归国之后。开始交往密切，在他接掌复旦大学以后。在决定请他去复旦以后，时楚伧先生在其南京寓中宴请少数复旦同学一次，说明推选他出任代理校长的原由。那时已在西安事变发生之后，不久抗战发生，复旦大学是东南彻底西迁的第一个大学。一九三七年十月，我奉派去欧洲，由南京乘轮溯江而上，船抵九江，遇到许多复旦师生。第二年夏天，我回国到重庆，复旦在北碚黄角桠举行迁校后第一次毕业典礼。南轩先生请我演讲欧洲国际现势，嗣后并应聘兼任复旦新闻学系主任。在重庆时，他每次进城住领事巷康家，与我隔室而居，因此与复旦师生接触特别密切。复旦两位长老——于右任及邵力子两位先生，亦同时住在康家。

台北复旦同学会保存南轩先生三份亲笔遗嘱，其撰写时间分别为（一）一九七五年十月；（二）一九七九年九月廿五日；（三）一九八〇年十一月九日。最后一次遗嘱脱稿之时，便是立遗嘱人离开人世之日。遗嘱中一再强调身受复旦大学教育培植。为报母校之恩惠及对中国教育稍尽棉薄，特将遗产分别捐赠。其次，遗嘱中一再申明“出身乡村小学教师，目击和亲受乡村小学教师之贫苦生活。以无名氏名义捐出遗产总值百分之四十五，设立财团法人‘中国敬教基金会’”。他逝世之日（十一月九日），自清晨修正遗嘱旧稿至午间昏跌于厕所，心脏病猝发，送荣总医院不治逝世，前后恰恰一日。他料理本身后事，除遗产处理外，至于饰终衣履柩墓，无一不有安排，亦可说无一不有交代。他死后我想写悼念文字，先搜集他三次遗嘱，继又得阅他移台带出的家谱——仪征吴氏支谱一厚册。此次移台，能带出家谱者，真不多见，南轩先生能带着家谱，又可指证他重视传统文化与孝治敬宗的观念。吴氏由明万历年间由歙迁仪征，到他为十四世孙。

查吴氏支谱，仪征吴氏，可称世代书香。他的尊人朵臣先生，据吴氏支谱所载，说他“性情旷达，轻财帛，恶鄙吝，傲物自高，历蒙江苏督学使者王先谦、龙湛霖等优礼识拔。辛亥后隐居不仕，闭门学佛，每晨诵金刚经，改号依弥道人，年八十重游泮宫。”再看家谱关于南轩先生的记载：“性纯笃，幼值世乱，家道中落，戚党见者，多不为意。归乃告母曰：儿当再大吾门。年十七，毕业于扬州府第一中学。一九一三年，任仪征县东区新城小学校校长，嗣辞职入复旦大学。寻留学美国，入加利福尼亚大学。毕业后得有学士、硕士学位。嗣又考授教育学博士学位。一九二九年归国，一九三〇年任国立清华大学校长，民国一九三七年任复旦大学校长……”。根据吴氏支谱，可以充分明了南轩先生的家庭背景，他家世系中，入学的秀才特多。他的尊人，晚年虔修佛学，自然不理家事，使南轩先生自己常常说及他出身乡村小学教师，但在旁观人看来，绝对看不出他任何寒伧气味。且更显出他的发于乡土的朴实与诚挚。中庸：“诚之者，择善而固执之者也。”又曰：“果能此道矣。虽愚必明，虽柔必强。”他的谦逊，不是虚伪而是发于至诚。充实光辉，是大教育家的人格美。

近人提倡乡土文学，诺贝尔文学奖，近期且有人因此而得奖。上面讲到南轩先生的朴实与诚挚，是出于“乡土”。他自己也常常提到他出身乡村小学教师，他人格的本质，于此二者极有关系。我们研究历史或当代人物，许多伟大人物，其性格中所含乡土气味特别浓厚。所谓乡土气味，不但在文化传统上，即在生活习惯上，亦是如此。南轩先生的乡土气味，不是他的短处，而是他的特长。国家民族要自立自强应当鼓励人们培养其优良乡土传统，使其发扬光大。乡土的对面是市井世俗的、势利浮滑的风气。为着万世治乱，我们应该做哪种选择？一百余年的外患，次殖民地的毒素，潜伏扩散到一般社会，对着乡土气味特重的人，无形中加以讨论甚至排挤，这是国家社会极大的隐忧。

我这段议论为什么在悼念南轩先生文中如此发挥，因我写南轩先生的百年悼念文字，不能不对他清华大学校长一事，避而不谈，讳而不言。南轩先生为什么在清华不能安于其位，就是我上述两种性格的冲突。把南轩先生的学历、学问与品格来论，他没有比那一位清华校长逊色。他之不能安于其位，就因他充满了优良乡土传统，而对方的新学阀，挟持其偏狭的见解，与采用不合理行动，把他轰走而自鸣得意，这是中国教育史上一个污点！对南轩先生而言，俯仰无愧，堂堂正正。他是中国教育史上一个人格完整、能力高强的教育家。比较当时起哄反对的人，孰轻孰重，孰得孰失，自有历史，自有千古！今天我鼓足道德勇气安慰老友于地下，此为生死交情的第一义。

讲到南轩先生事功方面，它的颠峰，在他出长复旦大学时期，当时他的年龄正在四十左右，是人生精力最强盛时期。他接长复旦后不到一年，抗战爆发。复旦当时是一所私立大学，没有任何基金。但他率领全体师生，由上海溯江而上，到庐山、到湖南、贵州、到重庆。全体师生在十分艰苦的行程中，终于到达目的地。初到重庆的情况，真是很惨，但当时师生，没有一个人不是昂头挺胸，气概百倍。复旦迁校所以能成功，南轩先生的领导，固是第一个因素。其次是校友团结延伸的阵势，相当扩大而坚强。重庆复旦中学是复旦校友得着康心之先生辅助而成立的。重庆复旦中学是复旦大学西迁最初的驻点。再其次复旦的长老，于右任先生自命是复旦的“孝子”。自从复旦诞生后，数十年中，复旦无论发生什么事情，他终是出力最多，也是支持最久的人。在重庆一段时间，在经济方面钱新之先生与康心之先生，对复旦的出力，其影响是无法估计的。当时南轩先生常说：“我们有了钱，还有健康，再加学校的老祖宗们，有此凭借，还有什么可怕的……”复旦大学的生命内容，原来是先天不足。南轩先生接事后，不及整理，便已迁校后方。他深深感觉充实内容之重要，一到重庆，喘息甫定，便整顿教员阵容，添置仪器，到章友三（益）接手时，校内科系的充实，已灿然可观，迨复校江湾，复旦的内容处处较战前优胜。这是南轩先生的功绩，而人家不太深知的。

一九八一年二月《传记文学》三十八卷二期

永怀梁鋆立博士

三万里归人，离合悲欢，永怀哀乐嗟畴昔；

五十年诤友，沧桑成败，空余涕泪潰江山！

鋆立之丧，我在治丧处看到许多国外来的电报，对他突然病逝表示不信。我对他的死亡，也与许多海外朋友，同样感到意外的震悼。本年八月十一日清晨，我去他的寓所访问，他刚从三军医院出院，按铃半天，他亲自来开门，当时形容不整，头发蓬乱，口腔凹陷，但并不憔悴，且娓娓畅谈在医院两周的经过。言大便艰难，在医院只吃稀饭，谈笑自若毫不显示痛苦。因为面对病人，不便多说，我就辞出。待至下午三时，知他午睡，再电话他夫人，询在三军医院治疗经过，因他入医院朋友知者甚少。他夫人回答：因便闭而入院，经过各种检查，在直肠照出一个瘤，证明是恶性，因为年龄及病况，不能开刀。医生关照病情严重，只有三个月寿命，要预备后事，所以只能回家，吃偏方草药云云。听了这个电话，实在无计可施，只可听他吃草药。讵意二十九日晨尹葆宇兄电告：鋆立已于二十八日晨病逝台北国泰综合医院。后各草药只服一次，第二次即呕吐，以后逐日恶化，至廿八日晨去世，那是直肠瘤破裂溃散的结果。

我这一段简短的病情报告，可以使海外许多朋友，对立此次病逝经过，可得着一个梗概。鋆立之死，在中国学术界是一个损失，——尤其是国际法范围内一个损失。再笼统一点说，中国损失了一位读书种子。国家社会积了数十年的时间培养成功这么一位学人，而恶毒的病癌，不到一个月，把他摧毁了，这是何等可痛的事！根据美国芝加哥玛克出版公司的名人录，鋆立的履历，约略如下：东吴大学法学士（一九二六）、华盛顿大学法学博士（一九三〇）、上海区高等法院推事（一九二八——二九）、哈佛大学卡尼基基金研究员（一九三〇）、国际联盟中国代表团顾问（一九四四、四五、四六）、行政院参事（一九三三——五）、南京中央政治学校教授（一九三三——五）、联合国法典司司长（一九四六——六四）、美国纽约大学法科教授（一九三四——六六）、美国密歇根大学教授（一九四七）、海牙国际法学院教授（一九六八）、外交部秘书（一九二七——二九）、驻英大使馆参事（一九三七——四六）、外交部条约司司长（一九四六——六四）、海牙国际仲裁法院仲裁员（一九六九）。

看了这张履历单，梁先生一生在外国的时间多，在国内的时间少。在国外机构任事的时间长，他在联合国担任法典司司长，前后共十八年。法典司司长在联合国秘书处内地位相当崇高。他在国外这许多年，终究在生命的最后阶段，回到本国，从事教育，溘然长逝于本国国土，所谓归正首丘，这是不愧中国读书人传统的节操！

我与梁先生相交了五十年，他在今年春天最后发表有关中美断交的论文，称我为“五十年诤友”，我挽他的挽联，下联就引用此语。早在学生时代，我们就相当互通声气。我就读上海南洋中学时，当时有许多浙江绍兴府属的同学，因此而知道与认识他。更从许多朋友中知道他的家世。他的父亲是前清的举人，听说他的叔父也是举人，有一次他对我讲，常州的费念慈（屺怀）先生，是他父亲的乡试主考。梁先生毕生节俭，因此有许多有推想他的家境定是清寒。在前清的背景，一个家庭出了两位举人，无论如何不会清寒到那里。据他的亲友说，他从小喜欢读书，到亲戚家去亦带着书本。坐下来便看书，从来不喜与人交际。这种习性，后来成人后，也是如此。他在中学时代，转学好多次，他考学校，几乎考什么学校是必中。美国名人录载他是南洋大学的学生，这引起我的回忆，他曾在上海某一所地位极低的中学，但他于当年暑假投考南洋公学的中院，一考便考取了。他在学生时代的特点，考什么学校必中，此其一。他在学生时代喜欢兼做事，譬如早先进商务印书馆，后来应考考取陈友仁在北京所办的英文报。一九二六年北伐，陈友仁为国民政府外交部部长，鋆立极早加入汉口外交部，而且引进许多朋友进入该部服务。十一年前回国，初系国立政治大学授课，不久魏道明请他进外交部任司长，许多朋友劝他说，三十年前在外交部做简任官，怎么三十年后到外交部还做简任官。他说他替国家做事，管他什么简荐委。这是他做事的态度。

过去谈读书天资，常说那人有“宿慧”。现在经过测验，说某人智商如何。照我所亲历，天资自有特殊的差别。先几时台湾报纸副刊忽然大棒钱钟书，我想每一个时代必有钱钟书其人；钱钟书型的人，当然治学是无往不利，但是也看如何培养法。我所经历，与我平辈的若梁鋆立若陈训恕等等，再推上去一些，若陈寅恪、俞大维等，都是钱钟书一流人物。在一九三六、七年时代，我有机会与鋆立在伦敦政治经济学院，同上C.K.Webster名教授的课，课题是维也纳会议，另一课是十九世纪欧洲外交史。距今四十年前，当时韦教授老矣，课堂中二十几个学生，大都是成年学生，我所记的笔记，把鋆立的笔记来比较，我自叹勿如。我们两人的教育背景，他出身东吴，我出身圣约翰，可谓半斤八两。单从“记诵”讲，我不能望其项背。但另从领悟与引用讲，他又自叹不如。他遇着许多历史上和现实的问题，常乐与我讨论，他称我“诤友”就在此处，我说我是庸德庸行，世界大道理没有新奇古怪可言。

苏轼论贾谊：“非才之难，所以自用者实难。惜乎贾生王佐之才，而不能自用其才也。”苏氏立论，专从用世实践方面，我要指论的，所谓自用其才，最重要在先认识自己，自己的长处短处何在，然后顺其自然加以培养发扬。如果那人宜于做学术工作，就不应在事功方面去浪费时间与精力。我对鋆立的天才，终觉他应该在学术方面发扬，而不必浪费精神于事功。从他的履历看，半生精力，枉费在外交幕僚工作，为学为事，全非为己而是为人。常忆全谢山论人才，说如某某之经学词章，乃惑于功名，钻研于所谓刑名钱谷者，岂不痛哉。我对鋆立之出处大节，数十年在海外，毕竟投老还乡，归正首丘，半生精力，枉费于幕僚，而最后阶段，归老于学术。某某大学某某研究所所长，堂堂乎，其生也荣，其死也哀。我的挽联，跳出尘世缰锁，从宇宙历史说法，庶几不负所学，不负所生也乎！

一九七九年十月《传记文学》三十五卷四期

续论“宋教仁与民初国会”

《传记文学》第二百十三期（一九八〇年二月份）民国史事与人物专栏，主题“宋教仁与民初国会”。这是一个大题目，《传记文学》纵然不能出一个专刊，应该不是两篇文章所能缴卷的。何况吴相湘君一篇《选载》，不是特写而是从《民国百人传》转载。我想就这个题目，先做一点补充工作。至于下面积极工作，因为目力太差，一时未易办到。

一九四六年四月，中央政府将还都南京，于右任先生由京到沪，住江苏监察使使署，当时本人正任监察使职务。某日覃振（字理鸣，老同盟会会员、老国会议员，桃源人，为宋氏妻兄，时任司法院副院长）先生来署与于先生谈及宋公园及宋钝初先生事，建议由于先生发起并率领上海新闻界，去宋公园祭扫宋先生之墓。隔数日，章士钊（行严）亦赞同覃先生之议，向于先生提议。于先生欣然赞同。大概在一星期后，联络上海新闻界（申、新两报参加的人较多），某日清晨在监察使署（原旧法租界毕勋路）集合，总计有六七十人，浩浩荡荡向闸北宋公园进发，半小时抵达，在宋先生铜像前排列，由于先生主祭，礼毕后瞻仰遗像，并章太炎擘写大字“呜呼渔父”石刻，绕园巡视一周而散。嗣后于先生提议决定。组织宋公园管理委员会，张继（溥泉）先生自动加入，宋先生媳妇某氏亦被推为委员。这一个会，在一九四六年秋间，曾经开过一次会，后来内外多事，无形中没有继续下去。这一次展墓祭典，上海各报均有新闻发表，《新闻报》并有社论，讲论宋先生在开国时候主张的正确。尤其为宪政而流血值得百世景仰。《传记文学》编者说：“七十年来，除当年同辈有关人物之记载外，几无人阐宋氏之主张，无人编宋氏之著作，无人撰宋氏之传记。”这个评论是事实，但其原因决不是大家对宋氏的冷淡，实是环境所逼迫，试问七十年来国家内外所遭之患难苦厄，事实上喘息的机会太少。有如上述一九四六年四月祭扫宋墓之一事，可以证明舆论对于宋氏的先知及其典型，是历久而益加崇敬，故有人唤醒，无不立即响影景从。

上海宋公园地在闸北华界，大概占地五百余亩，多年来因内乱频仍，军阀割据，任令荒烟蔓草，无人过问，问起这一个“宋公园”的来历，今天知道的人恐已甚少。当宋案发生后，幕后主犯袁世凯在表面上装腔作势，极力表示哀悼，当时有人做打油诗：“捶胸顿足哭泣钝初。”是描摹袁世凯哀悼宋氏的情景，除了一切表面文章外，袁世凯向国民党致送赙仪拾万圆。当时这一个数字是惊人的，国民党方面多数主张拒绝接受，以为不能接受此种不义之财。党内谭人凤先生，独排议，以为袁世凯送的钱，并不是他个人掏腰包，何妨接受下来，把这笔款子好好运用。最后谭氏主张胜利，就把那笔钱去购买了大宗土地，成立宋公园。在袁世凯居心叛国，其后逆迹昭彰，宋公园的陵夷不振，实属理有固然。在宋先生铜像下面，是于先生的墓志：“曲笔天诛，直笔人祸”传诵数十年的丰碑名句。再下面便是章太炎先生“呜呼渔父”四个大字石刻。据康心如先生及汪旭初先生告我：（康心如是康心孚的胞弟，康与汪，均是太炎门生）当袁囚禁章氏在北京龙泉寺时，军警执法处奉命，章先生发怒时摔茶壶茶杯，破口大骂时，不能抵抗，不许还手。某日章氏饮酒大醉，桌上磁器全部摔在地上，取笔大书“呜呼渔父”四大字，这四个大字被保留着，加以石刻送到宋墓。章氏这四个字，没有自己作解释，也没有人去问他，但是当袁世凯倒行逆施，凶焰最高涨的时候，自然想到宋先生提倡的宪政体制，更想到他一生提倡的政党政治与内阁制。在我们研究政治学与历史的人们看来，民国初年满清推翻以后，正是中国转弱为强，转乱为治，千载难逢的机会。今天七十岁以上的人，都能回想体念辛亥革命万众一心的热诚——推翻专制建立民主，上海全部地区飘扬的“还我河山”旗帜，正是象征民族主义的初胜，民权主义光辉胜利的将临，第一次双十国庆的全国欢声兴奋，比较美、法两国国庆的狂热绝不少减，就是断送于万恶的袁世凯，祸延十五年的军阀横行及各种不幸之后遗症。民国一九三〇年末我正在英国攻读，听到次年要召集国民会议，欣喜若狂，认为这是民主宪政的复活，也是二十年前宋教仁先烈流血牺牲的政见，毅然抛弃学位、漫卷诗书专程归国，这一点心事今天假此机会作一透露，可见思想上的领导与灌溉，其影响可以永垂无穷。我想宋先生所提倡，他人格的影响力，在中华民族的灵魂中，必定永久潜伏，遇有机会，必能发扬而光大；尤望政治斗士，不必为任何现状所慑服，我们的前途还是光明而辉煌的！

附带有两个问题，想加以补述，其一，宋氏哲嗣，《传记文学》编者说：“宋之唯一独子殁于抗战前，俗语说所谓‘英雄无嗣’。”宋先生哲嗣确系独子，但并非殁于抗战前，在重庆时，他还在审计部供职，我时任监察院秘书长，审计部隶属于监察院，有机会与他接触，是一位十分温文而内向的人，他在抗战末期死于重庆，所以于先生组织宋公园管理委员会时，推宋先生媳妇为委员，此其原因。宋世兄在一九一九、二〇年时，忽然成为一位新闻人物，他的名氏常在报上登载，当时宋案要犯洪述祖由青岛到上海，宋世兄接到密告，详告洪在沪行踪，某日洪到什么洋行，出门时，宋世兄一把抓住，把洪氏拉到巡捕房，因此宋案最后一名要犯归案侦办，并移送中国法院，三审判决，移送北京执行绞刑，因为那架新由国外进口的绞人机器，竟把洪述祖“身首异处”，当时认为是宋先生在天之灵。洪述祖字荫之，常州人，为洪亮吉后人，一辈子乱混，在台湾几次出乱子要坐牢，民国后混到内务部任秘书，他是宋案最后一个归案被执刑的人。另一要犯应桂馨，他的来历应该稍加补充，他加入帮会是不错的，他在前清末年曾经捐班一个小官（似是县丞之类）。他的父亲在上海是一位大营造广老板，然慷慨好义，于先生告我：某次他吃巡捕房官司，押在巡捕房看守所，与他同房的人，便是应桂馨的父亲。在牢房相处数月，这位老应先生，对于先生十分敬慕，出狱后变成朋友，于先生清末民初在沪所住大铁滨房子，便是老应先生借租的，于先生有时穷困，付不出房租，老应先生从不催收房租，大概所欠房租是可观的数字，老应先生因重视于先生，便把儿子桂馨引见于先生，请于先生照应，后来应桂馨先到沪军都督府，后由沪军都督府到南京临时总统府充卫队长（《传记文学》说任总统府庶务员，错误），都是于先生的渊源。宋案发生后，真相渐明，于先生的悲哀怅憾是创巨痛深。因为宋先生是《民立报》的主干。记得在重庆我获得一本徐血儿所编著《宋钝初》单行本，书中图片特多，宋先生哀荣照片触目皆是，我手握那本书到于先生客室中说：“宋先生死后真是风光。”于先生浩叹一声说：“假使于右任在民国十年前死去，风光也不会差到哪里去。”这两句话蕴蓄着无限的意义，该是研究《传记文学》细心勤奋去搜集而发扬的！

一九八〇年二月《传记文学》三十六卷三期

爱国报人潘公展先生（节选）

公展先生在美久病，终于一九七五年六月廿三日凶问传来，言念数十年公私交谊，实有不能已于言者。回忆一九二四、二五年之际，我在上海开始投文各报，因是获交陈布雷先生及公展先生，一九二四年是江浙齐卢战争之年，一九二五年则为孙传芳由浙进袭江苏之年，当时我在上海圣约翰大学读书，寒假时常因战乱交通断绝不能回乡，上海报纸于阴历过年时，停刊达九日之多，因当时时局紧张，“年报”应运而兴，“年报”主持者，大抵均为各报之编辑人员，因报纸年关停刊为私人组织短期的日报，编辑及印刷均借当时原有的报馆。所谓所报，在上海并不止一家，在四马路望平街的商报馆，营业不好经济拮据，那两年的一家年报，均借《商报》馆出版。我以一大学将毕业的学生，在上海过年闲来无事，每夜到商报馆去看看，顺便替他们发稿，有时写几条短评。记得当时公展先生每夜也到商报，因此我们便认识了。到一九二六年年底，上海情形十分混乱，北伐军已克复武汉，似乎等待新年到来，一切新的形势即将展开。其时我亦常到《商报》，可是陈、潘两先生都不见了，后来知道他们都秘密到南昌去了。新春他们回到上海，始有机会畅谈国家大事。

望平街的景象至今在我脑中深深不忘的，同一报馆，穷报馆与有钱报馆两种不同的境界，正如天渊之别。当时《商报》之穷，真是穷得出奇。上海在冬天，冷得厉害，走进《商报》，编辑室中有一个火炉，主笔室中也有一个火炉，但是主笔室中的火炉，常常是冷的。大概因为编辑室人多，那个火炉是不能不生火。而主笔室是布雷先生一人所用，所以常常不生火。如果走到《申报》与《新闻报》，他们那时已有热水汀，进门便觉和煦如春。便凭这一点环境的悬殊，当时我想知识分子对革命的热诚，是不言而喻的。对国民革命军的期待，更是可以推想的。当时我在望平街常对朋友说，上海的弄堂房子亭子间与望平街的穷报馆，加上四马路与虹口的书店，天通庵到江湾的大学区，都是革命思想的发源地。

一九二六年初，公展先生大概已转到《申报》编要闻，他编报是有特别的技能，无论怎样复杂凌乱的新闻来源，经他整理过，便井井有条眉目清晰。国民革命军克复南京，国民政府于四月十八日成立，当时上海政治分会成立，张静江是主席，公展先生发表为政治分会委员。我当时已在《时事新报》，那天顺便穿过马路到《申报》去看看，哪知一进门，从楼梯到会客室都挤满了人。问问工友，说都是来看潘先生的。最近有一次我与朋友谈天，问他们潘公展先生一生勋名最盛是哪一个时期，他们都瞠目不能对。我就举出上海政治分会成立，他发表为委员的那一天，那正合俗语所谓平地青云。人生是一个旅程，旅程中必有一段似光明灿烂，也必有若干崎岖坎坷。今天在五十年的回顾中，我提起这段话，并无哀乐感伤，只是说明娑婆世界中必然的现象！

上海特别市政府在一九二七年六月正式成立，黄郛领导群伦为市长，中外舆论翕然。公展先生在新市政府中担任农工商局局长，从此他进入仕途。除了抗战中及大陆撤守他始终与上海维持密切的关系。至今回想，当时中央既深知上海地方之重要，选派第一流人物黄膺白为市长，对上海的金融经济及外交的地位可说充分认识，独于上海的文化教育与宣传，完全没有加以注意。如果当时能派公展先生一类人物主持这一方面的事务，对于知识分子尤其是舆论界的向心力，其功效是不可同日而语的。

“九一八”沈阳事变对近代中国之震撼是彻底而多方面的。“一二八”淞沪战争就在上海地方发生，从一九三一年底至一九三二年，上海的学生运动蔓延到全国。当时政府觉悟文化思想之重要，公展先生虽在市政府任局长（教育局长）乃转其活动到文化思想方面，因在一九三二年春夏之交创办晨报。我当时在南京，京沪铁路尚未通车，应邀到上海参加创立会，起草该报发刊辞，当时公展先生坚留我在上海担任该报总主笔，我因南京工作不能兼顾，坐了长江轮船回到南京，嗣后公展先生的活动又转向文化宣传方面。在抗战期中，他在湖南担任短时期的省政府秘书长（主席为张治中），其后回到重庆，曾与成舍我、范争波、张竹平、陈训及我发起组织中国新闻事业公司，计划在全国创办二十个大报，其后仅在重庆办一个世界日报而胜利来临。曾一度担任中宣部副部长，三十二年中宣部改组，我接他副部长职务。抗战胜利后，我们回到上海，他任《申报》，我任《新闻报》，名位相同，我们同在望平街在同一岗位上努力，而且在上海他任市面上参议会议长，我任江苏监察使，更有许多公事上的交往。

国民党中央播迁台湾，公展先生远去美国，在纽约创办华美日报，在海外创立报纸，一切困难拂逆是可想象的。他在华美日报，从编稿写社论以至校对，一身兼之，每天坐地道车到报馆，寒暑无间，前后共十余年。直至数年前病体难以行动，才没有每天到报馆。一九七三年冬，我到纽约，时值岁暮，冰雪载道，没有人替我开车到他住所，仅在旅馆与他通话一次。回首数十年朝夕叙首之人，到缘尽时想见一面而不可得，心中悲怆，真是无可形容的。

人生数十寒暑，圣贤盗跖百年同尽。盖棺定论，只须看一个人一生大节大处。韩昌黎柳子厚墓志铭："……然子厚斥不久，穷不极，虽有出于人，其文学辞章，必不能自力以致必传达室于后如今，无疑也，虽使子厚得所愿，为将相于一时，以彼易此，孰得孰失，必有能辨之者……"

五十年生死患难与共难的故人，八千里梦魂神游之家山。我们在此地招魂遥祭，拉杂写此不语不文之哀辞，触目伤心于国家身世之感悼，不觉其辞之芜乱，不禁其涕泗之横流！

一九七五年七月十日

吴稚晖先生的文化背景

本文为一九七四年吴先生逝世二十周年时，在江苏同乡会纪念会中讲辞，兹经整理完成，一九七五年吴先生逝世忌辰将届，特此投登东方杂志，重申哀感。

作者附识。

今天我们纪念吴先生逝世二十周年，吴先生的形骸虽然离开我们已久，而且日月递嬗，音容愈邈。但我们深信他的精神，正是山高水长，弥久弥深。无疑的，吴先生是近代中国的伟人，他的伟大，是他脱落历史的羁绊，在文化中淘练出他的独特人格。以前有人把他比拟于法国大革命前的大思想家伏尔泰，就着眼在他富具传统的文化中，能在传统的羁绊中跳出来。

由吴先生自述的历史中，可以窥见他的早年，完全在传统的环境中打滚。譬如他早年所从事的“科举”努力，和跟随科举而起的各种生活，我今天想讲的便是他的文化背景。吴先生是常州府武进县人，因为他的家乡雪堰桥，是邻近无锡县的一个乡镇，再加他幼年在无锡外家长大，所以他讲的一口无锡话，外间常称他是无锡人。无论是武进或是无锡，他是常州人。常州一府有八县，包括首县武进及阳湖两县，无锡的无锡与金匮两县，宜兴的荆溪与家兴两县，加上江阴和靖江两县。在江苏，政治中心，一在南京，一在苏州，而文化中心则在江阴。旧时的“学政”驻在江阴，吴先生少年时，曾在江阴南菁书院住读过几年。他中举是光绪辛卯年，是为光绪十七年。查考南菁书院的学友录，他在南菁书院的年代，是光绪十六年。稚老平昔对南菁书院的教育，常常喜欢提到；尤其是定海黄以周先生（字符同）。“实事求是，不作调人”是黄先生书房里的匾额。那匾额中的两句话，对稚老一生的启示，有极大的作用。所以今天谈到吴先生的文化背景，有两点特别应当提到的：第一是常州；第二是南菁书院。常州学派在明清两朝是有特殊风格的，常州学派治经、讲理学、能文章。常州的学风，尊德性与道问学是兼收并容。明清两朝，常州人文兴盛，而且人才的丰富，经学、辞章、算数、舆地乃至诗词，均有独特的成就。现在为了扼要说明，容许我引用龚定庵的诗："干嘉辈行能悉数，数其派别征其尤，易家人人本虞氏，毖纬户户知何休。声音文字各奥，大抵钟鼎工冥搜，学徒不屑哗贾孔，文体不甚宗韩欧。人人擅抄小乐府，尔雅哀怨声能道，近今算学乃大盛，泰西客到攻如雠。"（常州歌）龚定庵又称："天下名士有部落，东南无与常匹俦。"可见在嘉道间，常州学派的光芒万丈，还是为全国士林所向往。否则不能赢得当时名流如龚定庵辈如此的颂扬。吴先生晚年谈及南菁书院，还是十分敬服。所以我的忖度，南菁书院对他毕生学术修养的影响是极大的。今天在台湾，要搜集一点南菁书院的史料，是极不容易。初来台时，在友人处借阅抗战时期在旧京北平出版之《中和月刊》，内载吾乡赵椿年（剑秋）先生所写《贾研斋师友小记》。赵先生于光绪十年甲申科试后，"调赴"南菁书院肄业，前后四年。赵先生中光绪二十四年戊戌进士，曾出任九江府知府，入民国后，曾任财政部次长及审计院副院长，与院长庄蕴宽同官，前后九年。他那篇师友小记，对南菁书院内容，有相当翔实之记载，兹摘要引录如左：

"南菁书院之规制，视学海、诂经（书院），尤为闳美。光绪十年以后，吾苏文献，几可取征于此。漱兰师（学使黄体芳）提倡之功，实不可没。后虽改为中学，余韵犹存，今闻已炸毁，则遗迹荡然矣。……"

"书院在江阴县城内中街，为旧水师营协镇游击两署故址。取朱子子游祠堂记，'南方之学得其菁华'命名，建立院舍七进，为课生齐舍，及掌教住宅。课分经学古学两门，各设内课生二十人，分居训诂词章四齐。每齐十人，设高明长一人。堂舍始于光绪八年九月，成于九年六月，是为南菁书院之始。……书院之经费，先由濑兰师捐廉为倡，同官咸起相应，共得钱三万三千串。分存常州府属八县各典中，月息一分，以为课生膏火，因内课生月支膏火五千文也。十四、五、六三年，由苏绅费学会、姚文、盛康、陈美棠、郑五等，先后捐助川沙南通等处沙田，约五万亩，是为书院经费之基本。……书院正中，楼上下十间，下为客座，上为藏书楼，中奉郑君朱子栗主，濑师撰联云：

东西汉、南北宋、儒林文苑，宣大成于二先生。宣圣室中人，吾党未容分两派；
十三经、廿四史、诸子百家，萃总目之万余种。文宗江上阁，斯楼应许附千秋。

楼下漱师联云：

东林讲学以来，必有名世，
南方豪杰之士，于兹为群。

又江督左文襄联云：

绎志多忘嗟老大；
读书有味且从容。

“书院于光绪十年秋开课，掌教为南汇张啸山先生（文虎），到院两月，以足疾辞归，（乙酉——光绪十一年——卒，年七十八。）即改延定海黄元同（以周）先生，在院凡十五年，至戊戌归隐于仁和半山之下，己亥十月十七日卒，年七十二。益吾（王先谦）师幕中，有慈溪林晋霞先生颐山，元同师亦时请其阅古学卷，后与江阴缪筱珊年伩（荃孙），均分主古学讲席。过此则为学校时代矣。书院首次甄别，以“南菁书院崇祀高密郑君朱子栗主议”命题，因郑君朱子抬头，写作两行，有误作两题者，传达室以为笑，惜未见其文，不知南菁书院崇祀一节，如何措辞也。甄别经学首选，忘其何人，古学题为“七洲洋赋”，刘葆真首列，其时尚名毓麟，后改可毅。……

无同师之为教，经学则汉宋不分，理学则朱陆不分。惟求其是而已。及门中，于蔚芝（唐文治）及余，极所期许。刻所著《礼书返故》时，列分校诸生之名，令蔚芝校第一卷，余校第二卷，所以勉之也。礼书通故者，师病秦氏五礼通考，吉礼好难郑，军礼太阿郑，乃折衷众说著此书，阅四十九年而后成者也。师在校讲贯之语甚多，不能悉记。仅就乙酉日记中讲“先立乎其大”一事，录之于左，以见一斑：是日见师言，前日古学题“读陆象山先生立乎其大说”，都将象山一概抹倒，不知象山之学，亦有是处，如决去世俗之见一语极是。今人惟不能决去世俗之见，是以为学不能静专。晚间命蔚芝与椿进讲，师言先立乎其大，孟子曰思则得之，正当体验一“思”字，如今庸夫俗子，终日营营，未尝不思，然尽是游思妄念，何尝能立，可见象山决去世俗之见之是。孟子之思，是生于静时体认得四端真切，动时能见仁谓仁，见智为智，自然能立，此大学所谓知止之学也，故初学做功夫，先当自己体认。（下略）……

南菁书院于清光绪十年成立，首创者为黄体芳，继任主持者为王先谦，均系当时江苏学政。至光绪二十七年，由学使李殿林，改南菁高等学堂为江苏全省高等学堂。关于南菁史料，在台湾遍查江阴县志、江苏省志，均是一鳞半爪，言之不详。赵剑秋先生这一段笔记，可谓第一手详尽的史料。我上面所引录者虽仅及原文十之二三，但关于南菁学院的内容，可称囊括无遗。读史的人请注意南菁书院供奉两位栗主——牌位，一位是郑康成，一位是朱熹，更注意上引黄体芳的对联，那是把中国数千年学术思想的派别脉络，都包括在内，而南菁的宗旨则兼收汉宋，并容朱陆。赵先生于光绪十五年离院，吴先生入院大概在十六年，所以两人未曾在南菁见面，而且赵记称“无锡吴稚晖”，可见相知不深。吴先生在南菁确实的年数，已不可考。但光绪十七年吴先生中式举人后，也许还在南菁耽一个时期。看了南菁书院的内容，尤其黄以周先生的教学方法，乃知当时书院教育的实质，是兼有今日西洋学府研究院及我国禅宗丛林的规格。吴先生在晚年，常提及黄以周先生，可见黄先生在当时对学生思想影响力之深巨。吴先生虽然在少年时，曾经努力于举业，但其后口中绝少谈到举业时期的种种。仅仅偶尔露出一点过去的意识，此固由于其革命胸怀对此制度恶绝之甚，一如顾亭林先生提及科举时之斥责。记得在台湾屡次侍谈时，他老人家有几次问及钱名山先生，问他近状何似，我对以早已归道山，在重庆开追悼会时，还是请他老先生主祭。那时他重听已深，连声称：“我们江南乡试的时候，他的气概还了得。……”言下哈哈大笑。这是科举时代的下意识，有时候不期然流露出来。

论到吴先生的气象，真所谓“推倒一世之豪杰，开拓万古之心胸。”但我所体认的吴先生，他的本质是十分敦厚。对世事是悲悯，对后生是绝端爱护。他在病榻中念念不忘他的爱子叔薇，都是文化潜力在他身上的发挥。研究一位伟大人物的思想行谊，如果不从他整个文化背景去着手，那种结论必然是肤浅而廓落的，今天在这个纪念会上，我特别选了这一个题目来纪念吴先生，更搜集南菁书院的史料，使世人更明了吴先生学术行谊之根源。许多不妥之处，还请各位硕学前辈，赐以教益。

一九七五年三月《东方杂志》复刊八卷九期

宁粤和谈追随蔡元培先生经过

今天座谈会的主题是蔡元培先生的生平和思想，雪艇先生已经讲得很详细，我只有一点零碎的资料作一点补充。我先讲我跟蔡先生接触的经过。

蔡先生如还活着，今年应是一百一十岁了。他是肖兔的，于（右任）、胡（汉民）、谭（延）都是肖兔的，他们比蔡先生小一轮；胡适之、孙哲生、王雪艇他们也是肖兔的，他们比蔡先生小两轮；我也是肖兔的，比蔡先生小三轮了。一九二七、二八年在上海办报时，跟蔡先生有相当接触，迨一九三一年我从英伦回来，二十年秋天以前，我在南京担任中央政治会议秘书，十分清闲。因为跟杨杏佛（铨）是很好的朋友，他那时正任中央研究院的总干事，蔡先生是院长，他们的办事处是在成贤街，我常到成贤街中央研究院总办事处去。蔡先生也常到南京，到午饭时我常陪他吃饭，这段时间差不多有一年余。杨杏佛先生平日事情很忙，交际多，有时他要出去，就请我陪蔡先生吃饭。蔡先生是很严肃的，但待人很温和。

陪蔡先生吃饭倒也是很有趣的。现在回想起来，那张气氛和味道实在非常之好。蔡先生这个人的特点就是淡，他的人情味很浓，我们中国人可以体会到这一点。蔡先生吃饭，都是很普通的菜，也就是中央研究院的大锅菜。他每一顿饭时都要喝一点酒。酒壶是用一个锡制方形的暖壶（里面是圆的，有夹层可以装水），可盛四两酒，不一定是绍兴。酒是不可少，每一顿都是这样。

蔡先生吃饭时不大说话，我们拿许多话题问他，引他说话，他的话题才会被引起来了。我们问了许多问题，也听他说了许多事情，可惜没有记下来。席间也有许多趣事，我发现，北大有几个高材生，在蔡先生面前，言谈举止，无拘无束。印象最深的是傅孟真。傅孟真他那个神气，奇形怪状，比手画脚，有时候大叫一声。我时常对他说，你实在应该打屁股!你在校长跟前一点规矩也没有，做出各种怪样子。

虽然我不是北大的，但是我跟蔡先生多次接触，我对他实在是非常之佩服，陪他吃饭，听他谈话，在蔡先生的面前真是如坐春风。这一段往事，印象极深，回味无穷。

另外有一段经过，就是民国二十年初冬在上海举行的宁粤和谈，我有机会追随蔡先生。

一九三一年五月，广州另外成立中国国民党非常委员会，与南京对立，宁粤分裂。是年七、八月间，长江大水灾，泛滥数省，灾情惨重；不久就是“九一八”，日人在沈阳制造事端，攻占东三省；“九一八”以后，十月下旬，宁粤和谈在上海举行。这次和谈我曾亲自参加，现在特为记述，或可为讲述蔡先生生平和研究民国史者的一点贡献。

民国以来有过好几次和谈。第一次是辛亥革命时南北议和，北方总代表是唐绍仪，南方总代表是伍廷芳，会议的地点是在南京市政厅，实际谈判的地方是在伍廷芳的家里—上海小沙渡路观渡庐。第二次和谈是在一九一九年，徐世昌方做大总统，南方则是孙中山先生的护法军政府，当时南方总代表是唐绍仪，北方总代表是朱启钤，和谈在上海举行，没有结果，而参加议和的人终日花天酒地。第三次就是一九三一年的宁粤和谈，十月廿七日正式在上海举行。

这一次宁粤和谈，广东的代表阵容浩大，如汪精卫、孙科、李文范、邹鲁、陈友仁等，另外还有大批随员。南京的代表则为蔡先生、李石曾、陈铭枢、张溥泉、张静江等，后来还有吴铁城。这两方面的和谈代表，无论就阵容、和性质来说，完全不同。南京的代表可说是第三者的立场，态度超然，这里面就年龄、资望来说，蔡先生可说是一个领袖人物。广州方面不仅代表多，随员也多，每次出席会议的有三、四个秘书，南京的代表团只有我一个秘书出席，因为南京派来的人并不多，在上海威海路有一个办事处，但南京来人都不肯去列席，说看不惯广东来的人。当时的情况很妙，宁粤双方发代表和随员大半都住在一个旅馆，但见面都不招呼，宛若敌国，壁垒分明。开会就在伍朝枢先生家里—观渡庐，是一栋英国式的洋楼，园子很大，有几百亩地，此园后来已拆除。

会议开始，奇怪的是并没有一定的议事规程，大概是每次会议推一个主席，蔡先生做主席的次数很多。讨论的议题主要是国民政府的组织法。南京的代表可说是完全采取守势，广东方面采取攻势，其中最激烈的是李文范，其次是伍朝枢。李文范常常很激动的跳出来骂，南京政府给他骂得狗血淋头，好像南京政府一无是处。伍朝枢则专门批评国民政府组织法，他冷嘲热骂的对象就是王亮畴（宠惠），因为国民政府组织法是王起草的。伍朝枢说，我从来没有看见过一位法学博士、法学权威起草的政府组织法，其中的主席一职居然没有任期!

从这里我们可以看出蔡先生的伟大，他是超现实的，宁粤相争，尽管闹得满天星斗，但蔡先生处之泰然。这一段期间，我跟蔡先生接触很多，不但白天有接触，晚上也常到他那里。他很少谈和谈的事，也不谈现实的问题，他很超然，眼光看得很远，仍然是谈教育、谈思想、谈文化。那时国难当头，外间请愿的很多，闹得一团糟，请愿的代表来了，都是汪精卫去挡，我记得有一回沈钧儒等人来请愿，和汪精卫大吵一顿，蔡先生则不过问这些事。

我在宁粤和谈期间和蔡先生朝夕相处，我觉得他真是精神超越了一切，对现实问题不加萦心。尽管天下汹汹，他认为问题的根本不在此，所以他始终不改变他的态度。和谈完了，我陪他回南京，我在车中问他很多问题，对我的见闻增益不少。我问他许多我们在历史上看不到的，尤其是辛亥开国的史事。九一八以后，国难当头，上海一批老先生领衔通电，要政府马上抗日，领衔者是马相伯（良）先生，其次是赵凤昌（竹君）先生。赵是我们常州同乡，有一次我特地问蔡先生，人家说南京临时政府是在赵凤昌家里成立，此人究竟如何？蔡先生说，我们党对不起他。我问这话怎讲？蔡先生说，害得后来袁世凯要为难他呀。可见蔡先生之为人非常注重恕道。我这段期间和他相处，他从来不跟我谈时事，我陪他返京，接着就是四全大会，他也不谈。我觉得他的境界太高了。一九三三年六月，杨杏佛被刺去世。当时什么人权大同盟，蔡先生是会长，杨是总干事。杨之遇难，蔡先生非常难过，此后即不常去南京。一九三〇年三月蔡先生在香港去世，我适在港，曾往吊丧送殡。

刚才雪艇先生说，我们应该发扬蔡先生的思想，这事实在应该做。当蔡先生在香港逝世，时北大同学许地山（落华生）先生在香港大学做中文系主任，不知道他根据什么考据，说出殡时要用鼓为前导，于是找来了十面鼓在出殡的行列前敲打，香港人因此出来看热闹，但大家不知“蔡元培”是什么人!三十年前香港人不知蔡元培，我们今天仍然需要发扬蔡先生的思想，阐述蔡先生的生平。

一九七七年八月《传记文学》卅一卷二期

宁粤和平会议补记

《传记文学》编者按：本刊上期“民国史事与人物专栏”主题“广州非常会议与宁粤沪和平会议”刊出后，甚为关心中国近代史的读者所重视与欢迎。著名政论家与新闻界前辈程沧波先生曾担任宁粤和平会议秘书，编者特请其将亲身参与是项会议的经历与观察，撰文予以补充与指正。事隔四十八年，当时争执最激烈的宁粤双方领袖俱已物故，程先生可能是惟一健在的“亲与其役”之人，故其“补记”实具有甚高的史料价值。

宁粤和平会议，于一九三一年十月二十七日在上海戈登路观渡庐伍朝枢宅开始，而于同年十一月七日结束。《传记文学》九月号，于当时开会前后情形，记载详尽，已足为信史。绍唐、云龙两兄促我补充，因当日参加和会之人，今日在台者恐已寥寥无几。其实我于宁粤和会，过去所写已多，现在并无新材料告读者，或者我的观察较前有所不同耳。

在我记忆中，当我启蒙时期，我在家藏书箱中翻到许多上海文明书局出版的近代历史人物，如拿破仑、威灵吞、纳尔逊、梅特涅等。这许多小册子内容是介绍这类历史人物——十九世纪的历史人物。在这类历史人物中，我尤喜欢看拿破仑时代的人物，如梅特涅与维也纳会议，是我最喜欢浏览的。后来到大学时期，我的主修科目是近代史。在英国读书时，外交史权威韦勃史脱（C.K.Webster），正在伦敦政治经济学院讲“维也纳会议”及十九世纪欧洲外交史，我就选修他这两门功课。维也纳会议的形形色色与花花絮絮，真是耳目缤纷，因此我对任何和会都感终没有讲一个字，张继说话也极少，蔡先生做主席时甚多，我这个秘书常常捧着记录请他签字，还要请他改正许多字句。陈铭枢在当时是一个怪人，他是京沪卫戍总司令兼淞沪警备司令，粤方表示要他的部队到京沪，粤方人员方放心到达，这位欧阳竟无的入室子弟，声色不露，使人莫测高深，他在当时的气派，大有左右乾坤的声势。吴铁城的代表是后来增加加入。粤方来沪的人，号称百余人，到会场的人甚少。粤方代表团出席会议的秘书是杨宗炯，一位追随林云陔多年的人。

当和平会议正在进行中，日本军阀在东北的侵略，正是毒焰弥漫，由辽宁侵入吉黑，且与马占山军队在黑龙江作殊死战。因为外交上军事上形势的恶劣，全国人心的愤激，也与日俱增。和平会议开会时间，大半都在上午，下午则各团体的请愿，几于无日无之，请愿的题目，千篇一律是抵抗侵略。应付请愿大半是推汪精卫，他能言善辩，但有时也会动火，我亲眼看见有一次他与沈钧儒闹得不欢。和平会议的动态，不能全看会场中的情况。当时会场中揭出的议题，是讲座国府组织法，另一个是蒋主席下野。要看时局的动态，还须注目在场外，而在当时在场外最应注目三人，自是胡汉民氏，多次谣传胡先生要离沪去粤，后来终于他离沪而去。当时看时局的人表示叹息，那天证实胡氏离沪去粤后，我特电话我常州老乡长赵竹君（凤昌）先生，赵老先生在电话中太息说：他怎么在事情没有段落的时候离去？其次是汪精卫，有一天邵力子先生电话约我去闲谈，他说汪先生有函给他，言南京代表团秘书程某是名记者，请他约去一谈。后来不知怎样我竟未去与他晤面。由此我领悟那是时局关键的又一场所。三个月后，汪到南京来了，根基就在那时候埋下的。

在民国历史上，国内有三次和平会议，第一次为辛亥革命南北和议。第二次为一九一九年徐世昌时代的南北和议。第三次即为一九三一年的宁粤和议。至于一九四六年的政协，不能与此并论。那三个和平会议中，辛亥和议与一九三一年宁粤和谈，都有在时代大动乱中，参加会议的人，心情都十分沉重，惟有一九一九的南北和议，北方代表花天酒地看兴趣。我对维也纳会议所感的，不像季辛吉那样注意纵横捭阖，而是从历史人物活动的那个角度。中国历史上极少和平会议这类的活动。辛亥革命时的南北和议，在中国历史上是空前的。我当时对这南北和议蕴藏着极大的兴趣，常州同乡前辈世交赵椿年（剑秋）先生是当时随着北方代表团的首席参议，我有机会向他询问当时和会的许多。其次便是徐世昌做总统的南北和议，这次和议的地点也是在上海。北方首席代表是朱启钤，南方首席代表是唐绍仪。当一九三一年十月初，宁粤和谈喧闹最热的时候，我在南京，虽亦担任立法委员及中央政治会议秘书之职，但并不忙碌，而当时的立法院等于停顿。所以，我便去上海看看热闹。哪知当时广东大批人物到了上海，不久就是和谈开幕。我是正式被派为和议南京代表团的秘书，所以每次开会，必须到会，而且每次发表公报的秘书名议下，有“程中行”的名氏。我为什么会担任这个秘书名义？当时南京方面到上海的人，并不在少，而党中若干中上级干部，可以去列席的人，更不乏人，但大家表示不愿到会。有位先生说：“看到那批来的人，我就想揍他们一顿。”这可旁证双方怨恨之深。我那时回国不久，只是二十八岁的青年记者，故大家说推我去，我为着好奇，也就受之不辞。

和平会议粤方代表为汪兆铭、孙科、伍朝枢、李文范、邹鲁、陈友仁；南京方面的代表为李石曾、张静江、张继、蔡元培、陈铭枢，吴铁城。双方各为六人。从这张代表名单看，南京所派出的，多半是元老，好像是第三者，在会场开会时，讨论议案的时间，远不如毒骂与丑诋，尤其可怪的，粤方代表尽骂，骂人最凶猛者为李文范、邹鲁，而最尖刻者为伍朝枢。宁方代表则尽听，等于静听挨骂。粤方代表最引人注目的，自然是汪精卫，其次是孙科，孙科说话不多，有时也会发狠一番，汪精卫言论极少，有一次开会前宣布：古应芬因牙病逝世，会场举行默哀，汪一人呜咽，终至号啕大哭，全场气氛为之凄厉。陈友仁完全是一位外国人，始终陪伴他的是傅秉常，他从未与他人交谈，后来不久接着孙科组阁，他是外交部长，到立法院来列席，次长傅秉常代他报告与答复，当时傅仍兼立法院外交委员会委员长，这是动乱时期政治上的怪现象。在南京代表方面，李石曾话最多，全是第三者立场，张静江始酒地，在沪上传为笑谈。依我所体会，国家到开和会，都是到了一个存亡重要关头。在此重要关头，混水摸鱼惟恐天下不乱，借此呼风唤雨，造成新局，自然大有人在；他若酒食征逐，征歌选色，犹其余事。讲到一九三一年的和会，真是举国汹汹，大祸临头。在那年十一月初，和会结束，我随蔡先生返京，接着举行四全大会、一中全会，蒋主席在此辞职下野，学生请愿，全国响应，以致南京秩序不能维持，到“一二八”后稍稍回复稳定，今天回顾，既有余悸，亦有余痛！

上期《传记文学》第二十页沈文有一段记载，极关重要：“（十月）十一日陈（铭枢）等抵沪，即与吴铁城偕赴张静江寓，与张群、吴稚晖、李石曾等密商在粤接洽情形，遂相率乘夜车抵宁。十二日晨抵达，陈即赴国府谒蒋主席，下午谒胡汉民，宁粤和局，遂急转真下。……胡（汉民）氏遂于十三日偕陈铭枢、吴铁城往陵园晤蒋，发表外交问题意见甚多，即席决定推吴稚晖、李石曾、张静江及陈、吴随胡赴沪，候晤粤方代表，举行和平会议。此为胡氏辞职后七阅月余初度与蒋公之晤谈，气氛融洽，似若前嫌尽释也。”“十四日晨八时，蒋主席偕侍卫长王世和来胡寓答访并送行，十时，胡氏偕陈、吴、张、及女公子木兰等搭京沪铁路花车赴沪。”“粤方代表抵沪之次日，蒋主席即自京飞沪，于午后约同于右任、蔡元培、张继、李石曾、陈铭枢等在孙科宅与粤方六代表晤谈，……蒋表示此次请同志议定办法。凡胡、汪两先生同意之事，无不同意照行。”我不惮引了沈文这么一长段，就是说明当时时局经过那么大的变化，终于在危急关头，有如此急转直下，此中显示许多道理，最重要的，还是党员对党的感情。其次便是这七八个月中蒋公的容忍。我在上述和会开会时情形，南京的代表完全是挨骂而绝不反击，亦可说蒋公在此七八月中，全国的攻击批评，集中于他一身。然而他不辩一句，只是为着党与国家而默默补救。在蒋公逝世的十余年前，有一次在总统府召见与我谈话。谈到总理对同志：“总理有时对同志亦会吵架且会盛怒，但一经以大义譬晓，对事实真相明了以后，立刻恢复情谊，亲爱精诚如初，他期望于同志相互间，亦是如此。”广州非常会议的前后，全国鼎沸，国势危如累卵，然终于旋乾转坤，挽回过来，还恃蒋公的恢宏坚忍，这是我亲历宁粤和谈的领悟，值得为国人昭告而加以警惕者。

一九七九年十月《传记文学》三十五卷四期

寂寞的记者

一九四〇年记者节前夕，陈布雷先生写一封信给我，大意说：“今年记者节，你离开了记者的岗位，感到记者节太寂寞了。”这是距今三十年前记者节前夕，一段个人历史掌故。当时我方离开《中央日报》去“监察院”，布雷先生自己离开新闻记者岗位也已有十余年，看人家离开新闻界，总是不胜感慨之。今天时间空间的变迁，提起四十年来种种，真不知如何说起。《东方杂志》编者，要我在一九七〇年记者节抒写一点感想。在我回想与内心深处，我真感到面临记者节，我个人感到寂寞，也替记者的天地中感到寂寞！

抗战胜利后翌年五月，于（右任）先生到上海，——八年抗战后第一次到上海，住在上海法租界毕勋路监察使署中。覃理鸣（振）先生有一天到使署看于先生，并对我说：“我们选择一天去宋公园扫扫墓好么?”他所说的宋公园之墓，便是宋教仁先生的墓园。当时于先生欣然赞同，隔了两日清晨，我们约同章行严、潘公展及上海的新闻界多人，随着于覃两先生，到闸北宋公园墓地。上香祭奠以后，大家注视宋公的铜像及于先生的题表，章太炎先生的题词“呜呼渔父”，在墓园四周徘徊了很久才离去。临走的时候，于先生感叹说：“钝初太寂寞了！”我对覃理鸣先生说：“宋先生还是不寂寞的，死了三十余年，还有我们这许多后辈同业来吊祭他，相信千百年后，人家对宋先生的怀念，是不会减退的。”

照表面看，记者是不会寂寞的。无论政治或社会的热闹场合中，都有记者的踪迹。记者不是隐士，记者不是幽人，记者岂能寂寞。然而进一步深一层分析，我想记者是寂寞的。凡是阅历愈深的人，凡是所见所历愈多的人，他们的内心深处总是感到寂寞的。何况文人的气质，再加上诗人的胸怀，感念上是无从兴高采烈的。论语说：“君子有终身之忧。”我想一个深思忧时的记者，看了国家社会，看了国际局势，他们的心情，是无法欢跃愉快的。中国有一句谚语："曲高和寡"。曲高是什么，便是与一般时俗不同的调子，在西方称为dissent——不同意的意见。如果一个记者的调子，不同于一般的流俗，附和他的人必然不多。不但附和他的人不多，而且多数的时俗代表者，还要凭其多数力量，对不同意的曲高者，施以攻击甚至威胁。今日所谓"围剿"，名词是新颖的，其实由来已久，"围剿"不同意见，不过是"曲高和寡"的进一步是了。和寡的人，根本上他的意见，了解的人不多，实施以攻击与威胁，自然是轻而易举。

但是在思想史上，少数人的不同意见，往往是真理之所在。如果能容许不同意见之存在，而再让它发扬，对社会对人群都是造福无穷的。民主政治的特点，便在制度上不让怀有不同意见者，受到无理的压迫。不但不让它受到压迫，且让它有正当发展的余地。这样子在学术上，在社会中，方有进步可言。否则在思想界中，只有一种意见，那种社会必然是僵化的。僵化的社会，表面上整齐划一可喜，而其背后的隐忧是无穷的。因为怀着不同意见的人，既不能趋时，又不能同流合污，他的处境是十分可悲的。所谓寂寞，是起码的待遇。如果我们在制度上，在风气上，不设法保护不同意见的产生，人们又何苦不趋时热闹热闹，等着"围剿"？而乐于被人"围剿"的，究竟有几个好汉！

看了上面一段议论，一定有人要提出问题。美国今天的一片混乱，不是被所谓"不同意见"的权利，闹成那种局面么?我应之曰，任何一种权力，凡是曲解而利用，未有不致祸患无穷。英国历史学家阿克顿爵士在五十年前已剀切言之。美国今日的反越战，反征兵，其它一切所谓和平运动者，无不假借"不同意见权利"一语以行之。这是研究思想问题者最不能放过，也是今日记者头号的任务。我想今天美国所谓"不同意见的权利"，凡是发表那种言论或者参加那种运动的人，经过邪恶的背景发纵指使，已不是少数人的意见。凡是呼号奔走的人，既受人捧场，还自以为是思想前进。他们那里会寂寞！他们更那里会感到孤单！所以把美国的事例来论，今天应该鼓励的，正是不同于一窝蜂的那种言论与行动。要在思想言论界站出来戳穿那种流行的言论，不是理论的根据，而是勇气。这种勇气，是根据于理智及道德来的。所谓"知耻近乎勇"，要使大家知道在国家对外战争时，叫反战是可耻的。在社会罪恶横行时，叫放纵罪人是可耻的。在青年受教育的学府，鼓动罢教罢课，是戕贼国家民族的精神基础，这是可耻的。今天的美国，在思想界、在教育界、司法界、宗教界以及政治与社会每个角落，已经被那种"不同意权利"的巫咒，造成大混乱。分崩瓦解之局，便接踵而至。如果要使思想界的人站出来，他的遭遇，不仅是自身的孤寂，他将受到国内及国际邪恶势力的大包围大“围剿”。而美国国内今天这种思想界逆流，必定极自然地造成一个大反动，把人类文明数百年来的成就，摧毁倒退。我们毕生在思想界奋斗努力的人，面临记者节的心情，其沉重悲感，应当是无可宣说的。

在一个月前，我有机会和一位访华的美国议员谈话。我提出美国受着英国罗氏基金会派去英国的留学生(Rhodes’Scholarship)为什么回国后那样一面倒地对本国政府与社会为难？譬如现任参议院外交委员会主席傅尔布莱德，便是一个显著的例子，其它如艾奇逊前国务卿及苏联专家肯楠等等，都是得到罗氏奖学金而去英国留学的。他们的学术基础好，所学的科目成绩好，都是不成问题的。可惜他们的思想言论，好像中了什么毒素似的。那位议员对我提出的意见，极表共鸣。他说许多美国去英国的留学生，尤其像罗氏基金奖学金的留学生，他们到英国受着费边社会主义的影响，回国来便尽量发挥。因为这许多都是杰出的学生，所以他们的影响力也特别大。我对他笑说，这正可证明一点，便是本国文化背景的力量。并对他说：“我本人两次到费边社会主义大本营伦敦政治经济学院读书，而我的老师是拉斯基。费边社会主义对我绝对没有动摇我的根本思想，我们只是用它，而不是为它所用。这是祖国文化背景的强弱，一点无法勉强。”

我引这一段事实；也是证明我从来的主张。东方人，尤其中国人，要在今天混乱的世界局势中，负起领导的责任。这不是封锁主义的自满，而是当仁不让的。因此，我连带想到记者是思想界的前锋。中国的记者，要引天下国家为己任。在全世界混乱的思想界中，我们的领导气概或行动，当然会引起反击，至少受到无比的冷落与寂寞。但是要做大事是不能怕寂寞的。明儒黄梨洲先生曾论侯方域，说“夫人而不能耐寂寞，真是无所不为矣。”

寂寞的记者，耐着寂寞，遣散寂寞，为国家为世界向前努力奋斗！

一九七〇年九月《东方杂志》复刊四卷三期

罗素论 (节选)

美联社威尔斯彭德莱兹二月三日电，罗素和平基金会的一位人士今天早晨宣布“和平人士并为当代大哲学家之一的罗素昨晚在北威尔斯寓所去世，享年九十七岁。”

这一条消息于二月四日传到台北，当我在晚报上读到这消息时，对这位先生的死，心中有各种感触。罗素生在一八七二年，死在一九七〇年，在中国的历史上，他的出生相当前清同治十一年。这年在中国，是曾国藩病死在两江总督任上的一年，也是同治皇帝亲政的前一年。所以照中国的算法，罗素先生的寿命已活到九十七岁，此在中外的学人历史上是极少的例子。

像罗素先生那样长的寿命，有像他一生复杂的经历，与毁誉的纷乘，在今天要写一篇评论是相当困难的。也许有人听见他的死，表示松一口气，说一个时代怪物终算过去了，也许有人哀悼惨痛，说一代和平人士的陨落，是一个历史性的损失。我想对一个时代人物的评论笼统武断得乱捧或乱骂，既不足以折服被批评者之心，更不是对历史的忠实表现，与世道人心是没有帮助的。至于论史，无论对人对事的评论，笼统武断得乱捧或乱骂，尤其是根据一种教条式的偏见去捧人或骂人，是最容易而偷巧的事，但在学术上是最无价值，在有识者看来是不值一笑的。

一个人是有生命的，生命便会有尽。如果一个人当其生命到了尽头，对自己个人有交代，对时代历史有交代，那个人便不是枉过一生，那便是伟大的人物。根据这个原则来评论罗素先生，他对自己是有交代的，对时代历史也是有交代的。

在罗素自传的《自序》与《书后》两章中，他把他一生的总账已经详细扼要的指出。他不但把总账有一个总结，还把他一生的怀抱和行事有一个对照的结算。在他自传首卷的序文中说："我的一生被三种热情所支配，那种热情，一方面甚为简单，同时也是压倒的强烈。三种热情——第一是对爱的热望；第二是对智识的寻求；第三是对人类困难的悲悯。这许多热情，有如强风，临着忧苦的深海，把我忽然吹到这里和那里。

讲到追求爱，因为它能给我沉醉的快乐，使我有时乐于牺牲整个生命以求短暂的快乐。其次，我为解除孤寂而求爱。又其次我为获得上界的启示而求爱。这许多我都认为在最后为我所求得。我以同样的热情去求知，我想了解人心，亦想知道天体，关于这一门，我有少许的成功。爱与知的升华，扶我上升碧霄。但终因悲悯之心，使我重新降回地上。各种痛苦呼号之声，滞留回复于我的心弦。饥荒中的儿童，暴政酷刑下的牺牲者，老无所告而子孙视为怂怨之负担。孤寡贫穷及痛苦的世界，对人类生活形成一种讽刺。我想去减轻这种罪恶，但我不能，因之我同感痛苦。

这是我的一生，我感到是值得活的一生。如有机会，我很欣然再度活过一生。

过去我读过多少中外名人的自传，像罗素先生那样清清楚楚把自己一生的帐，刻画钩稽，并且结算的丝毫不差，真是难得。就像罗素先生在一生总帐中的结算书，加以考核，他对自己是有一个交代，同时对时代也有一个交代。在他八十岁庆寿的时候，他曾经刊印"八十岁生辰回感"小册子。他说自离童年时期，他的一生，全部精力，用于两大目标：这两大目标，向来是分道扬镳，直到最近才合而为一。这两大目标，第一是"格物"；第二是用各种努力创造一个更快乐的世界。在三十八岁以前，他的精力完全用于第一个目标——"格物"。他为怀疑主义所困惑，因而被迫得到结论，所谓各种知识，在理论上均可怀疑，因而想到数学的固定性，比其它事理为强。但是许多数学的表露还是充满着毛病，如果要在数学中发现固定，那将是一种新的数学，所以他的结论，说在此方面已不能再有所努力。等到第一次世界大战爆发，他的思想转移集中于人类的苦难及谬妄。在他看来，无论苦难或谬妄，都非人类不可避免的命运。因此他深信，除非人类自己毁灭，则知识、忍耐，以及雄辩均可迟早挽救人类为自己设下的苦刑。

罗素先生在他为着第二个目标奋斗中——为人类创造比较快乐的世界，从第一次世界大战开始，在英国反对参战，其后反对国民兵役，直至第二次世界大战后所谓反冷战的和平运动，他受着各种精神上及身体上的责罚。在第一次大战爆发后，反对兵役者处以二年徒刑，他散发小册子激烈反对这种处罚，因而被法庭判处一百磅的罚金，他的私人图书馆被没收。在一九一八年，因他一篇发表在

Tribunal杂志主张和平的文章，被判六个月徒刑。其后在美国教书遭受的磨难，以及二次大战后因从事和平运动而遭受之嘲骂，更是不胜枚举。但在他八十岁回忆中，因为根据他的信念，他始终保持着某种程度的乐观，一般人所说人是生来便有烦恼，他是完全不同意这种意见。他认为现在及过去不愉快的原因，是不难估定的。譬如贫穷、疾疫、饥馑这类的祸患，是因人类没有充分控制自然。再如战争、虐政以及酷刑等，则因人对于同类的仇恨。还有因为阴暗的教条而发生内心分歧以致世上的繁荣不克实现，这许许多多，都有方法加以克服。在现代世界中，社会上的不愉快都因愚蠢、习惯、信念以及情感——这一大串对若干人们似乎比生命还重要。在这种危险的时代，许多人看上去似乎对苦难与死亡，深为留恋。如果有人向他们建议什么希望，他们将会愤怒，他们以为希望是不合理的，坐下悲叹与失望，是面对事实。他对这一类人，是不能同意。要在现世保持希望，须唤起我们的智慧与力量，凡是失望的人，常常缺乏力量。

上面许多理论，都从罗素先生的自传及《八十感怀》中直接或间接引证而来。这许多理念，都是他一生行为的蓝图。因为他的寿命长，他是一个长于思维的学者，他把自己的一生估计与分析，经过他逻辑的淘炼而十分明显。他自己评论一生的成败，回忆在七十五年前于柏林初春大雪初霁时，步行默想，一生想写作两套著作。一种是抽象的，由抽象而渐涉具体；另一套是由具体的，而渐涉抽象。在这两套著作之后，加一个综合的结论联结纯理论与实际的社会哲学。除了那个综合结论以外，关于上述两个部门他写了许多著作。这许多著作，受到赞美与推崇，现世许多男女们都受着影响。他认为在这方面在这个限度中，他是成功的。在另一方面，他认为遭遇双重的失败：一种是外面的失败，另一种是内面的失败。七十余年前他在柏林初春散步的地方，或已变成一堆瓦砾，或已成为东西柏林对峙的边界。凡他所认为是善的，已经分别为法西斯及纳粹连续所挑战。虽经不断的应战，然而原来所持以应战而思保存的，经过长期苦战而一并丧亡。自由已被目为衰弱，只有带着凶残的信条才能受到敬畏。这是属于外面的失败；至于他精神生活上的永久战斗，他对永恒世界的信念，亦渐感微不足道。最初认为自由及勇敢的爱，可以不需要战斗即可征服世界，他曾为此而苦挣一个剧烈的斗争，在这一方面，他认为是失败了；虽然在此失败之下，他仍感到有许多地方是胜利的。

反对党是英国政治中一个特殊的制度，反对主义亦是英国自由主义中的一个特色。所谓“不归顺”（Non-conformity）由英国的宗教而传染于社会及政治。

罗素在哲学思想上是一个极端怀疑论者，他对许多哲学上已存的理论，都对之怀疑，因而走到数理哲学及数学逻辑的路上去。但即在数学理论方面，他对过去许多旧理论也是同样怀疑而反对。所以在思想上，他是一个终身的反对论者，而在行动上，直到第一次大战爆发后方有表现，由此而一直表现到他离开人世。在他九十岁生辰时，他曾说："我并非生而具有反叛性，在一九一四年以前，我多多少少与这个世界相处得来。"又在他"八十生辰感怀"中说："在我少年时代，维多利亚的乐观主义，举世深信，绝无疑义。在当时，一般人认为自由繁荣，将由秩序的程序，慢慢分布于全世界。并且以为，所有暴虐、暴政，以及不公道将继续灭除。很少人想到，十九世纪不过是过去与未来野蛮主义横行的一个插曲。在那种空气中生长的人，想在现世界谋求适应，是十分困难的。不但是感情上困难，便是知解上也是十分困难。"从罗素先生这些启示，可以知道他生命上的分界线，在第一次世界大战，也就是在一九一四年。在一九一四年以前，他的怀疑，他的反对，只限在学术思想方面。在一九一四年以后，他的目光，移转到世界的现实问题。由他的语气，他对维多利亚时代，是多少带着留恋。所以我们在此可以得着第一个结论：他是受着环境支配的人，也可说是时势造成他的后半生。维多利亚时代的英国，维多利亚时代的世界，对一个大思想家能给予满足，如果把罗素先生后半生的思想及言论来对质，岂非对我们这位哲人是一个大讽刺！固然，维多利亚时代的自由与繁荣诚如罗素先生所说，可以按照和平秩序的方法，慢慢推广及于世界各地。不过从历史的眼光看维多利亚时代真是小康中的小康局面，在当时英国国内，政治上的权利是不平等的，工人的福利是谈不到的，而所谓自由，至多限于英国的既得利益阶级罢了。何况资本主义下面多数大众，又何况被开发被侵略的海外殖民地。如此等等，对一个怀疑反对的哲学家，可以使他和平相处。于是我们又得到一个结论：照人类的天生惰性，要促起反叛或反对，是不容易的。掌握政权的当政，只要做到安居乐业，不为已甚，便可循序渐求进步，要使全国人民做匍匐顺民固难，要激起反叛也是不易。天生造反的人，究竟是少之又少。

一个自由主义的思想家，一个怀疑论的哲学家，照理是不能赞同共产主义的，等于不能赞同法西斯或任何全体主义。罗素先生亦说："教条诗及简确的传道福音，如共产主义，在效果上是容易及于深远。但我不信人类所需要的，是简确的教条。某种局部性的信条，仅关人类生活某方面的补救，我亦不能倾心相信。"他对为着保持自由的战斗，深叹因为对各种全体主义的应战，在持续战斗中，把原想保存的东西，一并灭亡。罗素先生是西方思想家最早访苏俄的，在他《布尔什维克的理论与实际》一书中，他早已看出专政的祸害。在他的思想本质上，既反对资本主义，又反对共产主义，但是他拿不出自己积极建设性的主张来。在他《八十生辰感怀》中所叙述，想在两大部门的著作后，加一个结论。但终其有生之年，他的结论仍写不出。此与汤恩比教授研究一生历史，十大册的《历史研究》不能得着一个结论，勉强一个结论，是想靠宗教来救人类。这两位英国学人，到头来证明是一个学人而已，不是一个政治家，更不是大思想家。他们是凡夫，不是圣哲。罗素先生后半生的实际行动，也只是一个学人的行动，一个书生的行动。他自己只晓得他的主张，在效力上不及共产主义，而不知就从他的行动的方法和策略上讲，也是太不讲究了。他不是一个革命党，他对英国现存的政治制度，并无意彻底推翻它。然而他既要从事实际行动，既想整顿乾坤，以他的家庭背景，以他的笔与舌，为什么不从现存的政治轨道上去努力。由他竞选国会议员三次失败，可见他对实际政治之疏于政术。在英国的现存政制中，他不去做国会议员，他不去从政党政治入手，而由社会群众运动去求实现他的主张，这都充分证明他是一个书生。他自始没有想搞政治，迫于时势，赤手空拳，孤注一掷，其志可嘉，而其术太疏！所以论抱负，论理想，他高出英国历史上一般政治家，而论做法，他只是一个象牙塔中走出来的书生。尽管他的呼声尚留在英国社会，然而他的绩效是微薄可见的。

罗素先生后半生的主张与行动，最主要的是反战，尤其是反核子战争。八十岁以后在伦敦屈尔法尔广场露天演说，抗议核子军备竞争，乃至反对韩战，反对越战，提出以战犯审判美国总统等等，都是由于反战的思想而衍出。反对战争，在理论上或无可非议的，但问题没有那么简单。世界上既然有此事，就必有此理。战争也是如此。战争完全是由于人类愤恨残杀的根性么？恐怕不完全如此。中国有句传统的话，“春秋无义战”，战争既有义战和非义战，可见战争不完全是坏的，而且事实上，也极难做到废止的。战争的废不废，与多年来争吵的死刑存废问题，性质是同样的。死刑本身是可诅咒的，但为什么有此制度？进一层的探讨，自然这个问题不是那么简单。英国今天是把死刑废止了的，但国内舆论，多数是反对废止的，将来的结果怎样，此时尚难预料。战争自然最好是废止，不仅仅是意愿的问题。罗素先生晚年为要实现他的废止战争主张，他认为韩战越战都不应打下去，也不应打起来。以越战来论，他所得的材料都是北越供给他的，他视胡志明为越南的救主，他认为侵略者是美国，残杀者是美国，而不是北越。

东方人讲道义与是非，西方人讲真、善、美，罗素自己说毕生提倡尊荣，美与和善。《婚姻与道德》一书在一九二九年出版，这一本书和罗素先生的私生活，在他自传中极坦白的描写，引起世人对他不少的误会和攻击。尤其在美国社会学术界，看他是一个不道德之人。第二次大战时期，他在美国教书为生，纽约城大学原定请他去教哲学，聘书已发而予解聘，卒至涉讼。其后在宾州卑纳斯基金会担任讲师，聘约五年，中途解聘，都因为涉及他的道德观念。罗素先生在自传中描述自己的韵事，极尽坦白。譬之中国作家，虽李笠翁及袁子才，犹叹不如。在他怀疑派哲学家的立场，世事原没有什么了不得。不过世法的社会，自有世法上的禁忌。修身齐家治国平天下，虽是东方人的道理，但是一个公人，在道德上的修养，是经邦论道的重要条件，中西双方并无分别。罗素先生本来无心从政，也没有想实际做大事。他“求爱”的热望，至于沉溺放纵，以为无关他人，而不知既想救人救世，这一点修身起码条件，是必须遵守的。罗素先生自己常常悲叹人生的寂寞，尤其他个人长年寂寞的痛苦。这在东方人看来，一个大儒，不能耐寂寞，那能成大事，耐寂寞是成大事的起码条件。黄梨洲说一个人不能耐寂寞，终将无所不为。罗素先生可惜没有懂得这个道理，他谈中国，剿袭一点老庄皮毛，真为通人所笑。他所梦寐留恋的维多利亚时代，他所并不重视的自己家世，都不允许他放浪至于此极。在他自传的书札丛刊中，有一位美国友人写信给他，说如果你在道德方面，与你的学问文笔，有同样的成就，那么你转移时局，唤起人心的力量，真有如山岳那样的重大。可惜三次离婚，四次结婚，给人们的印象太深了。人世间许多事，是不能兼有的。极浅近的说，要做名士，便做你的名士，要做达官，便做你的达官，不要妄想达官兼名士。再高远一点说，做大儒又要做名臣。三不朽事业，立德、立功、立言，都想一身兼而有之，真是谈何容易。而且由东方的道理，修身而后齐家，家齐而后国治……。要想度人，先度自己。维多利亚时代的道德规范，那容许像罗素先生的放浪形骸。我们忠恕之论，他后半生的行动，不是他当初所预备做的，自传中云云，我想是后来加上去的。他本来的志业，是想做一个学人，扩而充之，做一个思想家。

一九二〇年夏天，当他到中国访问的社会，我那时还是一个中学将毕业的学生。那年暑假前，上海热闹极了，杜威与罗素，相继到了上海，举行一连串的演讲，地点在上海西门教育会。替杜威做翻译的是陶行知，替罗素翻译的是赵元任。一个中学将毕业的学生，听两位西方学人的演讲，要购门票方得入场，每天均有罗素先生。那时候起，我开始喜欢他的著作，他所有的著作，除了讲数学的几本书外，我大半看过。他的学问真是博大而精深，他的西洋哲学史及《自由与组织》《权力》《权威与个人》等书都是我最欣赏的书。他的著作，不但内容博大精深，其文字的清丽，尤其吸引人。譬如在中国，他是杜佑、马端临、陈宣公、苏文忠一流人物。中国历史上有许多文人，不安于做文人，做了文人要想立功封侯，以致一败涂地。罗素先生如果安于做一个学人，安于做一个哲学家，他一生过的日子，要舒服悠闲的多了。他在学术上的贡献，一定更丰富了。他不安于做一个文人，不是想立功封侯，而是想救人类救世界，抱负气概是高人一等。为了他的抱负气概，他的后半生，历尽风波挫折，然在他绝无怨言，真是可以敬佩的。我说他对自己有一个交代，对历史也有个交代。一切是自己主观的事，自己满足了何必多管人家的评论。罗素先生是英国自由民主制度下面一个饱学而有志的人，他自以为他的思想行为超脱了国界。但归根还元，他还是英国的产物，带着浓厚的英国文化的文化斗士！

一九七〇年三月东方杂志复刊三卷九期

林肯总统的遗爱

纪念林肯总统一百五十年诞辰

林肯总统近年在美国，已经逐渐神化了。近年来美国一般人民对林肯总统的崇拜，正是与日俱增。美国学人对于林肯总统的研究，也是日进无疆。在一般美国人心目中，美国历史上最伟大的人物，第一是华盛顿，第二是林肯。美国人对这两位本国历史上伟大的人物，同样地崇拜景仰，同样地讴歌不绝，但是他们对两位伟大人物崇拜与信仰的心理是不同的，对华盛顿是爱与敬的成份相同，而那种敬爱是平易而亲近的。对于林肯，是敬的成份多于爱的成份，而那敬爱是偏于神秘性或宗教性的。我曾分析其中原因。华盛顿出生于富庶之佛吉尼亚，生长于富厚的家庭环境，功成身退，优游林泉，终其天年。而林肯出生于当时美国“边鄙”森林中之木屋，其早年围绕于“边地”神秘的空气，南北战争苦战五年，战争方告结束，乃在戏院中被狂人狙击而死，其生与死，都含着神秘与奇迹的意味。凡是到过华盛顿故居及林肯纪念堂的人，我想自然会发生两种不同的感想。

照近年美国对林肯总统的研究，我们要谈林肯总统正不知从何处说起，单就森德堡Carl Sandburg 的著作，（不是简本）详细涉猎一过，已非易事。但是我们今天纪念林肯总统，只选择他的著作，在人们心坎中留着永久影响力的几篇代表作品，而这代表作品我仅选出他两篇，一篇是他第一次总统当选后对国会的咨文，另一篇就是举世传诵的盖茨堡演说辞（Gettysburg address）这两种文件，可以概括林肯总统的政治思想。在他就职后向国会第一次咨文（Message一八六二）中说：“这是（战争）一个主要的人民的争斗。在联邦方面，这一个战争是想在形式上与实质上维持一种政府，这种政府的主要目的是提高人类的生活状况，解除一般人民肩上的各种人为的负担，为全体人民驱除幸福之障碍；供给全体人民在生存竞争中一切平等的机会与平坦的开始。”这篇咨文的重要性，在于林肯总统对人类对美国国民生活的一种信念。

盖茨堡演说是举世传诵的一个历史文献，而且这篇演说结尾中所讲“民有、民治、民享”的几名话，尤为国父孙先生所乐于引述。中华民国宪法第一条，“中华民国基于三民主义，为民有民治民享之民主共和国”足见这篇演说对全世界的影响，对中国国民革命的影响，其力量之深远，是无法估计的。盖茨堡的战役，是发生于一八六三年七月一日，连续到七月三日方结束。同年十一月十九日，联邦政府决定将盖茨堡战场的一部分基地，画作死难将士的公墓。这篇演说就在公墓奉献典礼中发表的。在典礼筹备时，政府预先请当时大演说家爱佛履（Edward Everett）到场致词。爱佛履当时的演说，足足讲了两个小时。林肯总统这篇演说，是典礼举行的前夕匆匆预备，当时演说的时间只有几分钟。翌日北方报纸将爱佛履的演说登在首张，而林肯的讲词，乃载在附张极不显著的地位。但当日爱佛履致函林肯总统，称“自觉在两小时的演讲，已将这次典礼的中心意义，详细说明，不过我讲了两小时，你在两分钟中把我所说的都说完了。”

“民有、民治、民享”是盖茨堡演讲辞中的名句，但单从这六个字，是不能了解那全篇讲辞的意义。“八十七年以前，我们的祖先在本洲建造新邦，这一个新邦在自由中孕育，并且奉献于一个建议——人类生而平等。现在我们正从事于一个大规模的内战，对于这样生长而奉献的国家，试验它能否生存。我们到此奉献战场一部分基地，作为死难将士永久安息之所。这许多殉难的的将士，认为这一个国家可以生存而牺牲他们的生命……全世界对我们今天在此口头所讲的，不会十分注意，也不会长久记着。但对于殉难将士所作所为，是永远不会遗忘。所以我们今天在此应当决心继承先烈的遗志，奉献我们身心于他们没有完成的伟大工作，使他们的牺牲不是徒然。我们更应决心，使这一个国家，在上帝护佑之下，得着自由的新生；使此民有民治民享的政府在地球上永不死亡。”

我们中国人对于西洋历史有许多似是而非的见解。美国的南北战争，可说是国人多年来最不了解的一段历史，普通人对美国的南北战争，大致认为南方是罪大恶极，南方是不讲人道，南方是叛逆。南北战争的原因是为着黑奴，为着保存奴隶制度的南方，全是不讲人道的坏蛋。所以称谓林肯，称诵他解放黑奴以外，不知其它。这许多观念，一言以蔽之，曰似是而非。美国南北战争的原因甚多，而双方冲突的开始，是为着州权，为着宪法，为着经济与社会利益及制度的不同。在杰克逊总统时代，南北双方便为着关税税则，为着联邦银行，为着铁路问题等闹个不休。黑奴问题在最初是一个附带的问题。南北破裂的主题，是南方诸州要脱离联邦，而北方认为联邦的统一是不能破坏的。南北战争期间，南方有许多位可敬的人物。英国朝野对南方同情的，远过于对北方。像格兰斯顿那样宗教性的人物，他是始终同情着南方。南方邦联的统帅李将军（Robert E.Lee）在战争之前，享着极高的人望。在南方战败以后，还是受着举国的同情与敬仰。他反对黑奴制度他亦不赞成“分离”，但从他童年时代起，他家庭教他应当对佛吉尼亚州表示第一忠诚。战争开始后，他奉召到华府，林肯委任他为联邦统帅，但他听到佛吉尼亚州宣布独立。他立即辞职，离开华府到南方去担任军职。苦战五年，迄于战败，解甲回到佛吉尼亚州去。

美国南北双方的冲突，十九世纪的三十年代便开始了，双方原始的争点，是政治的也是宪法的。北方是坚持着汉密尔顿的联邦观念，南方则崇奉杰佛逊的州权高于一切。美国这两派的思想，原来是开国时代先天的对立，南方许多将领如庄士顿（Joseph E.Johnston），希尔（Ambrose P.Hill）及李费休（Fitzhugh Lee）等都从未蓄有一黑奴，李将军（Robert E.Lee）且说“奴隶在任何国家是政治及道德上的邪恶”。但一涉及宪法，这许多具有德望之人，不惜为州的至高独立权誓死力争。奴隶被视为一种财产，财产权在法律上是不可侵犯。干涉奴隶制度等于侵犯财产权，也等于破坏宪法。这是南方诸州对奴隶制度坚持的一个法律观点与立场。当时许多人的看法，北方诸邦是剥削南方以利己。东北各州的暴发户商人，对南方各州人民的风度趣味，是自叹不如而极端嫉视。南方人民认为这许多市侩，无权利用开国贤豪（都是佛吉尼亚州）所制定的宪法来束缚压制南方各州。这许多市侩是完全不了解南方各州的生活状态。南方诸州人民认为东北各州商侩，是无权将自己的专制意见强加于别州。各州在开国时为共同目标加入联邦，目的即达，自可自由脱离。所以南北战争根本的总是一方面是国家的统一，另一方面是各邦的自由与主权。在十九世纪三十年代，双方大论战中，韦伯斯脱（Daniel Webster）及克莱（Clay）是极力主张维持联邦统一的，他的口号是“自由及联邦，混一而不可分。”当时林肯还是印第安纳边界上一个青年。林肯直到当选总统，其竞选政纲，重点还是在调和双方，并不像韦伯斯脱那样激烈。

所以林肯对于他所处的时代，不是一个时代的创造者，因为当时美国纷争的局面，早在林肯当政之前已形成，林肯对于时代的贡献，在能把握时代，超脱时代的环境去控制他的时代。在他就任以前，南方各州脱离运动即已开始，他跳出当时争论的圈子，把政治与宪法暂时搁开。他从道德观点谈人权，谈人类生活。这是美国独立宣言中最崇高伟大的目标，也是他对国会咨文及盖茨堡演说辞中一再所强调。从政治学名辞去解释，林肯以前，南北双方所争者为政权与民权，而林肯上台以后所呼吁者为人权。国家要在上帝护佑下，得着自由的新生。政府要成为民有民治民享，永久在大地上生存不减。他的目的，他的胸襟，他的呼号，是超出他的时代环境，是堂堂正正宣示联邦政府在内战中的战争目的。他是在替美国开国后结束了一个时代——南北双方思想对立的时代。他的创造，他的具体贡献，没有等待展布，便已匆匆结束了他的生命。

林肯总统的政治家风度与伟大人格，在南北战争结束后的表现最能尽量发挥。他对当时高呼处死南方总统台维斯的人们，引用圣经上的话："自己没有被裁判，不要裁判别人"。他正式宣布对战败者要宽大与调和。最后一次内阁会议上，他对李将军及南方领袖备致恕辞，且一再叮咛培养善意与恕道。所以林肯的中道殂落，对南方诸州，失去一个强力的保护者，对美国战后的善后与复兴，更是没有第二人可以替代。南北战争以后，北方对南方二十年的横暴，没有激成加一个事变，时过境迁，全国团结迈上富强的大道，还是美国的国运，还靠林肯总统生前的遗爱——伟大的仁恕宽容之爱，这个爱产生于新世界新边疆人类本性之良善。

一个出生森林木棚的村童，一个读书无多的乡民，一个小城市的律师，凭其人类天赋之德性与智慧，把自由的新邦，起死而回生。使美国在十九世纪末期蔚然成为世界之列强，在二十世纪两次大战中为正义自由而倒挽人类之浩劫。美国的伟大，原由美国许多伟大人物所造成。伟大林肯总统给我们的启示，一种是自然环境力量之雄厚，一种是宗教力量之深远。林肯总统生于边鄙，熟读之书，厥为圣经与莎士比亚两书，然而林肯是世界第一流作家，林肯也是历史上对基督教义最能实践之人。

林肯总统生前之变化，如奇峰叠出。身后之威德，巍巍穆穆，无得而名之，凯撒与上帝兼备于一体，林肯总统其犹神乎！

世界危机看东西文化

从文化的观点看，今天世界是在空前的动乱中。这种动乱的影响与结果，可能把数千年来人类智慧所积累建设的文化完全摧毁，而重新回复到野蛮原始的时代。也许在今天另一种邪恶世界中看，这正是他们所努力以求的目标。在那种邪恶的世界中，惟恐不将数千年人类已经造成的文物制度，破坏毁灭干净，然后可以逞他们扰乱的大欲。根据中国文化的观点，中庸所说："天命之为性"，人是本着宇宙最高原理，即"义理之天"而做着各种活动，为人类福利而努力。孔子与苏格拉底，同样自以为负有神圣的使命，以觉醒世人，拯救人类。孔子说："天生德于予。"（论语）"天之未丧斯文也，匡人其如予何？"（论语），苏格拉底注重人之道德，与他的弟子柏拉图都主张圣贤在位，这是东西文化中两位代表人物对于人类与世界的抱负，他们都不愿看着世界沉沦，想用思想的力量，去拨乱反正。

中国人的历史观，常讲"一治一乱"，又说"治日少而乱日多"，有人批评这是悲观失败主义；然而历史所表现的史实，很难逃出这个例子，而在东方文化的传统上，所谓圣贤豪杰，就要从此种艰危的情势中，去扭转危局，拯救人类。孔子说"知其不可为而为之。"又说"鸟兽不可与同群，吾非斯人之徒与而谁与？"所以东方文化与古代希腊文化，都是要培养杰出的领袖，来担当政事，去救国救民。孟子说"匹夫而有天下者，德必若舜禹，而又有天子惊之者，故仲尼不有天下。继世而有天下，天下所废必若桀纣者也。"这与柏拉图共和国之主张，极为相似。古代东西文化代表的主张，都想由圣贤来执政，方能挽回未来的危机，而致世界于安乐。

现在让我们看看世界的危机。世界历史由纵的方面看，在欧洲说，这一个危机，不是希腊罗马时代的所谓危机，那是一个种族替代另一个种族来宰制人类；那也是另一套文化来替代原来的文化来制配社会。不是欧洲中世纪那一个宗教宗派来统治，不是回教来代替基督教；也不是阿拉伯人来替代阿利安人种，更不是什么均势或均权之争。至于从东方的历史来说，不是更换朝代，也不是异族入侵；不是藩属幕府与王政的争雄。另在横的方面看，不是重商或重农社会的争代，也不是个人主义与集体主义的争雄，而是一个有无人性，有无人类尊严两种思想制度的争执。譬如我们今天在日本集会，我们可以谈佛教，也可以谈关公，更可以谈徐福，我们可以根据各人自由的意志，发挥个人的思想与信仰，这个思想与信仰是我们做人的起码人权，没有任何力量可以加以剥夺。再譬如今天日本的战后经济繁荣，每一个国民，都可运用其智慧与努力，选择自己最乐意的职业去工作。而所获的财富与利益，各人可以尽量去享受而无人可以加之干涉。这种环境，这种自由，绝不是随便可以获得的；现在铁幕内国家的人民，是不是可以希望这种境界？是不是能获得今天我们所享有的百分之一或千分之一？然而今天在美国，在欧洲，在东亚，正有一批一批的人，要把我们现有的制度与环境完全摧毁，要想使我们天天陷于恐怖、危惧、猜疑的境界。这种危机，是中世纪时代所谈虎色变，而今天有若干人，不惜采用各种手段，想把我们倒挽硬拖到中古时代的大黑暗，回复到洪水猛兽的世界！

从文化史上展望，我们这个世界实在太可怜了！欧洲文艺复兴后二百年的经营发展，造成十九世纪的一点成就。在欧洲近代国家中，所得于此种成就者，在国内为工业革命后的经济繁荣，由民族主义千百万的民族国家。然而因此产生了劳工社会的痛苦，与政治经济的向外发展。中国与日本还有其它地区所谓落后国家，一例受到此种势力的侵害。所以十九世纪的世界，在其光明方面是工业革命、科学发明、与政治革新。而在黑暗方面，则为劳工被压迫与殖民主义之兴起。这两种现象，同样制造仇恨。而最混帐的帝国主义者在殖民地之穷凶极恶，造成人类百年的仇恨今天正在那里一件一件发展报应。在普通的医学生理的事例，凡是患着极重的糖尿病，一经溃烂或开刀，便不能收口。我们这个世界，在十九世纪所种的病因，在二十世纪两次世界大战中，各种并发症一齐爆发。开刀过后，永远不得收口。第一次大战后还勉强订了一个凡尔赛和约，敷衍粉饰了二十年。第二次世界大战，再一次溃烂开刀，至今时逾二十余年，一个和约还没有订立，这不是等于不能收口。岂但疮口不得收口，而且四处溃烂，已成不可收拾的形势。今天美国是世界第一等强国，而美国的对内对外各方面，已经形成百孔千疮的局面。世界第一等强国，对付一个二千余万人口的北越，竟会弄到战不下去，和不可得。停炸也好，撤兵也好，不但对方头亦不回；而最可怪的，美国国内一部分人民的呼声，比敌人的讨价还要高昂，乃至于社会秩序安宁难以维持。这是一幅什么图画，意大利诗人但丁的地狱门墙，就是这个造型罢！

孟子（万章篇上）谈政治制度，有几句话："益之相禹也，历年少，施泽于民未久。舜、禹、益、相去久远，其子之贤不肖，皆天也。非人之所能为也。莫之为而为者，天也。莫之致而致者，命也。"把世局的变化，归之于"天"于"命"，这在哲学上是一种神秘主义，今天我们分析世局，似乎不能接受这一种神秘主义，把今天的危机，归于"天"或"命"。但是把今天世界的危局，归之于西方文化之缺陷，或甚至说完全由西方文化所造成，未免不公平，而且诬枉西方文化过甚。譬如说工业革命后造成的贫富不均、和对外侵略，乃至于帝国主义者在殖民地所造成的各种血债。这许多事实，何尝为西方文化所允许。西方文化中同样讲仁爱，同样讲公平与直道。尤其是自由主义，今天为各方所唾弃，但自由主义决不是谋个人利益，它是要造成一个环境，使各个人能发展其个性，达于至善。此与中国的"己立立人"，印度的"度己度人"，东方人的先求自己圆满，再谋度人救世，有何分别？西方帝国主义与若干资本家，他们对不起西方文明，和东方人对不起东方文明、责任与罪过，是同等的。中国民间有句俗话，说秀才对不起孔夫子，正与和尚对不起释迦牟尼，半斤八两。所以今天把世局混乱的责任，全部向西方文明身上推卸，那是不公平的，也是于事无补的。

宋儒陆象山说："宇宙便是吾心，吾心便是宇宙……东海有圣人出焉，此心同也，此理同也。西海有圣人出焉，此心同也，此理同也。南海北海有圣人出焉，此心同也，此理同也。千百世之上有圣人出焉，此心同也，此理同也。千百世之下，有圣人出焉，此心同也，此理同也。"看这段文字，东方哲人的理解抱负，何等伟大与精透。今天我们挽回世局的道路，没有西方与东方的分别，只要有此心，便能循此理去做。我们对美国最感失望的，便是朝野都失去了他们的心，也同时失去了理，因而造成那种支离破碎的局势。中国儒家说，"万物各有其理"。佛家华严宗，有四法界：一、理法界；二、事法界；三、理事无碍法界；四、事事无碍法界。今天西方的问题，便是事与理连不起来，因而理与事，时时相隔不通，造成那种狼狈不堪的局面。越战为什么起来？为了抵抗邪恶势力的侵略，为了保持越南人民的自由，因为有此理而有此事。理的方面没有贯彻，岂能在事的方面有所解决？一会儿增兵，一会儿轰炸，又一忽儿停炸，一忽儿撤兵，即就极粗浅的逻辑讲，也是讲不能的。对外如此，对内亦是如此。这难道是西方文化的没落，乃是美国国家的没落。

英国现代历史家汤恩比（Arnold Toynbee）十大本的《历史研究》，把各种文明与民族叙述完毕。想来想去，想拯救世界要靠宗教力量。罗素索性提倡投降主义，以为投降了还可免于原子战争之毁灭。这与东方文化之只论合理不合理，不论眼前暂时的结果，完全是不同的。中国人讲“舍生取义”，“杀身成仁”，以视西方今日所谓“实存主义”者，万事不管，且管自下而上再说，贤不肖不能同日而语。宋儒讲“宇宙内事，乃己分内事；己分内事，乃宇宙内事。”顾亭林说“天下兴亡，匹夫有责。”这许多启示，是东方文化内中国特有的文化，对今天的世局，或者可以发生起死回生的作用罢！

附记：作者访日时，曾以本文作为东京文化座谈会之讲辞。

一九七〇年一月《东方杂志》复刊三卷七期

芷町画集序

芷町既长谢浮尘，其形骸五阴，化为灰烬。其人其事，悉归寂灭。莽莽苍苍之天壤，冥冥荡荡之三界。芷町平素所藏所存，并随其形与质而悉坏悉灭乎，抑虽经大浸稽天与夫金石流土山焦犹有不坏而独存者乎。芷町书画选集之刊行，盖其亲朋故旧，冀于万仞无常之中，为故人稍存其不坏不灭者于无穷。其志甚壮，而其心则可悲也。呜呼，芷宁磊落一世奇男子，生平立身志节，自今以往，皆不得复见，生前之文章卓荦，没后之风骨英灵，皆将于此寸纸尺楮中求之。人生之幸与不幸，殆难言之。孔子曰，彼游于方之外者也，而丘游于方之内者也。芷町盛时，吾日期其游于方内，以克保其功名。逮其老病，吾转而勉其游于方外，以求圆满成功于宝贵利达之上者，彼其处禁近之地，一旦敝屣尊荣，酒酣墨饱，纵笔于烟云松竹之间，于尘世纷纭，若无一足萦其怀抱，然其忧时爱国之忠诚，往往流露而不自觉。此其所藏所守，有非大过人者不能为。尤非神游于方外者不克勉强而力行。书画选集共若干幅，邱君南生独任搜集校订之责。此数十幅纵横激荡之作，类皆大陆撤守避地南来时所为。而以顶天立地尽幅冠于选集之首。惟此顶天立地之精神，实国家中兴之所赖。后之来者，观览是册，因而闻风兴起，砥砺相勉，以达于成己成物。黄花郁郁，翠竹珊珊，芷町精灵之不坏不灭，盖历亿万仞而常住矣，岂不盛哉。

一九三六年四月

/附录.1/ 诗钞

甲辰生朝 六十二岁

酒阑人去且煎茶，
桃李无言又着花，
掩卷书堂春寂寂，
暮云危堞看归鸦。

草忆旧文毕自题一绝

依稀旧梦忍重温，
万里家山欲断魂，
乔木风烟余涕泪，
焚香默坐念亲恩。

话头参罢

庐陵米价赵州茶，
觅句山颠到海涯，
圣解凡情齐放下，
何如归去话桑麻。

和健中近诗次韵 一九六四年六月

京华旧梦长干，
秋菊落英共餐，
悠悠江水东去，
何物虫臂鼠肝。

其二

秋柳白门日斜，
何年绛阙官家，
一枕黄粱梦熟，
呼樽醉饱鱼虾。

偶题二首

廿年历尽人间事，
春燕秋鸿日暮云，
别有悲欢留醉梦，
樽前击节对红裙。
饱更忧患百年身，
寂寞芳菲迹未陈，
何事东风吹指甚，
落红脉脉惜残春。

甲辰岁暮书感有怀海内外诸友

寥落壮心雨后花，
故山万里共无家。
张皇文字知何用，
偃蹇工名亦自嗟。
阅世差能齐物我，
观身已悟等焦芽。
平鞠烟柳江南梦，
淡月疏窗映碧纱。

东京赠修昆璞 一九六六年冬

历历芳菲在眼前，
相逢此日是何年。
春风讲帐斜阳丽，
秋雨联床妙谛传。
世事苍茫如昨梦，
江湖寥落各华颠。
满山红叶朱颜老，
还续信笺未了缘。

老友修君昆璞原名国璋，复旦大学一九二六年同年毕业，一别四十年，一九六六年冬第二次书道访日团抵东京。翌日晤兄，握手欲狂，赋此留赠。附记。

和姚味莘怀妻诗次韵

新诗入我梦，
今夕是何年。
闲静灯前影，
纷华雾里烟，
勋名疑有数，
风月浩无边。
万里长空静，
乾坤一镜圆。

赠别高宗武伉俪有序

宗武惟瑜伉俪一九六七年盛夏由美经欧到台，滞留经月，空航还美。忆自香港一别，忽忽二十八年，天时人事，公么怅痛，所谓不可说不可说者，执手依依，临别赋此为赠。

五湖秋水神倦侣，
瘴海红尘并蒂莲。
酒罢凭栏还四顾，
远山环合碧如烟。

次韵和南居士送叶曼居士归马尼拉

青天碧海谪仙人，
疑是蓬莱幻化身，
冰雪琉璃矜绰约，
山光云影见风神。
十年面壁宁虚誉，
万里微官为束薪，
沙软川平农事了，
晴朗大地喜回春。

东京赠松元重治

一九六二年初冬第一次书法访日团到东京晤松元重治、嘉治隆一，感慨百端，赋此为赠。

共忆高歌东亚魂，
茫茫八表竟同昏，
只今沧海桑田后，
笑立斜阳旧梦温。

寄赠嘉治隆一

一九六六年第二次书道团访日重晤嘉治隆一于东京，戏谓今以书道来，明年将以缁衣东游乎，感此赋寄。

余事文章亦可哀，
汉家天禄早成灰。
纵横才略消磨尽，
水墨淋漓渡海来。
天人消息鸿蒙里，
儒佛源流一脉通。
许我扶桑重到日，
缁衣缥缈海云中。

闲吟次韵和南居士 一九六三年七月

行吟披发欲何之，
地老天荒不可思，
举世雷鸣争瓦釜，
满堂腐朽化神奇。
是非恩怨皆空缚，
勋业文章事亦痴。
多病众生故我病，
大千一滴洒杨枝。

小燕赠黄君璧

小燕依依奈老何，
华堂丝竹亦婆娑。
人间历尽悲欢事，
头白归来好放歌。

赠徐佛观

掬肝沥血当年事，
地老天荒奈尔何。
读罢雄文三叹息，
苍生涕泪已无多。

题吕佛庭横贯公路长卷

一九六九年七月

横贯公路雄奇甲东亚，吕子今者尽收
如椽之笔底，烟云杳霭村舍古，峰回
路转峦孤起，忆昔瞻览长江万里图，
万人奔走惊俗儒，后先辉映称双绝，
壮心未已岂穷途，弹指收京会有日，
三山五岳携手云游相追呼。

为绍棣题伍蠡甫画幅

一九六九年七月

江湾花月有如斯，
夏坝潮声费梦思，
一样伤心家国事，
百年涕泪强题诗。

（注）绍棣蠡甫及予均复旦同学，夏坝在重庆北碚对岸，战时复旦迁校于此。

赠端木铸秋有序 一九六九年七月杪

偶访铸秋共观壁上书画，主人喟然自叹毕生劳劳竟无一物留传，草木同腐，生灭如斯，归途赋此却寄。

烂漫芳菲日欲哺，
乾坤翻覆看荣枯，
灯传达室何必有余物，
一念无余月满湖。

京都道中 有序

一九六九年十一月日本京都那智山道中阅尼克松总统广播演辞（十一月三日）有感，车中和南居士韵并柬安冈正笃。

锦绣家山胡不归，
钧天沉醉醉灰飞，
人间久已无公道，
世事何尝有是非。
暮四朝三真恍惚，
南辕北辙总依稀，
京都秋老黄花丽，
独立苍茫一布衣。

附南居士怀瑾诗
己酉季秋中日文化访问团赴那智
山途中游京都行宫

秋到京都雁未归，
风云犹带劫尘飞，
争教天色青霜后，
谁信神州王气非。
百代衣冠留海外，
千年礼乐总依稀，
二城幕府枫林晚，
来看名山补衲衣。

题张大千云山古寺图

出家真是丈夫事，
光景流连即妄心，
漫道升堂与说法，
云山古寺听鸣禽。

题张大千黄山云海卷子

苍茫四十年前事，
陵谷沧桑梦里寻，
回首旧游零落尽，
且从云海觅知音。

题马寿华指画溪山无尽图寿张大千七千

溪山岂无尽，
山灵真不泯，
何处有真常，
空怀心悲悯。
屈指为君寿，
气象几峋嶙，
四海震风涛，
高飞且远行，
归欤归欤大千翁，
篱边社酒共春笋。

寿萧同兹七十

翩翩萧社长，
七十更优游。
对酒矜红袖，
高歌动玉楼。
溪山随分去，
云月自同留。
海上秋风起，
回帆下石头。

题陈纪滢太夫人寿册

凄迷残梦忍重温，
云树千山望远村。
依旧晴明满几席，
丹青万卷报亲恩。

寿熊母周太夫人 熊德辉母
一九六四年九月

惟熊氏之贤母，幼承庭训，长归名门，侍书浴德，鞠育子孙。遭家国之多难，仍风教以夙敦。溯卅年之往事，诚回肠而声吞。瞻堂前之玉树，信家务事报其酬恩。黄花郁郁，翠竹青青，登堂再拜，额手称庆，幸仁者之世泽长庇其门庭，绵延光大，永错节而盘根。

寿成舍我七十 一九六七年

七十年来事，
茫茫说短长，
羊肠看世路，
笔阵抵沙场。
大义惊朝野，
微言接素王，
功成沧海去，
一笑对黄粱。

寿潘公展七十寄纽约

潘公真奇士，
崛起海之东，
文章大国手，
经略罗胸中，
千里功名视敝屣，
四海群从拜下风，
巴山猿鹤歇浦潮，
荣枯过眼如转蓬，
往事回首堪细数，
万世庆兴自反躬，
人生七十未全老，
及时还得擎苍穹。
江山如此不归来，
待君共看九州岛同。

寄公展纽约　一九六九年八月

公殿七月中旬由纽约贻书，谓接台北旧友寄函，言我近患风痹，瘫痪床蓐。书中慰藉百端，并开示新药，故人情意可感。然予实无病，礼佛焚香，于世事益增悲悯而已。赋此寄怀，并谢高谊。

书来问疾亦何伤，
丈室明灯一柱香，
满眼苍生都是病，
人间何处有神方。

草忆旧文毕自题一绝

依稀旧梦忍重温，
万里家山欲断魂，
乔木风烟余涕泪，
焚香默坐念亲恩。

和安冈正笃

一九七二年十月中日断交后

烟尘八表又同昏，
颠倒冤亲不可论；
回首百年兴废事，
疏钟清夜忆危言。

赠苗剑秋归国　一九七二年冬

断交那复大和魂，
泪洒长亭入国门，
抉目沼吴千古恨，
辛勤播种莫声吞！

题孙多慈画放鸢图

放鸢往事已成尘，
梦里青春岁月新，
三十年来耆旧尽，
零丁谁是未归人。

题汪修元证莲和尚塔铭

立雪看云都一梦，
生来活旧已东迁，
岂碑大笔低徊久，
还我童心六十年。

乙卯八月重游日本杂诗

扬舲又喜到东瀛，
世事沧桑岁几更，
日薄虞渊山色暗，
狂澜犹自打重城。

其二

东方名彦集京都，
言笑从容竞吐珠，
类众流钱穆子，
天人合一折群儒。
（京都东方学者会议）

其三

峰回路转到箱根，
此地重来旧梦温，
一发存亡看世局，
沉冥何处可招魂。
（重游箱根）

其四

天心人事从何说，
人定感天天自回，
杯酒樽前吐骨鲠，
光明八宝现楼台。
（东京赤坂酒楼胜流坐谈）

其五

安冈夫子群中龙，
师友围环绛帐隆，
一语惊人摄四座，
霜清天宇拨鸿蒙。
（美国俱乐部安冈正笃话旧）

其六

衔石精禽填海意，
舍身追日入虞渊，
仁人志士有如此，
泪洒三民建国篇。
（东京习田机场院别马代表树礼）

/附录.2/

挽联

挽陈布雷（一九四八年十一月）

血泪伴忠魂，

江山无恙；

死生关大计，

社稷有灵！

挽洪兰友（一九四九年九月）

事求妥帖心常苦；

悟澈因缘日已迟。

挽陈江（一九五九年十月）

大梦初回，

一夕幽明成隔世；

吞声无语，

依稀门巷再来时。

挽王新命（一九六一年五月）

零落老成人，

花谢春归伤旧侣；

光芒大手笔，

晦冥风雨笑同俦！

挽王儒堂（一九六一年六月）

雄辩纵横，
万国衣冠推上首；
齐志长往，
八方风雨泣同舟！

挽胡适之（一九六二年二月）

完一大事因缘而去；
宜其长眠含笑如生！

其二

直指心性理智去处；
笑看乡关万里归来！

挽胡宗铎（一九六二年八月）

百战忆当年，
功罪是非留竹帛；
交亲犹昨日，
夜凉絮语到中宵。

挽杨道儒（一九六二年八月）

淡水苍茫，
泽畔行吟同披发；
长堤杳渺，
停车怅望独吞声！

挽陈芷町（一九六二年九月）

何事攀缘，
梦里青春如露电；
永归寂灭，
画中修竹亦离披！

挽尹仲容（一九六三年二月）

草草劳生，
伤心世上流光短；
匆匆勋业，
回首百场遗恨多！

挽吴季玉（一九六三年九月）

一死太无名，
蒿里悲歌此秋夕；
九原如可作，
狂心顿歇即菩提！

挽曹荫稚（一九六三年）

寥落文章，
叹息浮生光景短；
艰难岁月，
伤心泉下故人多！

挽包华国（一九六三年十二月）

古道斜阳，
零落山丘天下士；
高楼风雨，
苍茫身世镜中花！

挽杨啸伊居士
曾同在管北处听经数年
（一九六四年一月五日）

撒手去来今，
青嶂万重何处住；
深心空妙有，
白云千载静无言！

挽王平陵（一九六四年一月）

忧乐千端，
漫说文章真有价；
成亏亏万事，
忏除慧业即无余！

挽成舍我夫人（一九六四年一月）

其一

君今安往乎，
忽忽三生空结愿；
我自归无处，
茫茫千载有心期！

其二

寂寞寒窗，
三年僵卧孤臣泪；
凄凉灯影，
千载忧怀烈士心！

挽蒋梦麟（一九六四年六月）

稼穑艰难，
十载耕耘辉郅治；
慈悲护念，
万家生佛仰归云！

挽三原于公右任（一九六四年十一月）

歌哭呼吁，
恩勤闵斯，
六十年廊庙江湖，
起陆龙蛇安在也；
掬肝沥血，
亢言永叹，
三千牍苍生涕泪，
纳隍蕉鹿世犹疑！

代刘侯武挽右公

涉瀛海以观九洲，
振衣昆冈，
野老村农知君实；
登泰山而小鲁国，
扬灵极浦，
殊方异域哭郑公！

挽张默君（一九六五年一月）

冻云明月光，
一代繁华成幻影；
回首夕阳丽，
千秋佳话颂同官！

（注）胡展堂昔赠邵翼如伉俪联“文章华国，夫妇同官”，抗战前高悬邵家厅事。

挽陈辞修（一九六五年三月）

千载知音，
臣心如水；
半生忧患，
素履独行！

挽许友勋世兄　孝炎子（一九六六年七月）

栋折榱崩，
万感苍茫思子泪，
霜凋夏绿，
空花梦幻百年身！

挽伍叔傥教授（一九六六年八月）

光景依稀，
四十年来慈悲护念；
江湖寂寞，
三千里外饮泣吞声！

挽左舜生（一九六九年十月）

谈笑论英雄，
谁为健者；
凄凉感身世，
臣本布衣！

挽先室钱夫人（一九七〇年五月）

儒素家风，
高标绝俗，
肯綮中大义微言，
齐眉堪称畏友；
清华门第，
世路坎坷，
方寸外满阶败叶，
肝胆无负平生！

挽季百年（一九七〇年九月）

订交于流离转徙之中，
直谅情亲若昆季；
诀别在视疾彷徨之顷，
苍茫无路哭幽明！

挽祁志厚（一九七一年二月十八日）

出言惊四座，
孤愤填膺，
抵掌忍谈家国事；
避世在朝迁，
穷年永叹，
登楼痛失老成人！

挽郭虞裳（一九七一年八月）

绸缪天下事，
肝胆照人，
愧无双国士；
生死乱离中，
悲歌行路，
况乃两世交亲！

挽谢冠生（一九七一年十二月）

清德畏人知，
万古苍茫悲永决；
交亲淡如水，
百年魂梦感精诚！

挽余纪忠太夫人（一九七二年三月）

功德庄严，
存亡继绝；
孝道终始，
立身扬名！

挽刘健群（一九七二年四月）

筹策扶风雷，
回首云烟哀乐事；
纵横计不就，
空余旧梦忆银河！

挽谷正鼎（一九七四年十一月）

八表正同昏，
砥柱中流医国策；
一死难瞑目，
丹心碧血党人魂！

恭挽 先总统蒋公（一九七五年四月）

天上播哀音，
万里河山皆雨泣；
人间痛孤露，
千秋遗爱感慈光！

挽徐道邻（一九七六年）

凄其东海滨，
风雨纵横望故国；
寥落才人命，
沧桑成败读遗书！

挽杨管北（一九七七年八月）

零落归山邱，
风景不殊陵谷换；
凄迷望故国，
他生未卜此生休！

挽梁金立（一九七九年八月）

三万里归人，
离合悲欢，
永怀哀乐嗟畴昔；
五十年诤友，
沧桑成败，
空余涕泪满江山！

挽许绍棣（一九八〇年十一月）

涕泪千行，
别时容易，
悲此日乘风西去；
家山万里，
世路坎坷，
待他年比鹤归来！

挽张明炜（一九八一年一月）

抗战军兴之明年，中央日报由汉口转进长沙，余强挽君任总经理兼长沙分社主任，俾余一意入蜀筹备总社。其后长沙和大火，重庆大轰炸，君冒险犯难，救助本报，真所谓赴汤蹈火，万死不辞者！

倜傥忆年生，
蹈火赴汤今有几？
风霜知劲节，
相从忧患又何人！

挽叶公超（一九八一年）

学术擅中西，
零落山邱同一哭；
达官兼名士，
苍凉身世又谁知！